U0017066

精神的複調

THE
POLYPHONIC
PSYCHE

HYPNOTISM AND
POPULAR SCIENCE IN
MODERN CHINA

近代中國的
催眠術與大眾科學

張邦彥——

著

# 目次

# 圖目次

# 序一

# 複調視野下的催眠術

黃克武

　　催眠已有數千年歷史，在埃及、希臘、中國與一些古代文明都有跡可尋，然而現代催眠術則始於18世紀的奧地利人梅斯梅爾（Franz Anton Mesmer），至19世紀末經由日本傳入中國。催眠術的吸引力在於它可以親眼目睹，卻又不可盡知，屬於所謂「不可思議」（源於佛教語彙）的現象。它與心理治療、氣功、靈魂學、前世回溯等都有關係，也有催眠師將此一技藝以「幻術」的姿態用在娛樂表演而引起轟動。一般人認為它出於腦波作用、潛意識（或無意識）、變態或暗示的心理現象等等。無論如何，直至今日催眠術仍充滿了神祕色彩。

　　十多年前我到日本京都訪問，在圖書館中無意中讀到一柳廣孝的《催眠術の日本近代》一書，又接觸到井上圓了的妖怪學、日本心靈協會的雜誌及大量關於明治時代心靈研究與催眠術的書籍。我當時就覺得應該有一本書處理近代中國歷史上的催眠術。後來我開始探索此一領域，撰寫了嚴復與上海靈學會，以及近代中國有關科學、宗教與迷信之論爭等主題的文章；也曾關注革命黨人陶成章在1905年「因中國人迷信最深，乃約陳大齊在東京學習催眠術」，藉催眠為革命之手段；國學大師錢穆年輕時曾與友人朱懷天以函授方式修習此術，認

為催眠與傳統之「靜坐」類似。然而我並沒有深入了解這方面的問題。

2017年1月初王文基教授邀請我參加他在陽明大學科技與社會研究所張邦彥先生的一篇碩士論文研究計畫的口試。張先生有醫學的專業訓練之背景，又對人文與歷史很感興趣，其論文主題即為近代中國催眠術的歷史，我對此一計畫頗為讚賞。一年半之後，2018年6月，張邦彥先生順利完成碩士論文並通過口試。這一篇碩士論文即為本書之雛形。我還記得2018年7月20日邦彥將最後修訂過的論文送到我在中研院近史所的辦公室，我問了他對以後的生涯規劃，建議他將論文再作修改之後投稿聯經出版公司。我又把聯經出版公司負責學術出版的沙主編的電子郵件信箱給他，寫了一段推薦的話：「張邦彥先生是我參與口試的一位學生，他有關近代中國催眠術的書稿修改自陽明大學科技與社會研究所的碩士論文（指導老師王文基教授）。我覺得此一書稿不但主題有趣，而且內容充實，又符合學術規範，是一本值得出版的好書。希望貴公司能予以考量」。我很高興在一年多後此一書稿通過審查而即將問世。

我在台灣幾所大學任教有十多年了，曾擔任博士碩士論文的指導教授，也考過可能大約有近百篇的學位論文。我認為邦彥的論文是少數選題佳、內容紮實、思慮周密的一篇佳作，所以考試結束之後我即建議他修改出版。

這一本書從一個全球史的觀點考察催眠術由西方經日本傳入中國的知識流動，以及催眠術在中國社會所發生的各種變化。作者的主旨在將近代中國催眠術放在中西、古今交織的歷史脈絡之中來觀察其多元之意涵。本書的書名為「精神的複

調：近代中國的催眠術與大眾科學」。我覺得「複調」二字最
能彰顯全書之旨趣。以往的中國近代史的書籍，無論是政治
史、思想史或文化史多強調以菁英階層為中心，追求現代民
主、科學與救國之主旋律。本書則嘗試呈現另一圖景。催眠術
一方面為主旋律所排斥、壓抑的異端、邪說，另一方面又因處
於社會下層與學科的邊緣地帶，是一種或是迎合或是背離主旋
律的「大眾科學」。

　　「大眾科學」是一個頗啟人疑竇的觀念。何以催眠術既是
「大眾」的，又可以稱為科學呢？這主要是因為催眠術的施行
者多為體制外的催眠師與自學者，而非學院內的專業人士。再
者，催眠術與心理學、醫學、靈學、超心理學等「科學的學
科」又有密切的關係。大眾科學一詞即因應此一狀況而出現。

　　本書所環繞著以大眾科學為中心的「複調」其實有好幾層
的意義。第一層含義是科學實踐之複調，即是上述菁英、專家
與學院的科學研究與業餘、常民等大眾科學實踐的複合交織。
這兩者之間的界線是游移浮動又相互界定，既有區隔、又相重
疊。菁英階層對催眠術等怪異現象頗感興趣。中研院物理所的
王唯工與臺大前校長李嗣涔有關「特異功能」的研究是一個很
好的例子，不過他們的研究滋生了許多爭議。李嗣涔有關手指
識字的研究發現：受試者觸摸到佛道相關的字詞，會看見亮光
或宗教圖像。據此，他們提出「信息場」的物理學假設，並宣
稱「這個實驗已為傳統佛教的世界觀開始建立科學的基礎，也
為『信息場』研究領域開啟了一嶄新的研究方向」。然而此一
宣稱並不為學界所普遍認可，專業與大眾之間的鴻溝難以跨
越。與此同時舞台上的催眠術或特異功能之表演其真偽仍撲朔

迷離。

　　第二是地理的複調。以往催眠術的歷史多處理西方催眠術，而忽略或排斥它在其他地區的發展。這是長期以來西方科學史研究強調中心而忽略「邊陲」的偏見。本書則以東亞地區的歷史為焦點，研究日本、韓國、台灣、中國大陸等地的知識轉譯，以及本土文化因素與外來因素之交織。從中心與邊陲之互動、傳統與現代之互釋展現多重面貌。

　　第三是身體的複調。催眠術的風行也涉及身體觀的變化。在傳統中國身體觀有陰陽五行與氣的身體觀，也有下層社會宗教實踐的通靈身體觀，如扶乩現象，或義和團的「自我催眠」等。近代以後，大約在19世紀末葉，隨著電學、磁學、以太觀念的輸入，而有電磁化身體觀的導入，部分士人（如譚嗣同）從傳教士得知這些觀點，又將之與張載、王夫之的「氣」的觀念結合在一起。催眠術的流行得力於此一新的身體觀。另一方面，催眠術也與臨床的身體治療相結合。科學家探究催眠術的用途，研究催眠術在疼痛、分娩、安寧照護、戒菸等身體健康問題上的應用。不過大多數的研究都「受限於病患樣本數，未有定於一尊的結論」。

　　第四是精神的複調。催眠術多被歸為心理與精神上的研究（即「精神科學」），也涉及心理治療與靈學研究。在這方面以往的心理研究主要關注理性的層面，然而有許多心理現象是理性所無法解釋的。很多人會認為在理性壓抑之下或超越理性範圍之外，有一個廣闊的未知領域。人類的憂懼何來？力量何自？為什麼會有扶乩現象？這與神佛或前世來生有何關連？催眠術正針對這些問題，嘗試提出一套「俗世」與「科學」的解

釋。

　　第五是科學的複調。處於學科邊緣地帶的催眠術顯示科學邊界的模糊性。人們所面臨的世界除了科學所處理的實證的世界之外，仍有許多未知的領域，包括神祕現象與生死問題、今生與來世等，這也象徵著人類具有一個難以為現代科學所完全「馴服」的徬徨心靈。在近代中國，科學作為一知識範疇，一直是多元、模糊且游移的，並與哲學、宗教和迷信等相互界定。有關催眠術的爭議深化人們對科學、宗教、哲學、迷信等議題的討論。

　　上述五個層面的複調是作者嘗試透過催眠術所展示的近代中國。歷史的複雜性當然不只於此，然而邦彥這一本書卻展示了與主旋律並存的多彩繽紛的催眠世界。我認為這一本書揭露了一部分催眠術的面紗，又引導我們再進一步思索沉吟，去探討更為廣闊而未知的世界。我相信許多讀者會和我一樣在捧讀之下立刻覺得愛不釋手。


　　　　黃克武，中央研究院近代史研究所特聘研究員

## 序二
# 精神與科學的另類史

王文基


　　清末至民國時期，催眠術大為流行。各界人士透過學會、研究會或函授學習這項新奇事物。1930年代初期，重要推廣組織之一「中國心靈研究會」便宣稱正式會員超過八萬人。從史料我們也可得知這些會員如何看待、體驗此一科學技術。1923年秋，《心靈》雜誌刊載來自大連的畢業學員陳舜英的報告。他共進行15次實驗，皆施術成功：或引發幻覺，或治癒頭痛，或戒斷吸菸飲酒惡癖，或使友人隔空萬里省親等等。大約同一時間，旅居小呂宋的函授學員蘇邦財接到講義後，便為兩位菲律賓人施術，使他們產生幻覺，將紙塊誤認為糖、洋燭或冰等。數月後，蘇邦材在友人見證下，以電鏡施術法將另一菲人陷入僵直狀態，全身如「鐵棒之硬。無論偌大之壓力，亦不能屈」。他在文末結論指出，上述試驗在在證實「電鏡催眠之靈驗」。

　　如《精神的複調》一書所言，迄今有關近現代中國科學史研究，多探討菁英知識分子的科學觀，或重要機構與技術之發展。至於社會大眾如何了解科學，乃至科學觀念的普及過程及程度，研究相較不足。《心靈》及《精神》等雜誌中的「實驗報告」或「成功鐵證」，呈現中下層男性知識分子擁抱科學新

知的殷切之情。藉由這新奇的外來之物，施術者、受試者及見證人也得以一窺科學操縱萬物及解釋神祕現象的力量，擁抱現代文明。這顯示在當時「科學」並非抽象的概念，而是深植於各式人際關係，服膺於不同目的，且在相當多樣的空間與地域操演的神妙體驗。透過追溯催眠術的軌跡，本書也梳理出某些科學概念與技術得以在民國社會流動的管道。

　　作者張邦彥醫師在研究所階段投身科學史及科技與社會研究（Science and Technology Studies），關切特定時空下的人們如何理解科學並實際進行科學活動。若以現代的眼光，催眠術常與迷信、心靈研究（psychical research）、偽科學混為一談，實不足為道。但讀者從本書內容可得知，當時催眠術所引發的熱烈回響與爭議，清楚說明中國社會對科學的理解、想像與期待有相當大的差異。換言之，關於「科學」的定義不僅會因時間而改變，同一個時代對科學的理解，往往也相當分歧。催眠術曖昧的地位，正好成為理解當時科學觀的極佳切入點。另一方面，歷史研究也具有當代意義。如本書所言，催眠的歷史與科學價值看似已蓋棺論定，但直到今日科學家及醫師對其興趣依舊不減。例如，英國頂尖醫學期刊 *The Lancet Gastroenterology & Hepatology* 前年（2018）方才刊登一篇以催眠治療大腸激躁症的實證研究。過去數百年間催眠術的歷史不斷提醒我們，放下成見有時可以看得更遠更廣。

　　本書的另一個貢獻，在於重新梳理中國催眠術與東亞精神科學（psy sciences）發展間的關係。催眠術自 18 世紀末在西歐發明迄今，引發爭議不斷，其科學性也屢受質疑。但若細究西方及東亞的歷史，催眠術因強調精神的力量之故，又經常與

精神醫學、病態心理學及心理學等學科的發展相關。從清末以來的催眠教本及函授講義可發現，推廣者在羅列催眠術的功效之餘，也解釋人類心智運作的原理，以及疾病生成的源由。在此過程中，諸如「精神」、「暗示」、「意識」、「意志」、「注意力」、「自我」、「人格」、「妄想」、「二重人格」及「第二自我」等觀念隨之進入中國社會。本書各章更反覆強調，催眠術在當時不單被視為是科學試驗的例證、療病的妙方，亦是了解人類心智運作、身心關係，甚至宇宙萬物之間關連的知識資源。《精神的複調》一書提醒，在心理學、教育學及精神醫學之外，作為大眾科學（popular science）的催眠術很可能是協助時人理解及身體力行「精神」、「心理」與「自我」等新事物的重要管道。當思想史、政治史與心理學史探討譚嗣同、孫文、蔣介石、郭任遠及高覺敷等人是如何理解、運用「精神」與「心理」等詞的意涵時，我們亦可透過催眠術所展現的「精神的複調」，捕捉其他社會成員是以何種方式理解自己，以及自己與他人的關係。

邦彥博學強記，不將視野局限於醫學及歷史領域，又能觸類旁通，增加此書的豐富性。重新瀏覽這本以碩士論文為根底發展出的精彩論著，不禁回想起這些年來與邦彥等年輕學人一同學習科學史與精神醫學史的點點滴滴。所謂「學然後知不足，教然後知困。知不足然後能自反也，知困然後能自強也」。謹以此序記錄這「教學相長，自反自強」的美好過程，並向讀者推薦邦彥數年來辛勤工作的成果。

王文基，國立陽明大學科技與社會研究所特聘教授

第一章

# 導論

## 一、楔子

在那個彷彿才剛告別不久的20世紀90年代，台灣颳起了一陣我們如今或許遺忘的催眠風潮。許多人讀到了美國精神科醫師魏斯（Brian Weiss）寫的《前世今生》，決定前往診所尋求催眠治療，探索他們尚未發掘的、根植於前世生命的傷痕[1]。起初，這只是些私下的行動，但沒過多久，節目製作人發覺了人們對催眠術的龐大好奇，各大電視節目紛紛邀請催眠師公開談論、示範催眠術。1994年，白冰冰在《接觸第六感》節目中，找來中國精神學研究所所長徐鼎銘從催眠術的角度談論今生前世[2]。而最引發議論的一場節目莫過於1997年時，來自澳洲的催眠師馬汀（Martin St. James）在李濤主持的《2100全民開講》，催眠了時任市議員的璩美鳳。她在馬汀的引導下陷入意識迷濛的狀態，表情呆滯地反覆數著一到十，卻始終遺漏了「七」[3]。隨後，她又在暗示下，隨著瑪丹娜的歌曲 Like a Virgin 當眾熱舞，引發現場一陣驚呼。馬汀的一系列表演激起輿論譁然，有人驚嘆，有人不安，亦有人質疑串通造假，甚至引來精

---

1　魏斯（Brian L. Weiss）著，譚智華譯，《前世今生：生命輪迴的前世療法》（台北：張老師，1992）。此書出版不到兩年便已突破300刷，熱賣超過35萬冊。見〈《前世今生》突破三百刷大關〉，《民生報》，1994年7月12日，第15版。

2　鮑芳洲、徐鼎銘，《催眠學家的正則養成》（台北：中國精神學研究所，1996），頁225。

3　〈政壇名人另類演出，陳文茜、秦儷舫馬汀催不動，陳學聖享盡豔福，璩美鳳漏「七」嚇破膽〉，《中國時報》，1997年7月5日，第5版。

神科醫師楊幹雄與馬汀之間的激烈爭辯[4]。

　　同一時期，台灣學術界也有一群科學家開始關注催眠與超感官知覺的研究[5]。1991年，後來成為臺大校長的電機系教授李嗣涔，同樣邀請中國精神學研究所所長徐鼎銘赴臺大醫院，進行「精神基本實修法」的腦波實驗[6]。無獨有偶，年輕時師承徐鼎銘的中央大學光電科學系教授張榮森，則在2000年後開始發展結合催眠術的光電研究，號稱透過催眠訓練後的腦波控制，能夠在將來憑意志操控人機複合體[7]。

　　在世紀轉換之際，催眠術不僅反映出人們對深層意識和另一個自我的好奇及困惑，也在腦科學的中介下，將神祕難解的現象轉換為令人期待的科技許諾。某個意義上來說，透過影像的遠端放送和科技的數位編碼，催眠術的再現形式呼應了台灣社會從現代邁入後現代的轉型過程。然而，當我們再回望更遠一點的過去，卻會發現台灣的這一波催眠風潮，與一個世紀之前──也就是19、20世紀之交──中國的另一波催眠風潮，有著某種連結。徐鼎銘主持的「中國精神學研究所」，原名為「中國精神研究會」，由旅日學人鮑芳洲創立於1909年。徐鼎銘是鮑芳洲的學生，曾擔任過研究會的教療主任及汕頭公立精神病院院長。中日戰爭期間，研究會更名為研究所，並於1948

---

4　〈催眠秀開講，醫師檯上大師〉，《中央日報》，1997年9月9日，第5版。

5　〈心電感應，無解的事實：科學界要從「心」出發，探索超自然現象〉，《民生報》，1996年7月14日，第29版。

6　鮑芳洲、徐鼎銘，《催眠學家的正則養成》，頁207。

7　〈用腦波開飛機，未來不是夢〉，《聯合報》，2007年6月16日，C2版。

年遷台[8]。徐鼎銘的催眠方法基本上承襲了鮑芳洲的教導。

在19、20世紀之交，華人社會第一次系統性地接觸到源於歐洲的催眠術和動力心理學說，為數眾多的民眾受到吸引，選擇投身其中。爾後，包括台灣的催眠熱，中國的氣功熱[9]、心理熱[10]，縱或出現的時間與社會場景已有極大差異，卻都在歷史發展上隱微延續了當年的某些元素，或呈現若干相似性。例如，不少西方媒體都對1990年代後中國以短期課程、線上教學的方式，培養大批心理治療師的現象感到好奇，也發現中國的心理治療往往融合了傳統的思想及倫理觀；論者往往視之為改革開放後所浮現出來的特殊文化[11]。然而，回顧歷史即可發現，這類心理治療大眾化的現象絕非當代中國特有。民國初年鮑芳洲、余萍客等催眠術研究者，就已經藉由函授方式培訓大批民眾成為催眠師，進行精神治療或自我修養。而政府對大眾催眠活動的干預、催眠術在政治社會轉型過程中的積極角色，以及學院派和社會派之間的衝突等主題，也都曾在清末民初上演。

---

8　鮑芳洲、徐鼎銘，《催眠學家的正則養成》，頁31-32、227。

9　Sing Lee, "Chinese Hypnosis Can Cause Qigong Induced Mental Disorders" *BMJ: British Medical Journal* 320: 7237（March, 2000）, p. 803. 另參考：David A. Palmer, *Qigong Fever: Body, Science, and Utopia in China*（New York: Columbia University Press, 2007）.

10　Hsuan-Ying Huang, "From Psychotherapy to Psycho-Boom: A Historical Overview of Psychotherapy in China," in David E. Scharff, ed., *Psychoanalysis and Psychotherapy in China*, Volume 1（London: Karnac Books, 2015）, pp. 1-30.

11　Tania Branigan, "It's Good to Talk: China Opens Up to Psychotherapy," *The Guardian*, 3 September 2014; William Wan, "Freud Coming into Fashion in China," *The Washington Post*, 11 October 2010.

事實上，不惟今日，早在一個多世紀前，中國人便已深深
著迷於腦或精神的科學，並經常以「不可思議」、「奇妙」等
詞彙來形容他們目睹、體驗的新奇現象[12]。這類科學概念、話語
所產生的吸引力幾乎是跨越階層的：上至知識分子如譚嗣同，
便曾在傅蘭雅處聽聞有一新法「能測知人腦氣筋，繪其人此時
心中所思為何事」，遂記下傅蘭雅之言：「格致而有止境，即
格致可廢也。……況累千年、萬年、十萬年、百萬年、千萬
年、萬萬年，殆於不可思議。」[13]下至粗具識字能力的下層民眾
所閱讀的科幻小說，亦有描繪主角經歷一段身心分離的旅程，
復受催眠講習的啟發，頓時感到「腦臟中有一種不可思議之變
化」的情節[14]。對精神力量的謳頌到了1920、30年代依舊歷歷
可見，如余萍客所屬的「中國心靈研究會」，其出版刊物便不
時出現「蓋心靈力原屬不可思議」[15]、「心靈界一切奇妙不可思議
的現象便產生了」[16]等語句。

---

12 值得一提的是，並非只有近代中國人對催眠過程或心靈現象感到「不可思
　　議」。例如，日本東洋大學教授井上圓了就曾經組織過「不可思議研究
　　會」；而磁性催眠術的創建者梅斯梅爾，亦曾在他的小書《發現動物磁性的
　　筆記》中寫道：「我詢問他是否滿意，是否已被說服相信我向他宣稱的不可
　　思議性質（propriétés merveilleuses）。」參考：Franz Anton Mesmer, *Mémoire
　　Sur la Découverte du Magnétisme Animal* (Paris: P. Fr. Didot le jeune, 1779), p. 25.

13 譚嗣同，〈上歐陽瓣薑師書〉，收入生活‧讀書‧新知三聯書店編，《譚嗣
　　同全集》（北京：生活‧讀書‧新知三聯書店，1954），頁317。

14 東海覺我，〈新法螺先生譚〉，收入于潤琦主編，《清末民初小說書系‧科
　　學卷》（北京：中國文聯出版社，1997），頁18。

15 平情，〈心靈力學之研究〉，《心靈》，29期（1924），頁11。

16 余萍客，〈物質與心靈〉，《心靈文化》，二十周年紀念專號（1931），頁72。

　　本書寫作的企圖，便是要捕捉百年前「腦或精神的科學」在中國萌芽的關鍵時刻，催眠術作為一脈重要的線索，如何形塑當下的科學文化氛圍。本書主張，清末民初這個歷史時刻的人們所感到的「不可思議」，以及所進行的嘗試，在一定程度上替往後華人社會的心理學、心理治療、動力精神醫學發展，埋下歷史、語言、制度、知識的種子。我們可以發現，這一百多年以來，華人社會對心理知識的熱切探索，幾乎廣及各個階層，遠遠超出學院活動的範圍之外。本書即是循著這麼一個有趣的現象，一面考察催眠術的歷史，一面探問更廣泛的科學史問題：我們如何超越菁英敘事的單一旋律，以複調式的眼光看待近代中國的心理知識發展？哪些人應該被當成科學活動的主體？我們應該要採取什麼樣的角度，來理解科學論述、科學實踐之於近代中國的社會文化意義？

## 二、什麼「科學」？誰的「科學」？

　　大概沒有人會否認，「科學」是近代中國追求現代性（modernity）進程中的關鍵詞。但我們對於這個概念又有什麼樣的歷史印象？它又具備了什麼樣的內涵？或許，人們會想起晚清洋務運動由國家所推動的一連串實業計畫，建設鐵路、船艦、電信系統、化學工業……；也或許，人們會想起西學學堂及各種西學書籍的翻譯行動；而更常的是，人們聯想到五四運動的「賽先生」口號，想到陳獨秀（1879-1942）在《新青年》上那番慷慨陳詞，希望「德謨克拉西（Democracy）和賽因斯（Science）兩位先生」能夠「救治中國政治上、道德上、學術

上、思想上一切的黑暗」[17]。

　　確實，就中國近代史的意義而言，「科學」所指涉的不只是一系列具體可觀察的、符應於自然世界的命題，更包含從個體人生觀到集體國族命運，在不同層次上彼此相互扣連的一整套論述與實踐。數十年來，歷史學家已經累積豐碩的研究成果，向我們揭示「科學」在知識分子的思想、在國家官員的政策、在學科機構的發展、在科技專家的理論與實作等不同面向上所呈現出來的複雜面貌。這無疑證實了一件事情：「科學」並非如我們所想像的中立無私（disinterested），特別是在一個社會面臨巨大變動、轉型的時刻，歷史行動者對「科學」的理解與發揮，始終無法抽離於國族政治的現代性論述。

　　不過，這本書的寫作動機並非是要替前述面向添加上新的個案，也非再次複誦五四的科學主義話語，而是希望把目光從上層菁英轉向中下層社會的民眾，講述另外一種關於「大眾科學」的故事。這個作法不是要否定過去科學史研究的有效性，而是提出先前學者因主題和問題意識的設定而傾向排除或置於邊緣的研究角度，將消費文化、國族政治共同納入對科學的現代性考察之中[18]。如同書名「精神的複調」所傳達的，我意欲尋

17　陳獨秀，〈本志罪案之答辯書〉，《新青年》，第6卷第1期（1919），頁10-11。

18　在十多年前葉文心主編的論文集裡，就已經有幾位學者針對中國現代性研究中重政治、輕經濟，重思想、輕消費主義的傳統觀點提出修正，但這種下層、日常轉向在目前為止的近代中國科學史書寫中仍不多見。參考：Wen-Hsin Yeh, "Introduction: Interpreting Chinese Modernity, 1900-1950," in Wen-Hsin Yeh, ed., *Becoming Chinese: Passages to Modernity and Beyond* （Berkeley and Los Angeles: University of California Press, 2000）, pp. 1-28.

找上層曲調之外，彼此疊加、交織、並存、抗衡的多重歷史旋律。過去人們經常太過於著迷知識分子帶有政治意圖的科學宣言，也經常習慣於相信科學的啟蒙與進步來自上層菁英的努力，卻忘記給予相形之下更龐大的人口應有的篇幅，忽略了科學在常民生活中展現的廣泛效應，以及反之，常民活動為科學帶來的直接、間接影響。許多時候，常民對科學的信念、投資、應用、誤識、挪用所產生的社會效果，並不亞於科學發現本身所帶來的改變。

在這個意義上，清末民初中國的催眠術發展史提供了良好的機會讓我們思考過去科學史未必重視的問題，同時將更多元、異質的歷史行動者的聲音帶入科學史的寫作中。在接下來的章節裡，本書即將調整觀看的視野，重新思考除了知識菁英之外，「科學」究竟還屬於哪些人？帶有什麼樣的差異內涵？

有幾個面向是我們將要關注的：首先，本書試圖分析形形色色的大、小人物，如何帶著不同的旨趣、心態、眼光，去促成（或壓抑）催眠術在中國的發展，並嘗試釐清這些認知與情緒如何與現代性經驗交織在一起。

而當這些廣泛的科學人口被納入後，也促使我們必須超越既有單一的機構、學科之分析框架，去詢問關於科學知識在不同層面流通的問題：究竟催眠術藉由哪些途徑，成為瀰漫在大眾日常生活中的活動？催眠知識又有哪些跨國來源、路徑和接收者？催眠技術的傳播又是在什麼樣的邏輯之下進行？什麼樣的迴路建立起精神科學的事實性？

此外，催眠術的大眾特徵也無可避免地引發了界限劃分與知識分化的問題：民間的科學行動者如何正當化、合法化催眠

術，招募適當的同盟並排除不適當的他者？催眠術與心理學、靈學的關係為何？在學科建制化的過程中，民間催眠研究者如何提出跟學院心理學家不同的現代科學方案？

最終，本書所欲處理的主題也涉及到現代自我的形塑，我希望回答：人們如何透過催眠術來想像一種符合當下所需的理想新人？人們如何在催眠術的實踐中被規訓為科學的主體？人們如何體驗無意識的心理歷程？以及，現代的自我經驗如何混融了傳統的文化元素？

## 三、大眾科學史的視野

本書的觀點啟發自20世紀70、80年代起，西方科學史社群開展出的「大眾科學史」的書寫嘗試。這個嘗試涉及了思潮的流變、學科內的辯論、知識地理學的差異等因素，這些年來已有豐富的發展，討論方興未艾。在東亞科學史的脈絡下，目前仍有許多面向尚未被充分探究、回應。本節將概要爬梳「大眾科學史」的發展脈絡，並提出本書意圖進行的深化、增補與開拓方向。

從史學史的角度切入，「大眾科學史」的興起可視為「新文化史」研究轉向的一環，與歐美史學界所受的象徵／詮釋人類學、文化馬克思主義、後結構思潮的影響密切相關[19]。許多歷

---

19 「新文化史」一詞首次在1980年代由歷史學者亨特（Lynn Hunt）提出，她主要提及夏提葉和第四代年鑑學派的研究取徑，另外，該論文集也討論了傅柯（Michel Foucault）、湯普森（E. P. Thompson）、格爾茲（Clifford Geertz）、懷特（Hayden White）、拉卡帕（Dominick LaCapra）等幾位被視

史學家，如柏克（Peter Burke）、金茲伯格（Carlo Ginzburg）、
夏提葉（Roger Chartier）、丹屯（Robert Darnton）等人，從
1970年代以降紛紛將研究重心從菁英文化轉向通俗文化，探討
符號與物質交織的大眾生活。而醫療史無疑是呼應此一轉向最
熱烈的支持者之一。著名的醫學史家波特（Roy Porter），在
1980年代便曾分析18世紀英國的江湖術士所使用的語言次文
化（linguistic sub-cultures），主張醫學史應該對稱地看待常規
醫學和江湖術士的術語，以幫助澄清英國市場社會發展的更寬
廣面向[20]。在波特主編的《醫療的大眾化，1650-1850》（*The
Popularization of Medicine, 1650-1850*）一書導言，他更直說：
「大眾化是醫療事業中相當具歷史重要性的部分。」[21] 1980年代
以來，西方醫療史學者對大眾化的關注，相當程度反映出對過
往正統／異端醫療之二元區分的拆解，以及從描繪醫療理論、
行為本身，轉向探討各種知識或實作所扣連的集體心態、生活
風格、自助傳統，乃至慈善、宗教、經濟與政治實況[22]。1990

---

為影響文化史走向的學者。參考：Lynn Hunt, "Introduction: History, Culture,
and Text," in Lynn Hunt and Aletta Biersack, eds., *The New Cultural History*
(Berkeley and Los Angeles: University of California Press, 1989), pp. 1-22.

20 Roy Porter, "The Language of Quackery in England, 1660-1800," in Peter Burke
and Roy Porter, eds., *The Social History of Language* (Cambridge: Cambridge
University Press, 1987), pp. 73-103.

21 Roy Porter, "Introduction," in Roy Porter, ed., *The Popularization of Medicine,
1650-1850* (London: Routledge, 1992), p. 2.

22 Roger Cooter, "Introduction: The Alternation of Past and Present," in Roger
Cooter, ed., *Studies in The History of Alternative Medicine* (Oxford: Macmillan
Press, 1988), pp. xii-xiii.

年代起的中國醫療史領域也可看見類似的轉變,關於民俗及宗
教醫療、禮俗禁忌、養生文化等「另類醫療史」研究,在台灣
的醫史學界蔚然成形[23]。

　　然而,走出了對常民醫療和替代療法熱烈關注的醫療史領
域,1970、80年代絕大多數的科學史書寫並未重視「下層轉
向」,仍一如過往聚焦在菁英科學家或學院科學家的科學思
想[24]。至於存在於大眾日常生活中,不符合正統科學定義下的知
識和實作,往往被研究者歸諸於「錯誤信念」或「不理性的狂
熱」,留待社會學對集體行為作出解釋[25]。借用科學史家庫特
(Roger Cooter)的說法:「在集體行為社會學和科學思想史之
間,似乎存在著一塊不毛之地。」[26]也因此,庫特和另一位科學

---

23 杜正勝,〈另類醫療史研究20年──史家與醫家對話的台灣經驗〉,《古今
　　論衡》,第25期(2013),頁3-38。

24 如謝平(Steven Shapin)指出:「柏克的方案致力於研究大眾文化以及它與
　　『高級』文化之間的關連,但迄今為止,卻沒有在科學史領域產生顯著的影
　　響。」參考:Steven Shapin, "Science and Its Public," in Robert Cecil Olby, et
　　al., eds., *Companion to the History of Modern Science* (London: Routledge,
　　1990), p. 994.

25 這種反對將大眾科學歸屬「錯誤社會學」(sociology of error)的立場,是
　　對科學知識社會學(Sociology of Scientific Knowledge, SSK)主張的「強綱
　　領」的再發揮。在強綱領的原始版本中,「對稱性」的意思是要對真實和虛
　　假的科學信念採取同一類型的說明方式,其目的是為了反駁過去科學哲學
　　和知識社會學的主張。後者傾向認為科學知識增長的合理性以科學的內在
　　邏輯進行說明即已足夠;唯有錯誤的主張才需要進行社會學的說明,以釐
　　清哪些社會因素致使人們作出錯誤判斷。參考:David Bloor, *Knowledge and
　　Social Imagery* (Chicago: University of Chicago Press, 1991), pp. 5-13.

26 Roger Cooter, *The Cultural Meaning of Popular Science: Phrenology and the*

史家龐夫瑞（Stephen Pumfrey）後來發表了一篇在大眾科學史
領域深具指標性的論文〈分立領域和公眾場域：科學大眾化與
大眾文化中之科學的歷史反思〉（Separate Spheres and Public
Places: Reflections on the History of Science Popularization and
Science in Popular Culture）。他們指出，科學的歷史書寫長期
受到「認知的理性主義模型」（rationalist model of cognition）
所主導，認為科學的成功來自個體心智與自然結構之間的抽象
一致性，因此唯有生產知識的菁英團體才是學術研究應該關心
的重點。與這個理性主義模型相伴的，則是一套「擴散論」
（diffusionism）的預設，即：科學知識生產於菁英科學家手
中，再逐步擴散至下層民眾，經過層層扭曲與挪用，成為大眾
文化消費的一部分[27]。

在這類觀點下，科學史書寫往往流於負面地將「大眾化」
描述為一種近乎迷信的盲目信仰[28]，或者頂多較正面地認為「大
眾化」扮演一種教育的功能，或再現大眾對科學的感知和評
價[29]。但不論是何者，卻都不斷地複製菁英科學與大眾科學之間

---

*Organization of Consent in Nineteenth-Century Britain* (Cambridge: Cambridge University Press, 1984), p. 2.

27 Roger Cooter and Stephen Pumfrey, "Separate Spheres and Public Places: Reflections on the History of Science Popularization and Science in Popular Culture" *History of Science*, 32 (1994), pp. 237-267.

28 John Burnham, *How Superstition Won and Science Lost: Popularizing Science and Health in the United States* (New Jersey: Rutgers University Press, 1987).

29 Susan Sheets-Pyenson, "Cathedrals of Science: The Development of Colonial Natural History Museums During the Late Nineteenth Century" *History of Science*, 25:3 (1987), pp. 279-300; Marcel LaFollette, *Making Science Our*

的壁壘分野，或至少並未對此預設提出足夠的反省。

　　所幸自1970年代中期開始，已有幾位目光敏銳的科學史家提出扎實的研究成果，試圖翻轉這類對大眾化的刻板看法。謝平和庫特是這個領域的拓荒者，他們對19世紀愛丁堡的顱相學（Phrenology）研究，顯示出顱相學在歐洲的流行及爭議，絕非以過往專家／常民的對立框架就能妥善說明。相反地，那是一場跨越科學界、醫學界、資產階級、工人階級的科學運動，牽涉社會改革、宗教異議、階級鬥爭、藝術表達等各種面向。不同的社會團體往往因各自的社會利益，對顱相學知識有不同理解與立場[30]。科學史家溫特（Alison Winter）在1990年代進行的維多利亞時期的催眠術研究也指出，19世紀前期的英國，對於「專家」和「業餘者」的意義或屬性，並沒有一致的共識，自然哲學家尚未瓜分自然的領土，也甚少捍衛自身對自然知識的所有權。「『公眾』──不管你如何定義這個群體──並未將自己摒除於評斷科學事務的資格之外。」[31]溫特如是提醒：在那個正統科學和醫學尚未確立學科屬性的年代，在大眾之間流行的催眠術與其說是被正統科學逐出的闖入者（interloper），不如說

　　*Own: Public Images of Science, 1910-1955*（Chicago: University of Chicago Press, 1990）.

30 Steven Shapin, "Phrenological Knowledge and the Social Structure of Early Nineteenth-Century Edinburgh" *Annals of Science*, 32:3（1975）, pp. 219-243; Steven Shapin, "The Politics of Observation: Cerebral Anatomy and Social Interests in the Edinburgh Phrenology Disputes" *The Sociological Review*, 27（1979）, pp. 139-178; Roger Cooter, *The Cultural Meaning of Popular Science*.

31 Alison Winter, *Mesmerized: Powers of Mind in Victorian Britain*（Chicago: University of Chicago Press, 1998）, p. 27.

它幫助人們探索、釐清、形塑正統科學應該要具備的形式[32]。

　　與此同時，科學社會學家也開始對「大眾化」的傳統主張提出相應的概念反思，如赫加特納（Stephen Hilgartner）便指出，科學家藉由調度「適當的簡化」、「扭曲」、「汙染」等對大眾褒貶程度不一的修辭，來維繫自身的權威，排除外來者的正當性，同時策略性地行銷自己的科學主張[33]。我們不難發現，「認知的理性主義模型」、「擴散論」及其「涓滴」（trickle-down）觀點已逐漸受到經驗性及概念性的挑戰，而專家／常民的對立框架在歷史解釋上尤其顯得僵硬無力。換言之，具科學正當性的社會團體到底包含哪些成員，往往深具爭議，且因時而異。菁英科學和大眾科學的界線亦是浮動且彈性的，這兩個領域往往彼此相互構成（mutually constitutive），而非單向流動。

　　如今，歐美學界已經累積相當豐富的大眾科學史研究成果[34]。如果說上個世紀的研究者嘗試挑戰傳統科學史的分析框架，那麼本世紀初的科學史學者則察覺到現有研究的固著徵候

---

32 Alison Winter, "Mesmerism and Popular Culture in Early Victorian England" *History of Science*, 32:3（1994）, pp. 317-343.

33 Stephen Hilgartner, "The Dominant View of Popularization: Conceptual Problems, Political Uses" *Social Studies of Science*, 20（1990）, pp. 519-539.

34 2000年後較具代表性的專書包括：James Secord, *Victorian Sensation: The Extraordinary Publication, Reception, and Secret Authorship of* Vestiges of the Natural History of Creation（Chicago: University of Chicago Press, 2000）; Bernard Lightman, *Victorian Popularizers of Science: Designing Nature for New Audiences*（Chicago: University of Chicago Press, 2007）; Ralph O'Connor, *The Earth on Show: Fossils and the Poetics of Popular Science, 1802-1856*（Chicago: University of Chicago Press, 2007）等書。

及其不足。例如，西寇爾德（James Secord）發現許多研究經常不假思索地囿於「未概念化的地理和學科疆界」[35]；道姆（Andreas Daum）指出科學史「忽略非英語世界的現有研究，且錯失對其他語言和文化情境進行比較的機會」、「時序上專注在19世紀」[36]；潘朵拉（Katherine Pandora）認為需要建立更多比較，包括擁有菁英科學傳統的國家（如法國、德國）和其他後殖民國家[37]；本索文森（Bernadette Bensaude-Vincent）亦提醒需要進行更多在地研究來驗證正當科學和大眾知識間的互動假設[38]。整體而言，這些反思都不約而同指出同一個方向，也是本書的重要關切：我們必須展開更多其他區域的在地研究或跨國比較研究，以充實大眾科學的全貌[39]。

　　時至今日，東亞的大眾科學史仍留有不少空白等待填補，

---

[35] James Secord, "Knowledge in Transit", *Isis*, 95（2004）, p. 656.

[36] Andreas W. Daum, "Varieties of Popular Science and the Transformations of Public Knowledge: Some Historical Reflections" *Isis*, 100（2009）, p. 322.

[37] Katherine Pandora, "Popular Science in National and Transnational Perspective: Suggestions from the American Context" *Isis*, 100（2009）, pp. 346-358.

[38] Bernadette Bensaude-Vincent, "A Historical Perspective on Science and Its 'Others'" *Isis*, 100（2009）, pp. 367-368.

[39] 集合上百名科技史學者的研究團體 Science and Technology in the European Periphery（STEP），其2006年的會議就以〈歐洲邊陲的科技大眾化〉為主題，探討英、法、德以外的歐陸邊陲國家的科技普及的歷史，題材包括印刷媒介、機構組織、展演活動、展示場所等不同的大眾化實作或機制。然而，較可惜的是，歐洲邊陲終究還是局限在歐洲國家，亞、非、拉美等區域的在地或跨國大眾科學史研究，仍然有待更多探索。參考：Faidra Papanelopoulou, et al. eds., *Popularizing Science and Technology in the European Periphery, 1800-2000*（London and New York: Routledge, 2009）.

但我們所要做的不只是補白的工作。東亞科學史研究者有另一個必須面對的課題，即在梳理科學知識在世界各地流動和轉譯的過程時，如何避免陷入（西方）中心／（東亞）邊陲的另一種擴散論陷阱[40]？事實上，就如同大眾科學觀點所強調，知識並非由上而下的單向啟蒙；科學的跨國旅行也總是充滿抗拒、摩擦、轉化、挪用，而非單向傳遞與接受[41]。以東亞為重心的大眾科學史，勢必要同時挑戰雙重的擴散論，不僅要呈現常民在科學活動中的能動性與創造性，也必須凸顯東亞在歷史發展脈絡中的獨特之處（如殖民與冷戰歷史、現代化計畫中各種政治與意識形態辯論）[42]，並探討更多關於流通、接觸、交換、轉移、創發和其他跨國／跨區域（包括東亞之內與之外）比較的議題[43]。

---

40 美國歷史學者巴薩拉（George Basalla）可被看作科學擴散論的代表人物。在1967年發表在《科學》（*Science*）上的文章〈西方科學的傳播〉中，巴薩拉提出從16世紀以降至今的科學擴散三階段模式：（一）在第一階段中，歐洲人開始在新大陸從事調查、採集、分類的自然史研究；邊陲地區提供歐洲科學社群研究上的新材料。（二）第二階段，殖民地也開始產出科學研究，但它們的教育、訓練、器材、所屬機構、期刊書籍，仍依賴母國，無法在當地形成相互激盪、自我持存的科學社群。（三）第三階段，受到文化和政治國族主義的驅使，殖民地科學家開始建立自主獨立的科學傳統和建制，最終實現現代科學的移植。參考：George Basalla, "The Spread of Western Science" *Science*, 156（1967）, pp. 611-622.

41 Warwick Anderson, "Postcolonial Technoscience" *Social Studies of Science*, 32（2002）, pp. 643-658.

42 Daiwie Fu, "How Far Can East Asian STS Go?" *East Asian Science, Technology and Society*, 1（2007）, pp. 1-14.

43 Fa-ti Fan, "The Global Turn in the History of Science" *East Asian Science,*

　　在中國近代史領域，目前已有一些大眾科學史作品問世，如舒喜樂（Sigrid Schmalzer）、范發迪、熊衛民等人研究共產中國下的群眾動員，以及王文基、黃相輔、陳平原、武田雅哉等人研究清末或民初報刊的科學普及和科學文化[44]。這些作品已程度不一地觸及在地發展與跨國流動的課題。然而，大眾科學的表現形式與不同時期之特徵毋寧相當異質，尤其清末民初的大眾科學絕不僅限於報刊普及的單一面向。為了建立更複雜的大眾科學圖像，本書將展開更多探索和對照。

## 四、大眾科學意義下的西方催眠術

　　在動力精神醫學的發展歷史裡，催眠術一般被公認是開啟無意識研究最關鍵的里程碑。關於動力精神醫學的特徵，精神

---

*Technology and Society*, 6（2012）, pp. 249-258.

44　Sigrid Schmalzer, *The People's Peking Man: Popular Science and Human Identity in Twentieth-Century China*（Chicago: University of Chicago Press, 2008）; Fa-ti Fan, "'Collective Monitoring, Collective Defense': Science, Earthquakes, and Politics in Communist China" *Science in Context*, 25:1（2012）, pp. 127-154; 熊衛民，〈1960年的超聲波化運動〉，《科學文化評論》，第11卷第3期（2014），頁41-64；王文基，〈心理的「下層工作」：《西風》與1930-1940年代大眾心理衛生論述〉，《科技、醫療與社會》，第13期（2011），頁15-88；黃相輔，〈居家必備：《婦女雜誌》在五四前的通俗科學啟蒙（1915-1919）〉，《中央研究院近代史研究所集刊》，第100期（2018），頁85-128；陳平原，《左圖右史與西學東漸：晚清畫報研究》（香港：三聯書局，2008），頁129-170；武田雅哉著，任鈞華譯，《飛翔吧！大清帝國：近代中國的幻想科學》（台北：遠流，2008）。

醫學史家艾倫伯格（Henri Ellenberger）在其開創性著作《發現無意識：動力精神醫學的歷史與演化》（*The Discovery of the Unconscious: The History and Evolution of Dynamic Psychiatry*）一書中是這麼說的：「從來沒有其他學科如動力精神醫學一般經歷了如此多的變形：從原始醫療到磁性理論（magnetism），從磁性理論到催眠術，再由催眠術到精神分析及各種新的動力學派。此外，這些思潮還經歷了被排斥及接受的反覆起落過程。」[45]

艾倫伯格編織的這張龐大系譜，展現了現代醫學心理學從其前科學狀態演化至成熟狀態的漫長過程，而這張系譜又如米凱爾（Mark Micale）所評論的，是「一連串徹底的突變（mutations）與變形（metamorphoses）」，而非連續、積累的發展模式[46]。可以說，歐洲從18世紀以來的動力精神醫學發展，經歷了從「外自然」（preternatural）歸因轉向尋找「自然」法則的一系列科學化嘗試[47]，而催眠術正是此過程中的轉振點。催眠術不但是人們試圖用自然的語言解釋異常現象的起點，其衍

---

45 Henri F. Ellenberger, *The Discovery of the Unconscious: The History and Evolution of Dynamic Psychiatry* (London: Fontana Press, 1994), p. v.

46 Mark S. Micale, "Introduction: Henri F. Ellenberger and the Origins of European Psychiatric Historiography," in Mark S. Micale, ed., *Beyond the Unconscious: Essays of Henri F. Ellenberger in the History of Psychiatry* (Princeton, NJ: Princeton University Press, 1993), p. 44.

47 這種從外自然「惡魔學」（demonology）到啟蒙主義自然哲學的轉換，其更廣泛的科學史脈絡可參考：Lorraine Daston, "Preternatural Philosophy," in Lorraine Daston, ed., *Biographies of Scientific Objects* (Chicago: University of Chicago Press, 2000), pp. 15-41.

生的爭議也左右了後來心理知識的動向[48]。

　　但值得注意的是，催眠術在西方世界引發的種種爭議，都絕非單純局限於學院社群內部的科學真理之戰；相反地，它們打從一開始便與大眾的狂熱投入密切相關，並交織著政治、社會的因素。18世紀末的法國是催眠術的發跡地，維也納醫師梅斯梅爾（Franz Anton Mesmer, 1734-1815）宣稱發現了「動物磁力」（animal magnetism）的奧祕，透過磁性催眠術調整人體內的磁力流，即能讓病體恢復健康。大批法國人因而慕名前往尋求醫治，並見證了許多戲劇化的治療場景。而這套磁性理論很快地便從醫療場域延伸到政治場域，梅斯梅爾的門徒印製了各種宣傳手冊、組織社團，開始借用磁性理論包裝道德訴求，提倡追求自由、平等的政治行動。求醫與結社帶來的群眾效應令當權者深感不安，法國國王一度指派了兩個皇家委員會，企圖以科學調查為由瓦解磁性理論的正當性，卻終究無法阻擋磁性催眠術的布散[49]。

---

48 18世紀以來，從驅魔、動物磁性論，一路發展到催眠，種種關於意識變化、發作（crisis）與療效的爭議，可以參考：Alan Gauld, *A History of Hypnotism* (Cambridge: Cambridge University Press, 1995); Erik Midelfort, *Exorcism and Enlightenment: Johann Joseph Gassner and the Demons of Eighteenth-Century Germany* (New Haven: Yale University Press, 2005); Burkhard Peter, "Gassner's Exorcism - Not Mesmer's Magnetism - Is the Real Predecessor of Modern Hypnosis" *International Journal of Clinical and Experimental Hypnosis*, 53:1（2005）, pp. 1-12; Anne Harrington, *The Cure Within: A History of Mind-Body Medicine* (New York: Norton, 2009).

49 相關歷史參考：Robert Darnton, *Mesmerism and the End of the Enlightenment in France* (Cambridge: Harvard University Press, 1968).

　　催眠術很快地在19世紀上半葉從法國傳播到其他西方國家。在1830至1860年代間，催眠術成為維多利亞時期英國的風尚，各式實驗和辯論在大學、工藝講習所（mechanics' institutes）、上流人士的別墅、市政廳、酒館、醫院中輪流上演。甚至遠在殖民地印度，醫官也經常在當地施行催眠實驗與磁化睡眠麻醉，並將結果回饋給母國醫師。現在所熟知的催眠術英文 "Hypnotism"，便是在這個時期由英國外科醫師布雷德（James Braid, 1795-1860）提出，其目的是為了駁斥梅斯梅爾的磁性理論對催眠現象的解釋[50]。催眠術在大西洋彼岸的美國的發展，則是在1830年代後期透過波揚（Charles Poyen, ?-1844）、科里爾（Robert Collyer, 1814-1891）等歐洲催眠師傳入，同樣引起大眾熱烈的反應。它在美國的發揚者昆比（Phineas Quimby, 1802-1866）更進一步將催眠治療提升為一種結合宗教精神的生命哲學與自我療癒方法，並由他的門徒們在19世紀後半葉組織成為民間的一股龐大的「基督科學」（Christian Science）和「新思想運動」（New Thought Movement）勢力[51]。

　　在那段催眠術發展的早期年代，我們很容易在各個國家的

---

50 相關歷史參考：Alison Winter, *Mesmerized: Powers of Mind in Victorian Britain* (Chicago: University of Chicago Press, 1998).

51 相關歷史參考：Robert C. Fuller, *Mesmerism and the American Cure of Souls* (Philadelphia: University of Pennsylvania Press, 1982); Beryl Satter, *Each Mind a Kingdom: American Women, Sexual Purity, and the New Thought Movement, 1875-1920* (Berkeley and Los Angeles: University of California Press, 1999); Emily Ogden, *Credulity: A Cultural History of US Mesmerism* (Chicago: University of Chicago Press, 2018).

不同故事中找出一些共同特徵：催眠術總是穿梭於紛雜繁多的
地點──診療室、舞台、教室、俱樂部⋯⋯；而它的參與者也
是形形色色──醫師、貴族或紳士、僕役、中產階級工廠主、
牧師⋯⋯。「真／假」的區辨構成了爭議的核心，人們一來不
斷爭論著催眠術究竟是確有奇效的科學，抑或是高明的騙術，
又是否帶來危險；二來對於催眠術背後的原理為何也莫衷一
是。即使到了19世紀末，催眠術在法國的療養院成為主要的
診斷、治療技術，當時的精神醫學界依舊分成不同陣營，以伯
恩海姆（Hippolyte Bernheim, 1840-1919）和沙可（Jean-Martin
Charcot, 1825-1893）為代表，爭執著催眠現象的精神病理與治
療問題[52]。

　　催眠術在西方也跟通靈論（spiritism）、靈學研究（psychical
research）、超心理學（parapsycholgy）有著千絲萬縷的關係。
18世紀末以降，人們已盛傳磁化催眠後的夢遊者（somnambulist）
具有遠超出尋常人類心靈能力的「第六感」[53]。讓被催眠者破譯
象形文字、操弄神祕數碼，乃至與靈魂溝通，成為民間風行的
運動。這股風潮在19世紀末反物質主義的氛圍下增強了力
道，從普羅大眾到科學家，許多人紛紛以各自的方式，透過催
眠術的中介去探索念力（psychokinesis）和超感官知覺（extra-

---

[52] 目前已有中文論文處理這段爭議，參考：陳嘉新，〈消失的歇斯底里烙
　　印〉，《科技、醫療與社會》，第13期（2011），頁89-118。

[53] Jean François Fournel, *An Essay on Somnambulism, or Sleep-Walking, Produced
　　by Animal Electricity and Magnetism, as well as by Sympathy, &c.* trans. John
　　Bell（Dublin: Printed for, and to be had of the Author, also of Mr. Butler, No. 2,
　　Grafton-Street, and other booksellers, 1788）.

sensory perception），包括千里眼、心電感應、靈魂附體等現象。這些活動一直持續到了20世紀仍方興未艾。誠如眾多學者所指出，這股風潮不應單純視為盲目的宗教迷信，而是以實驗探問神祕事物背後真相（occult truth）的科學嘗試[54]。但也不令人意外，催眠術的靈學用途往往還是受到主流科學界的質疑和攻擊，被認為是威脅到正統科學邊界的偽科學。

從催眠術作為一種大眾科學運動，到心靈主義與催眠術的糾纏，相似的主題在相異的時空中迴盪，卻每每激起不同的回聲與變奏，有待進一步識別。心理學家高爾德（Alan Gauld）寫的《催眠術史》（*A History of Hypnotism*）[55]，以及心理學家林恩（Steven Jay Lynn）和社會學家品塔（Judith Pintar）合著的《催眠簡史》（*Hypnosis: A Brief History*）[56]，是目前兩本堪稱嚴謹、全面的綜論性著作。但它們幾乎忽略了催眠術在西方以外

---

54 關於19世紀西方各國的靈學研究，可參考：John Warne Monroe, *Laboratories of Faith: Mesmerism, Spiritism, and Occultism in Modern France*（Ithaca: Cornell University Press, 2008）; Heather Wolffram, *The Stepchildren of Science: Psychical Research and Parapsychology in Germany, c. 1870-1939*（New York: Rodopi, 2009）; Shannon Delorme, "Physiology or Psychic Powers? William Carpenter and the Debate over Spiritualism in Victorian Britain" *Studies in History and Philosophy of Biological and Biomedical Sciences*, 48（2014）, pp. 57-66; Andrea Graus, "Hypnosis in Spain（1888-1905）: From Spectacle to Medical Treatment of Mediumship" *Studies in History and Philosophy of Biological and Biomedical Sciences*, 48（2014）, pp. 85-93.

55 Alan Gauld, *A History of Hypnotism*（Cambridge: Cambridge University Press, 1995）.

56 Judith Pintar and Steven Jay Lynn, *Hypnosis: A Brief History*（Chichester: Wiley-Blackwell Publishing, 2008）.

地區的發展，頂多以簡短的篇幅提及殖民地印度的情況。語言、文化的隔閡，以及現有非西方研究的匱乏，使得我們無法苛責西方研究者的這種忽略；但這也因此成為探問東亞現代性的研究者必須主動耕耘的議題。如果從催眠術這面透鏡，能夠折射出西方社會裡心理知識與政治、文化的交織演化關係，那麼當催眠術來到了東亞，在19世紀中期以來的重大社會轉型過程中，又何嘗不曾帶來深刻的衝擊與影響？

## 五、催眠術與近代東亞

從1840年代開始，隨著中英鴉片戰爭簽訂《南京條約》，1858年日本與美國簽訂《日美修好通商條約》，東亞在一般意義上被劃入了近代世界的體系裡。在此之後，東亞國家或開啟自主變革，或進一步從屬化、殖民地化，都經歷了一段巨幅變動的現代化過程[57]。從翻譯的角度，近代大部分的學術用語幾乎都是在鴉片戰爭後產生。這些西學詞彙在日本主要由西周、加藤弘之、福澤諭吉等明治啟蒙派知識分子所創造。現代漢語中的「科學」一詞便首先出現於1874年西周（1829-1897）在《明六雜誌》上撰寫的文章[58]。至於在中國，官方開始重視西學或「格致之學」，並相繼於各地設立書院、學堂、製造局、專門學校，則與恭親王奕訢、馮桂芬、李鴻章、張之洞等人的倡

---

57 子安宣邦著，賴例欣、林鍵麟譯，〈「亞洲」這條抵抗線的可能性：省思東亞的近代〉，《文化研究》，第6期增刊（2008），頁68-69。

58 樊洪業，〈從「格致」到「科學」〉，《自然辯證法通訊》，第55期（1998），頁46。

議有關[59]。「科學」一詞於1898年進入中文的語境，由康有為、章太炎率先開始使用，並在1900年以後成為對譯 "science" 的主流[60]。自此以後，「科學」成為形構東亞現代性的關鍵詞彙。

　　儘管此處談論的「亞洲／亞細亞」觀念最初來自於歐洲的發明[61]，但就歷史發展的實然而論，東亞的現代性──不論就科學、醫藥、衛生等面向──無疑跟地緣政治下各個國家／區域間的緊密互動高度相關。換言之，一個多世紀以來累積的現代性論述與實踐，絕非歐美向東亞的單向輸入，而是文化相遇的情境下，以在地、鄰近文化為參照的再創造。這個現象在1895年甲午戰爭之後尤其明顯。根據語言學家馬西尼（Federico Masini）的研究，從1660到1895年間，中國只有12本日本著作，但從甲午戰敗到民國建立前，短短十多年間，已有近千本日語著作翻譯進入中國[62]。而同時期的朝鮮，基於地理位置的鄰近和國族主義的關切，也大量透過中國、日本的翻譯接觸西文

---

59 Benjamin Elman, "The Great Reversal: The 'Rise of Japan' and the 'Fall of China' After 1895 Chinese," in Ho Yi Kai, ed., *Science in China, 1600–1900: Essays by Benjamin A. Elman* (Hackensack: World Scientific Publishing, 2015), pp. 193-194；郭穎頤著，雷頤譯，《中國現代思想中的唯科學主義（1900-1950）》（南京：江蘇人民出版社，2010），頁3-4。

60 金觀濤、劉青峰，〈從「格物致知」到「科學」、「生產力」：知識體系和文化關係的思想史研究〉，《中央研究院近代史研究所集刊》，第46期（2004），頁105-157。

61 汪暉，〈亞洲想像的譜系〉，收入氏著《現代中國思想的興起：科學話語共同體》（北京：生活・讀書・新知三聯書店，2015），頁1539。

62 Federico Masini, *The Formation of Modern Chinese Lexicon and Its Evolution Toward a National Language: The Period from 1840 to 1898* (Berkeley: Journal of Chinese Linguistics Monograph Series No. 6, 1993), p. 107.

作品，或直接翻譯日本的報章評論及專家演說[63]。

隨著日本明治維新大量引入西學，日本可說是大部分催眠知識進入東亞的第一站。日本早在1860年代便已有接觸西方催眠術的紀錄，榎本武揚（1836-1908）於幕末留學荷蘭時即曾與一名催眠師同居一室。1873年的《附音插圖英和字彙》中也已可見「Mesmerism動物磁石力」的詞條[64]。到了1880年代中後期，催眠術逐漸普及，一方面作為醫學知識的一環，另一方面以劇場魔術的類型而被接受。就前者而論，鈴木萬次郎（1860-1930）在1885年翻譯的《動物電氣概論》是最早的一本書籍，此書假託梅斯梅爾原著，實則摘錄自美國催眠師多茲（John Bovee Dods, 1795-1872）的著作。1887年東京帝大生理學教授大沢謙二（1852-1927）將 "hypnotism" 翻譯為「魔睡術」，並有系統地介紹從動物磁力術到近代的催眠理論，尤其對沙可的學說有十分詳盡的說明。而畢業於東京帝大的哲學家井上圓了（1858-1919）的《妖怪學講義》更是這個時期的代表著作，他以物理學、生理學與心理學的原則，解釋過去被視為超自然的異常現象。日本第一位本土心理學博士福來友吉（1869-1952）則是以博士論文《催眠術的心理學研究》於1906年獲得學位[65]。

---

63 Andre Schmid, *Korea Between Empires, 1895-1919*（New York: Columbia University Press, 2002）, pp. 101-136; Michael Seth, *A Concise History of Modern Korea: From the Late Nineteenth Century to the Present*（Lanham, MD: Rowman & Littlefield Publishers, 2010）, p. 38.

64 一柳廣孝，《催眠術の日本近代》（東京：青弓社，2006），頁16-17。

65 吉永進一，〈解說〉，收入氏編，《催眠術の黎明：近代日本臨床心理の誕

　　就後者而論，1880年代後期，橫濱、東京等地開始風行催眠術演藝，各種以「麻睡術」、「東洋奇術」、「動物催眠術」、「幻術讀心術」等為號召的表演，成為庶民日常生活中的奇觀娛樂。同時期的日本也陸續出現各式以催眠術為題材的小說，剛開始以翻譯作品為主，到20世紀初期出現愈來愈多本土創作，其中又以森鷗外（1862-1922）於1909年出版的《魔睡》最具代表性[66]。

　　整體而言，催眠術在日本的發展大致可分成兩個時期：19世紀末主要以學院研究者和醫師為主力，志在引介西方新知，在吸收上仍顯得零星分散；到了20世紀初，民間研究者開始在人數上大幅增長，小野福平、桑原俊郎、古屋鐵石、村上辰午郎、山口三之助等人是這個時期的代表人物，他們成立學會、發行著作，吸引大批民眾投入。催眠術的熱潮繼而引發政府當局對不當使用的疑慮，於1908年施行「警察犯處罰令」取締催眠術濫用者。此後，以催眠術為名的招攬歸於低調，但相似的活動並未真的消失。催眠術實作被包裝為「精神療法」、「精神修養」、「靈術」、「健康法」、「注意術」等名稱，以規避管制，持續在民間大行其道[67]。與此同時，催眠術也逐漸與日本傳統文化相混融，開展出特殊而有別於西方的模式；許

---

　　生》，第7卷（東京：クレス出版，2006），頁1-9。

66　一柳廣孝，《催眠術の日本近代》，頁24-30、122-124。

67　吉永進一，〈解說：民間精神療法の時代〉，收入氏編，《日本人の身・心・靈：近代民間精神療法叢書》，第8卷（東京：クレス出版，2004），頁1-21。

多靈術修練者將催眠比擬於宗教經驗或禪修[68]，也將「暗示」詮釋為一種與儒家文化相呼應的道德關係[69]。這些人物與作法，深刻地影響了催眠術在中國的發展。

朝鮮的催眠術發展相形之下受限許多。西方精神醫學知識在19世紀末透過日本軍醫和西方宣教醫師來到半島，心理學大約在1907年前後由美國傳教士引入[70]。而催眠術則要到了日本殖民時期才逐漸萌芽，但業已受法規箝制而難以茁壯[71]。目前較早的書面紀錄是1914年，清流壁子在平壤醫藥講習會的《醫藥月報》上介紹催眠術[72]；以及1918年，姜熹一在《朝鮮醫學界》連載〈催眠術講義〉[73]。在後來的報紙上，也零星可見日本的催眠學會刊登廣告，進行招生或販賣教材[74]。不過，朝鮮當

---

68 Yu-Chuan Wu, "Techniques for Nothingness: Debate over the Comparability of Hypnosis and Zen in Early-Twentieth-Century Japan" *History of Science*, 56:4（2018）, pp. 470-496.

69 Yu-Chuan Wu, "The Moral Power of Suggestion: A History of Suggestion in Japan, 1900-1930" *Journal of the History of the Behavioral Sciences*, 55:1（2019）, pp. 21-39.

70 Haeyoung Jeong, "Consideration of Indigenous Ethos in Psychotherapeutic Practices: Pungryu and Korean Psychotherapy" *Asia Pacific Journal of Counselling and Psychotherapy*, 5:1（2014）, pp. 10-20.

71 朝鮮總督寺內正毅，〈警察犯處罰規則〉，《朝鮮總督府官報》，第470號（1912），頁213。

72 清流壁子，〈催眠術의施法〉，《醫藥月報》，第1卷第4號（1914），頁66-68。

73 姜熹一，〈（參考課）催眠術講義〉，《朝鮮醫學界》，第5卷（1918），頁59-62。

74 〈神秘流催眠術〉，《朝鮮新聞》，1924年4月20日，第3版；〈松原皎月師

地實際舉行的催眠術展演就相當稀少了，跟日本當初的盛況大
相逕庭[75]。1920年代前後，曾經有少數催眠學會成立，包括
「帝國神祕會朝鮮支部」、「東京精神研究會朝鮮支部」、「心理
學協會」，並發行了《心理應用催眠學講義》、《實地應用催眠
術獨習》、《催眠術氣合術講義》等書，但這些學會的會員人
數和書籍的流通範圍尚難以估計[76]。至於催眠術的醫療用途，要
到1930年代才開始被一些朝鮮精神科醫師採用，但在日本殖
民政府的政策下，朝鮮本地精神科醫師的訓練與治療活動仍相
當受限[77]。一直要到1960年代以後，催眠術、精神分析等動力
心理學說才在朝鮮有較蓬勃的發展；而此時我們也能發現，如
同日本精神療法的開展模式，朝鮮的薩滿信仰、佛道哲學、儒
家思想也形塑了治療實作，提供當地人一套對心靈與意念的獨
特解釋[78]。

---

創始催眠術療法〉，《朝鮮新聞》，1929年2月27日，第1版。

75 少數有記載的是：〈催眠術講演實習〉，《時代日報》，1924年11月27日，
第4版。該場活動由朝鮮藝術團後援會理事全聖旭演講催眠術、金文弼示
範，地點在天道教教堂內。

76 白順基筆記，《心理應用催眠學講義》（鮮語），上卷（開城：帝國神祕會
朝鮮支部，1918）；林弘基著，東京精神研究會朝鮮支部編纂，《實地應用
催眠術獨習（第五版）》（京城：東洋大學堂，1928［初版1923］）；林弘
基，《催眠術氣合術講義》（京城：心理學協會，1928）。

77 Haeyoung Jeong, *Archaeology of Psychotherapy in Korea: A Study of Korean
Therapeutic Work and Professional Growth* (New York: Routledge, 2014), p. 1.

78 Wonsik Kim, "Korean Shamanism and Hypnosis" *American Journal of Clinical
Hypnosis*, 9:3 (1967), pp. 193-197; Bou-Young Rhi, "The Phenomenology and
Psychology of Korean Shamanism," in Guttorm Fløistad, ed., *Contemporary
Philosophy: A New Survey*, Vol. 7, Asian Philosophy (Dordrecht: Springer,

　　殖民地台灣有著與朝鮮相似的處境，在催眠術茁生的同時即面臨壓抑。不同的是，催眠術除了由日本人傳入，部分台灣人也從中國獲得相關消息[79]。最早的催眠術報導可以追溯至1903年前後，《臺灣日日新報》刊登了福來友吉的催眠術實驗和桑原俊郎的學說，同時間也可看到「取締法」在「內地」發布的消息[80]。1910年代，台灣醫學界一度有短暫的催眠術相關研討及治療案例發表，但未能持續[81]。殖民初期的台北、台中、台南等地，亦曾有一些日本人嘗試教授催眠術、提供治療或公開實驗表演，但很快地便被警務課禁止[82]。1918年，台灣總督府修訂「台灣違警例」，正式加入取締濫施催眠術的條文，此後催眠術招牌近乎絕跡於街頭[83]。少數台灣人曾經仿效日本靈術界的應變之道，避用催眠術為名來從事精神治療，如林垂青從「上海神州靈學會」學成後返回台北稻江開設「精神治療所」；

---

1993），pp. 253-268.

79 〈支那亦有催眠術〉，《臺灣日日新報》，1919年12月27日，第6版。

80 〈催眠術に就いて（一）〉，《臺灣日日新報》，1903年5月14日，第4版；〈催眠術の實驗（上）〉，《臺灣日日新報》，1903年7月24日，第4版；〈催眠術取締法の發布〉，《臺灣日日新報》，1904年9月16日，第4版。

81 筧繁，〈催眠術ノ應用ニヨリ治療シタル頑固ナル遺尿症ノ一例〉，《臺灣醫學會雜誌》，111期11卷（1912），頁45；曹達散人，〈精神作用卜疾病〉，《臺灣醫學會雜誌》，127期12卷（1913），頁341-348。

82 〈催眠術治療の差止〉，《臺灣日日新報》，1903年8月26日，第5版；〈催眠術治療所の禁止〉，《臺灣日日新報》，1906年2月13日，第5版；〈管束催眠術〉，《臺灣日日新報》，1910年10月6日，第2版；〈催眠術實驗中止〉，《臺灣日日新報》，1913年9月18日，第7版。

83 台灣總督明石元二郎，〈臺灣違警例〉，《臺灣總督府府報》，第1595號（1918），頁78-83。

郭錦如成立「精神統一講習會」，在稻江、板橋一帶活動，會
員約數十人[84]。但大致來說，20世紀前期的台灣人甚少有機會
親身接觸催眠術，催眠術只能合法地馳騁於文字的想像世界[85]。

　　在中國，催眠術的命運就迥然不同了。由於邊界的開放性
與流動性，以及中央政府有限的治理能力，催眠術的發展可說
是繁花齊放。從清末到民國二十年代，日本一直是中國引進心
理學知識的主要窗口，西方的科學心理學透過留日學生再次轉
譯，大量傳入中國，催眠術便是其中一條重要支系。統計《民
國時期總書目》收錄的心理學圖書，1912至1922年間出版的
54種心理學書籍裡，催眠與靈學類書籍就占了16種，為最大
宗[86]。在催眠術的實際教學上，留日學生扮演了關鍵角色，一般
公認從日本返回中國的催眠術研究者中，屬鮑芳洲、余萍客二
人最為知名。鮑芳洲與留日友人於清末在神戶組織「華僑催眠

---

84 〈無醫藥精神治療〉，《臺灣日日新報》，1927年3月19日，第4版；〈靈術
　實驗會〉，《臺灣日日新報》，1936年7月10日，第4版；〈板橋實演靈
　術〉，《臺灣日日新報》，1937年3月15日，第8版。

85 逸，〈手足仇（中）〉，《漢文臺灣日日新報》，1910年10月15日，第3版；
　坤五，〈現代長篇：大陸英雄（二八）〉，《三六九小報》，1931年5月19
　日，第3版；太荒，〈心理感應說〉，《三六九小報》，1935年9月6日，第2
　版。黃美娥曾對李逸濤在〈手足仇〉中描繪的催眠術有所分析，見黃美
　娥，〈二十世紀初期的「西洋」：《漢文臺灣日日新報》通俗小說中的文化
　地景、敘事倫理與知識想像〉，《臺灣文學研究集刊》，第5期（2009），頁
　1-40。

86 何姵、胡清芬，〈出版視閾中的民國時期中國心理學發展史考察——基於民
　國時期心理學圖書的計量分析〉，《心理學探新》，第34期（2014），頁117-
　123。即使統計到1949年止，催眠與靈學類書籍的出版總數也相當可觀，
　僅次於教育心理學、心理學概論與發展心理學。

術研究社」，不久更名為「中國精神研究會」；余萍客亦與留學生在橫濱共創「中國心靈俱樂部」，其後更名「中國心靈研究會」。這兩個學會組織在民國初年遷至上海，積極推動中國的催眠術與精神科學活動[87]。除了鮑、余二人，民初的催眠術活動和組織形態毋寧相當多元，根據一份統計，光是上海的主要催眠術教學機構就至少包括八個學會（中國心靈研究會、神州催眠學會、東方催眠術講習會、東亞精神學會、神洲靈學會、中華神靈哲學會、上海催眠協會、大精神醫學研究會），兩間學校（中國催眠學校、寰球催眠大學），四間學院（東亞精神學院、中國精神專修館、中華精神學養成所、靈理休養院），兩個社團（神洲學會、上海催眠協會）[88]。從書籍的出版量與機構的數量，都不難看出催眠術在近代中國的風行程度。

　　不過，無論在歐美或東亞，靈學研究都讓催眠術籠罩上重重爭議，並顯示出「科學」在不同歷史行動者視角下的複雜性與歧異性。先前提到的日本第一位本土心理學博士、東京帝國大學助教授福來友吉，曾經對催眠現象提出一套原創的科學解釋，認為那是大腦的貧血狀態讓一切思想暫停流動，從而產生的可受暗示的完全接受狀態。但後來福來友吉卻益發醉心於超自然現象研究，花費大量心力探究催眠狀態下的透視（seeing-through）、念寫（thoughtography）、千里眼（clairvoyance）等特殊能力。他的靈學實驗引發當時日本科學界極大的反彈與質

---

87 志賀市子，〈近代上海のスピリチュアリズム——靈學會とその時代〉，《アジア遊學》，第84號（2006），頁63-75。

88 李欣，〈中國靈學活動中的催眠術〉，《自然科學史研究》，第28卷第1期（2009），頁12-23。

疑，隨後實驗對象御船千鶴子因不堪壓力而自殺，福來友吉本人最終也被校方以損害大學聲譽為由逐出東大[89]。與學院相較，民間對靈術的興趣更為普遍，舉例來說，1880年代日本民間開始風行一種名為「狐狗狸」（コックリさん）的降靈術，該遊戲的原型據信來自於西方的靈學活動，由靠港的水手們傳入，屬於「旋轉桌」（table-turning）或「自動書寫」（automatic writing）的一種。日本民眾進而替這類活動添加入傳統文化的神祕元素，參與者透過口念咒語的自我暗示，讓狐狗狸的神諭得以在催眠狀態中顯現[90]。

從入神狀態（trance）下意識改變造成自動行為的角度觀之，「狐狗狸」遊戲和中國的「扶乩」可說極為類似[91]。傳統信仰與靈學的結合，展現了催眠術在東亞常民生活中的一大特色。20世紀初期中國的靈學活動，不但取法日本的催眠術與靈術，也受到西方靈魂攝影的影響，同時摻雜了傳統信仰中的扶乩實作（以「上海靈學會聖德壇」最為知名）[92]。當時對靈學感興趣的人物，不限於一般百姓，更包含不少知識分子和政府官

---

89 一柳廣孝，《催眠術の日本近代》，頁146-152。

90 Michael Dylan Foster, "Strange Games and Enchanted Science: The Mystery of Kokkuri" *The Journal of Asian Studies*, 65:2（2006）, pp. 251-275.

91 志賀市子著，宋軍譯，《香港道教與扶乩信仰：歷史與認同》（香港：香港中文大學出版社，2013），頁33-35。

92 黃克武，〈民國初年上海的靈學研究：以「上海靈學會」為例〉，《中央研究院近代史研究所集刊》，第55期（2007），頁99-136；黃克武，〈靈學與近代中國的知識轉型：民初知識分子對科學、宗教與迷信的再思考〉，《思想史》，第2卷（2014），頁121-196。

員[93]。不過，與日本的情況相似，靈學受到五四知識分子與學院心理學家的猛烈攻擊，這些反對者未必拒斥催眠術，甚至部分肯定催眠術的科學意義，但他們對於靈學團體混雜催眠術與靈魂、鬼神的主張深感不滿，認為那是迷信的表現。

但站在後世研究者的角度，催眠術與靈學的關係——就如同科學與迷信的關係一樣[94]——恐怕不若五四學人所宣稱的那樣，能夠輕易地劃分、區隔二者。在二者的邊界上，總是存在難以被理所當然歸類、隨歷史情境及行動者旨趣而變動的觀念、宣稱與實作。如何在「正統」與「異端」之間，安置宗教、儒學、形上學、催眠、靈學等元素？以及那些處於學院心理學與扶乩信仰的兩極之間，致力於建立「精神科學」的民間催眠學會，又要如何從科學的角度定位它們的理論與實作？以上問題都有待更多的研究，也是本書希望在稍後章節逐一解答的。

總結來說，從梅斯梅爾的動物磁性催眠、布雷德的催眠學說，到靈魂論與佛洛伊德（Sigmund Freud, 1856-1939）的精神分析，歐美社會歷經了超過一個世紀的知識演化過程，但這些學說在19世紀後半葉短短的數十年間，時間壓縮地湧入東亞的近代世界，知識的橫向移動撼動了原有的縱向繼承。尤其在

---

93　胡學丞，〈伍廷芳的通神學與靈學生涯〉，《政大史粹》，第22期（2012），頁1-22；鄭雅尹，〈清末民初的「鬼」與「照相術」——狄葆賢《平等閣筆記》中的現代性魅影〉，《清華中文學報》，第13期（2015），頁229-281。

94　關於近代中國的思想論述中，科學、宗教、迷信等範疇的變動與動態辯證，可參考：黃克武，〈迷信觀念的起源與演變：五四科學觀的再反省〉，《東亞觀念史集刊》，第9期（2015），頁153-226。

1895年甲午戰爭後，東亞內部的知識交換愈顯頻繁，受到儒家文化、佛道思想和傳統信仰影響下的東亞各地，因而催生出有別於其他區域的催眠術發展樣態。但也就是在19世紀的最後10年間，東亞內部的知識／權力關係出現不均等的位移、傾斜，日本率先完成的現代化改革為東亞帶來新的殖民體制，也更明確地標誌出各地催眠術發展上的差異。日本逐漸告別1870年代的「脫亞入歐」論[95]，轉向從傳統文化出發，重新構思東亞細亞文明[96]，思考宗教、禪修與催眠的共通性，並從若干催眠術元素中進一步開發出本土的森田療法、內觀療法體系。

朝鮮和台灣在20世紀初受限於殖民政權，並未有太多心理治療的在地發展。而中國則持續處於政治經濟挫敗的焦慮中，這股救亡圖存的急迫感讓人們對「科學救國」、「科學的人生觀」懷抱高度期待，中國的催眠術發展在相當程度上便是受這類科學話語所推動，卻又同時深陷在科學與偽科學、科學與迷信的爭議裡。究其原因，無非是由於催眠術所動員的歷史行動者並不止於學院科學家，更多的是學院體制外的催眠師、留學生、自學者、政商人士，以及數以萬計無名的中下層民眾。

參與催眠術活動的異質人口組成因而成為這本書接下去探索的起點。在清末民初的科學史個案裡，我們恐怕很難再找到

---

95 子安宣邦著，陳偉芬譯，《福澤諭吉「文明論概論」精讀》（北京：清華大學出版社，2010）。

96 Prasenjit Duara, "Asianism and the New Discourse of Civilization," in *Sovereignty and Authenticity: Manchukuo and the East Asian Modern*（Lanham, MD: Rowman & Littlefield Publishers, 2003）, pp. 90-103.

另一種活動能夠如此鮮明地顯示中國的大眾科學的豐富面貌。這不只是因為催眠術具有多元的傳播途徑，混融了傳統與現代的元素，引發了複雜的觀感與情緒。更在於大眾超越了知識接受者的被動位置，他們組織起來，展現了他們建構科學事實的能動性與創造性，並提出有別於學院派的另一種關於科學的現代性想像。

## 六、全書安排

本書關注的時段主要集中在1890年代至1940年代的中國。1890年代是中國與外界訊息交換密度急遽上升的轉折年代，不只歐美的新聞消息、思想學說流通於口岸城市，中日之間的知識互動更是前所未有地頻繁。維新運動帶動時人對啟蒙人心的重視，新式報刊、學堂、學會也在這個時期大量誕生。催眠術約莫就是在此前後陸陸續續透過不同媒介進入中國。

1940年代則是近代中國社會的另一個動盪、斷裂時刻，第二次中日戰爭迫使幾個重要的催眠學會在1930年代後期中斷原有的活動，輾轉遷徙或停止運作。人們在戰亂中幾乎再無餘裕從事各種催眠術的學習、遊藝、辯論。迨共產黨建政以後，唯物主義的政治意識形態更壓抑了行為主義之外，大部分心理知識（尤其是動力精神醫學）的正當性，催眠術從此在中國沒落了數十年。

不過，鑑於催眠術並非局限於一時一地之知識與實作，本書的討論範圍在時間上也會約略觸及更早或晚近的內容，在地域上也會涵蓋與廣東維持密切往來的英屬香港，並在若干段落

中進行跨國、跨時代的比較。

　　本書的第一章已為讀者揭示大眾科學的觀看視野，並回顧催眠術在歐美與東亞歷史中的種種流變。恕我不厭其煩地重申旨趣：本書意圖譜寫另一段有別於五四現代性論述及學院菁英活動，卻又與其相應和、拮抗的複調歷史旋律，透過爬梳催眠術的發展歷程，呈現不同歷史行動者對「科學」的異質詮釋，並考察催眠術的流通、劃界、自我形塑等課題。

　　第二章關注的是催眠術如何參與塑造大眾日常生活中的現代性經驗。催眠術在華人社會引發兩極化的情感，它為人們帶來希望，亦激起疑懼。這章勾勒催眠術之所以在中國被理解為一門新興科學，其在知識上的出現條件（condition of emergence）。並進一步探討催眠術的各種傳播途徑及表現出來的樣態，還有它蘊含的科學想像。最後，我將追溯思想性、經驗性、歷史性的三條線索，解釋為何催眠術終究讓政府與人民感到疑慮及恐慌。

　　第三章轉而聚焦在組織化的催眠術活動，呈現大眾建構現代精神科學的嘗試。我以兩個規模最大的民間催眠學會——「中國精神研究會」和「中國心靈研究會」——為主要考察對象，分析學會如何透過劃界工作來正當化、合法化催眠術的使用，並讓自身區隔於江湖術士、迷信群眾、犯罪分子。我進一步指出學會工作的科學性及其限制：催眠學會的實作混合了「商業交易」和「互惠交換」兩種邏輯。一方面，商業的考量影響了學會及學員所提出之宣稱的真實性；但另一方面，透過將學員從「醫療市場的消費者」轉換為「科學事實的生產者」，學會累積了豐富的實驗報告來佐證催眠術的實效，而學

員在實驗與撰寫個案報告的過程裡也被打造為現代的科學主體。

有別於第三章關注催眠學會內部的微觀實作，第四章從心理知識分化的角度出發，探討從清末以降，催眠術與靈學、心理學在近代中國的糾纏與動態發展樣貌。催眠術好比一枚透鏡，折射出不同歷史行動者看待現代科學的殊異立場，而靈學正是發生折射的交界面。我將比較催眠學會、上海靈學會、學院心理學家三方在靈學爭議中的不同觀點，並藉此指出，民間的催眠術研究者與學院科學家分別提出了「混合—擴張」與「純化—限縮」的現代科學方案。在心理學的學科建制化過程中，民間的科學方案逐漸成為被壓抑的聲音，卻也反襯出學院知識的邊界。

第五章是研究的總結，我將更明確地透過這段催眠術史來回應既有的中國近代科學史研究，並提醒科學史家應該嘗試關注更廣泛的科學人口，描繪不同歷史行動者的競合關係，以及中、下層人民在科學活動中的能動性。而我最終也將拉大時空的尺度，重新思考從18世紀到21世紀、從歐美到東亞，催眠術在各種主題上的變與不變。

第二章

# 驚奇與憂懼
## 日常生活中的催眠術

## 一、電磁化身體觀的浮現

　　1905年的某一段時間，上海《申報》上幾乎每天都會出現同樣一則廣告——長命洋行的療病神帶。一名留著絡腮鬍、身穿西裝的外國人用雙手捧著一條電帶，電帶放出無數電氣，射向打著赤膊、留著長辮的中國男子。再仔細一看，男子的腰上也纏著這麼一條電帶，電帶上有電鉤交通電流，電鏢控制開關，電線則連接到銅箍，銅箍貼著命門、丹田、腎部，讓電流直達腦筋、下通湧泉、旁及奇經八脈五臟六腑。廣告圖像周圍環繞文字，開頭寫著：「本行所售之電氣藥帶乃著名西醫麥克

圖1　麥克勞根療病電帶。出自上海《申報》，
1905年10月26日，第16版。

勞根所創製。」[1]電帶號稱能治療各種疑難雜症，從身體羸瘦、小便赤澀、月經不調，到傷寒、肺結核、癱瘓[2]。

　　之所以在本章的開頭提起這一則廣告，我的目的不在於讓讀者多了解一項過去的新商品，而是希望藉此挖掘某種較深層的意義關連，以呈現中國的現代性（modernity）的其中一面。中國的現代性，如李歐梵所言，涉及一種新的時間意識，讓「今」與「古」成為對立的價值，並且將「當下」視為與過去斷裂、連結輝煌未來的轉折時刻[3]。晚清民初的數十年間，是現代性意識萌發的關鍵年代，新事物接二連三地到來，人們的經驗之流暴露於不斷的驚奇之中。而這些新事物並非單獨地被接受；相反地，人們往往是在一種整體的轉變下，以不同於過去的方式把握個別事物之間的關連。電帶這項醫療商品，就跟本書要探討的催眠術一樣，是在一種新的身體論述浮現的前提下，才在中國社會裡獲得廣泛的接納。這種新的身體論述，我稱之為「電磁化的身體觀」，它形塑大眾的現代性經驗，並使催眠術獲得新的認識可能。

---

1　廣告〈至靈極效第一稀有療病之神帶〉，《申報》，1905年10月26日，第16版。

2　關於長命洋行這一系列廣告的視覺分析，可進一步參考：吳方正，〈二十世紀初中國醫療廣告圖像與身體描繪〉，《藝術學研究》，第4期（2009），頁87-151。

3　Leo Ou-fan Lee, "In Search of Modernity: Some Reflections on a New Mode of Consciousness in Twentieth-Century Chinese History and Literature," in Paul A. Cohen and Merle Goldman, eds., *Ideas Across Cultures: Essays on Chinese Thought in Honor of Benjamin I. Schwartz* (Cambridge: Harvard East Asian Monographs, 1990), pp. 109-135.

　　當我們細看電帶廣告的內容，會發現裡頭主張：世界中的物質無不帶有自然電氣，而人體的精神氣血亦有賴電氣維持，透過電帶由外而內補充、調節人體電氣，即能夠增進健康，緩解病痛。再考究長命洋行的產品來源，可知它來自於19世紀末美國芝加哥 Dr. M. L. Mclaughlin 公司出品的 Dr. Mclaughlin's electric belt [4]。這類電氣醫療產品風行美國並暢銷中國，是一個時代集體心態的縮影，無論1890年代美國的愛迪生電力網絡，或者20世紀中國的口岸城市、殖民地台灣，人們不斷目睹電氣化帶來現代生活的改變[5]。一名研究者曾經用「電氣神學」（electric theology）來形容當時人們對電力的崇拜，彷彿在它所及之處賦予一切事物生命與力量[6]。李歐梵在他知名的《上海摩登》裡也提到，上海的摩登作家們「沉醉於都市的聲光化電，以至於無法做出任何超然的反思」[7]。聲光的新形式感官體驗來自於電氣的發明，電磁相生，「電磁化」可說定義了近代中國現代性的一個重要面向。

　　我們在此看見事物之間的關連：電力設施作為外部技術系統，提供人們視覺、聽覺的新刺激，而身體對電流、磁力流的

---

4　"Special Half Price Offer: Dr. Mclaughlin's Electric Belt," *New York Journal and Advertiser*, 31 December 1899, p. 26.

5　一個例子是台灣畫家陳澄波（1895-1947）的作品，在多幅畫作中電線杆都是重要的構圖元素，引導觀畫者的視線。而在中國畫家潘思同（1903-1980）的重要畫作《上海南京路》裡，電線也主導了畫面的分割。

6　Carolyn Thomas de la Peña, *The Body Electric: How Strange Machines Built the Modern American*（New York and London: NYU Press, 2003）, p. 98.

7　Leo Ou-fan Lee, *Shanghai Modern: The Flowering of a New Urban Culture in China, 1930-1945*（Cambridge: Harvard University Press, 1999）, p. 39.

體驗則成為內部的對應。療病電帶以有形的方式創造電流交通的身體感，而催眠術則帶來無形的內在電磁體驗，許多人形容感應到能量在軀幹四肢流動，甚至設想腦筋能夠放射電磁波動。就此而論，現代性不只由物質的現代化所促動，也牽涉人們的身體意識及身體想像上的轉化。

　　值得注意的是，新的身體觀絕非一朝一夕突然出現，而是經過一段時間的傳遞、接觸和抗拒後，才在特定的政治社會條件下產生廣泛影響。電磁化身體觀最早在18世紀的西歐萌芽，1773年，維也納醫師梅斯梅爾宣稱在治療個案奧斯特林小姐（Fräulein Oesterlin）身上發現了先前人們不曾察覺的物質──動物磁力。這位催眠術的先驅指出，宇宙間布滿流體，且「天體、地球和有生機的身體間存在交互影響」，疾病產生於磁力流的不均勻分布及阻滯[8]。他的磁性催眠學說吸引無數追隨者，並擴散到西歐各地。1830年代，磁性催眠術從歐洲傳入美國，昆比繼承這項磁化治療，許多昆比治癒的病患描述催眠過程像是「抱著一顆電池站在絕緣凳上」[9]。1851年時，美國催眠師多茲甚至出版一本名為《電氣心理學的哲學》（The Philosophy of Electrical Psychology）的著作，以正負電性來解釋疾病的原理[10]。這套疾病的電磁解釋，影響了後來療病電帶的發明。

8　Franz Anton Mesmer, *Mémoire Sur la Découverte du Magnétisme Animal* (Paris: P. Fr. Didot le jeune, 1779), p. 74.

9　Horatio W. Dresser, *A History of the New Thought Movement* (New York: Thomas Y. Crowell Company, 1917), p. 114.

10　John Bovee Dods, *The Philosophy of Electrical Psychology* (New York: Fowlers and Wells, 1851).

　　不過，電磁化身體觀卻沒有緊接著在中國出現，而是要等到 19 世紀末。這段超過一世紀的時間差，不是來自知識或技術在傳遞上的延遲，而是過去天朝的優越心態，使得新的身體觀缺乏適合的出現條件。事實上，中國人在梅斯梅爾發展出這套治療的 10 年內就對此有所聽聞。1783 年 8 月 1 日，耶穌會傳教士錢德明（Jean Joseph Marie Amiot, 1718-1793）致信給巴黎的耶穌會長官貝爾坦神父（Abbé Bertin），表示在中國發現了一種跟梅斯梅爾的磁性催眠術非常相似的學說——中國功夫（Kong-fou chinois）。「倘若在距今六千多年前的堯舜、黃帝、神農、乃至伏羲的時代，有一種差不多類似於梅斯梅爾的磁性催眠術的治病方法，那麼無疑至今仍有一些還流傳著。」[11] 他還指出，梅斯梅爾的理論中的磁性雙極（deux Pôles）即是太極系統裡陰陽的特殊、附屬形式，而氣的不平衡則造成疾病[12]。錢德明的觀點除了來自自身觀察，也很可能來自於他跟中國人溝通的經驗。而 19 世紀初，法國耶穌會出版的《外派傳教士教化書信選集》（*Choix des Lettres Édifiantes, Écrites des Missions*

---

11　錢德明的三封與催眠術相關的書信，由三位學者整理、注釋並發表，見 Pierre Huard, Jacqueline Sonolet et M. Wong, "Mesmer en Chine: Trois Lettres Médicales du R.P. Amiot, Rédigées à Pékin de 1783 à 1790" *Revue de Synthèse*, 81(1960), pp. 61-98. 原文如下："Si du temps de Chun-deyan〔de Chouen et de Yao〕, de Huang-ty, de Chen-noung, et même de Fou-hi qui vivoit il y a près de six mille ans, il y a eu ici une method de quérir les maladies à peu près semblable à celle de Mesmer; il n'est pas douteux qu'on en puisse trouver encore quelques vestiges." (p. 63)

12　Pierre Huard, J. Sonolet et M. Wong, "Mesmer en Chine: Trois Lettres Médicales du R.P. Amiot, Rédigées à Pékin de 1783 à 1790", p. 75.

*Étrangères*）更印證了這點，一名傳教士寫道：

> 他們〔中國人〕總是希望說服我們，所有對社會有用的
> 科學與藝術都是在歐洲人動念之前的幾世紀創造於中國。
> 一個很簡單的證明就是：磁性催眠術的發現應歸功於他
> 們。這門技藝被他們追溯到相當久遠的年代，而即使到今
> 天，那些道士仍顯示他們比我們的梅斯梅爾及其他法國磁
> 性催眠專家更加優越，不管在理論或在實作上。[13]

　　由此可見，18世紀末、19世紀初的中國人對催眠術並非
全然陌生，而是不具有跟西方人相同的心靈去賞識其中蘊含的
電磁學說，也因此不認為催眠術有任何特出之處。在他們的觀
念裡，身體本應經驗到的是氣的失調──匱乏或過剩──而不
是電磁力的灌注，如同萊頓瓶（Leyden jar）、伏打電池或電磁
鐵的運作；博大精深的氣與陰陽，即可以涵納、解釋傳教士口
中催眠術的一切。這樣的差異不令人意外，前現代或現代早期

---

13 原文如下：“On a voulu nous persuader qu'il n'est point de science et point d'art
utiles à la société, qui n'aient été inventés à la Chine plusieurs siècles avant que
les Européens y eussent seulement pensé. Ce qui est du moins facile à prouver,
c'est que la découverte du magnétisme animal leur appartient, que cet art remonte
chez eux à une assez haute antiquité, et qu'aujourd'hui encore, les bonzes Tao-
Tsée s'y mon trent bien supérieurs à nos Mesmer, nos Dél..., nos..., nos..., et à
tous les magnétiseurs français, soit dans la théorie, soit dans la pratique.” 見 Jean
Baptiste Montmignon, *Choix des Lettres Édifiantes, Écrites des Missions
Étrangères*, Volume 1（Paris: Maradan, 1808）, p. 265.

的東方人與西方人擁有不同的身體語言、感知，乃至身體存有
論，已是許多人所認知到的事實[14]。但到了19世紀後半葉，西
方科技展現了它的物質優勢，西方醫學對中國傳統醫學構成的
挑戰也逐漸讓人無法忽視。這不只是知識、概念上的衝擊，也
同時是具體經驗的轉化；一種由「氣」到「電氣」、「電磁波
動」的現代身體意識於焉出現。直到此刻，催眠術才有機會在
中國獲得現代的、與功夫分離的意義，躋身新事物之列。

　　而催眠術之現代意義的浮現，也必須歸功於 "nerve" 概念
的轉變[15]。雖然早在明初以來的醫學文獻中就已經有此解剖學上

---

14 最經典的研究莫過於 Shigehisa Kuriyama, *The Expressiveness of the Body and the Divergence of Greek and Chinese Medicine*（New York: Zone Books, 1999）比較中國和古希臘兩大學術傳統認識人體的不同風格。而羅芙芸（Ruth Rogaski）的研究也揭示了20世紀以前和以後，不同的生命／身體觀如何關連到「衛生」概念的轉變。見 Ruth Rogaski, "'Conquering the One Hundred Diseases': Weisheng Before the Twentieth Century" in *Hygienic Modernity: Meanings of Health and Disease in Treaty-Port China*（Berkeley and Los Angeles: University of California Press, 2004), pp. 22-47.

15 關於翻譯 "nerve" 一詞的詳細研究可參考：Hugh Shapiro, "How Different Are Western and Chinese Medicine? The Case of Nerves," in Helaine Selin, ed., *Medicine Across Cultures: History and Practice of Medicine in Non-Western Cultures*（Dordrecht: Springer, 2003), pp. 351-372. 過去不少學者都已處理過近代中國由「心」到「腦」的轉變，但我想指出，這個轉變與「氣」到「電」的轉變未必同步。唯有當「電」成為理解腦神經生理的主流時，催眠術才顯示出它的現代意義。張寧已經看出這個跡象：「醫學之外，也有文章將腦氣筋與自然科學，特別是電學，相互比擬。」但我認為電學與腦氣筋並非僅是相互比擬的關係，而是「氣」與「電」兩種醫學解釋模型的存有論差異。參考：張寧，〈腦為一身之主：從「艾羅補腦汁」看近代中國身體觀的變化〉，《中央研究院近代史研究所集刊》，第74期（2011），頁15。

的描述[16]，但nerve一直被形容為「氣」的運行路徑[17]。即使在1850年代合信（Benjamin Hobson, 1816-1873）編寫的《全體新論》裡，nerve都還是與「氣」脫離不了關係，被譯為「腦氣筋」。直到1870年代，隨著西方電生理學的引入，nerve才逐漸連結上「電」的法則，例如韋廉臣（Alexander Williamson, 1829-1890）在〈格物探源〉裡寫道：「電學之出也如此其艱，功用如此其鉅，究不知此事早具於吾人之身，自有生民以來，無一人之體非此電氣之流動者。電報之銅線，在人即為腦氣筋。」[18]以及被麥仲華收入《皇朝經世文新編》的一篇文章亦記載：「請言腦氣筋為電學之理，其質非筋、非肉、非脆骨，而如管而柔、如絲而白，外為胞膜，內為精髓，分布於五官四體，無時或息，其管之髓二，一司知覺，一司運動，咸通於腦，故名曰腦氣筋。」[19]透過將nerve比擬為電線，神經電學提供人們一套新的語彙、新的語言再現方式，也創造新的認知及感覺模式。

---

16　例如《回回藥方》便已出現「筋頭是腦」的說法。張哲嘉，〈逾淮為枳：語言條件制約下的漢譯解剖學名詞創造〉，收入沙培德、張哲嘉編，《近代中國新知識的建構》（台北：中央研究院，2013），頁26。

17　例如，1620年代傳教士鄧玉函（Johann Schreck）在《泰西人身說概》裡將nerve翻譯為「細筋」，並指出「細筋中無空處，止有氣而無血，故身體不能覺、不能動者，因無氣則無力也。」見鄧玉函口授，畢拱辰編輯，《泰西人身說概》（1621），頁13-1。

18　韋廉臣（Alexander Williamson），〈格物探源：論腦第十九〉，《教會新報》（台北：華文書局，1968[1874]），頁2465。

19　闕名，〈格致淺理〉，收入麥仲華編，《皇朝經世文新編》，卷20上（1898），頁75-1。

　　譚嗣同（1865-1898）是一個很好的例子。從《仁學》
裡，我們能清楚看到電磁化身體觀對他產生的影響[20]。一方面，
他吸收了神經電學的知識，將有形的腦與無形的電相類比，並
視電氣為宇宙萬物的媒介。他寫道：「電不止寄於虛空，蓋無
物不彌綸貫徹；腦其一端，電之有形質者也。腦為有形質之
電，是電必為無形質之腦。人知腦氣筋通五官百骸為一身，即
當如電氣通天地萬物人我為一身也。」[21]另一方面，譚嗣同也用
「電象」來形容自己的靜坐體驗：「信乎腦即電也。吾初意以為
無法之動，繼乃知不然。當其萬念澄澈，靜伏而不可見；偶萌
一念，電象即呈，念念不息，其動不止。」[22]

　　在當時，譚嗣同絕不是擁有這類經驗的少數人，但他的文
化涵養讓他有能力將各種外來的影響納入一套思想架構之中；
相較之下，許多中下階層的庶民也受到類似的電磁化身體觀的

---

20 需要補充說明的是，誠如不少學者指出，《仁學》混雜了西方科學語彙與
　儒、釋、道、墨等各家之說，「電」、「以太」已非原始西方科學的概念，
　必須放在「仁」、「心力」等觀念下予以解讀。雖然電磁化論述的影響力在
　《仁學》中被凸顯了出來，但傳統思想中「氣」的成分仍未消失。參考：
　David Wright, *Translating Science: The Transmission of Western Chemistry into
　Late Imperial China, 1840-1900*（Leiden: Brill, 2000）, p. 383; Joyce Chi-hui
　Liu, "Force of Psyche: Electricity or Void? Re-examination of the Hermeneutics
　of the Force of Psyche in Late Qing China" *Concentric: Literary and Cultural
　Studies*, 35:2（2009）, pp. 245-276; 王汎森，《執拗的低音：一些歷史思考方
　式的反思》（台北：允晨文化，2014），頁85-87。

21 譚嗣同，〈仁學〉，收入生活‧讀書‧新知三聯書店編，《譚嗣同全集》（北
　京：生活‧讀書‧新知三聯書店，1954），頁3-90，特別是頁10-11。

22 譚嗣同，〈仁學〉，收入生活‧讀書‧新知三聯書店編，《譚嗣同全集》，頁
　81。

影響，但他們不是透過有系統地閱讀西學書籍，並形諸思想表達，而是透過散落在生活中各種片斷的活動，來接收或展現他們對新觀念、新事物的態度。比起專注於思想性的討論，本章更關心後者所呈現出來的現代性意涵：催眠術和電帶、電報、電氣設施等新科學、新技術，在日常層次上廣泛地組織了市井百姓的現代性經驗。

　　近十餘年來，近代史學界已有豐富的著述從日常生活的角度，描繪大眾所置身的現代場景，以及政治、知識與生活的相互滲透[23]。本章延續這樣的學術旨趣，選擇從大眾科學的觀點切入，呈現華人社會裡的催眠術活動與現代性經驗交織的情況。在一個熱烈歡迎科學的時代，催眠術顯示了它的爭議本質，鮮明地反映出人們正負兩極的觀點與情感。以下的內容，我首先希望釐清：在電磁化身體觀興起的背景下，催眠術作為一門新興科學，究竟透過哪些管道、基於哪些理由，在華人社會（至少在大城市）裡獲得如此廣泛的回響？其次，我則要回答：為何催眠術仍未獲得完全正面的評價，反而令許多人感到憂慮和畏懼，甚至引起政府的壓制？

---

23 相關研究專書及論文集包括：連玲玲，《打造消費天堂：百貨公司與近代上海城市文化》（台北：中央研究院近代史研究所，2017）；巫仁恕、康豹、林美莉主編，《從城市看中國的現代性》（台北：中央研究院近代史研究所，2010）；Peter G. Zarrow, ed., *Creating Chinese Modernity: Knowledge and Everyday Life, 1900-1940*（New York: Peter Lang Inc., 2006）等。

## 二、新式出版物中的催眠術

　　催眠術能夠在華人社會中廣泛傳播，必須歸功於三個主要管道：新式出版物、展演、講習會。其中，清末大量出現的報刊無疑是將催眠術再現為新興科學，並傳播到民間的最基礎媒介。

　　自1895年開始的往後20年，是張灝所謂中國文化由傳統過渡到現代的「轉型時代」。在這段期間，隨著仕紳階層的政治改革、現代印刷技術與出版事業擴張，新式報刊雜誌大量出現。尤其在戊戌變法後，白話報刊和商業報刊的數量快速增長，五四白話文運動則掀起另一波出版高峰[24]。在甲午戰爭之前，報刊以外文報、文言報為主，白話報刊僅只《民報》一家；維新時期則陸續出現至少五種；到了革命前後，白話報刊成長到近兩百種[25]。另外，根據一份時人的統計，到了1917年，林林總總的中文報刊多達兩千種發行，其中四百種的影響力超出地方層次[26]。至於1908年的大清郵政局則共計遞送出三千六百多萬份的報紙及出版品[27]。這些新式報刊扮演啟蒙「下層

---

24 張灝，〈中國近代思想史的轉型時代〉，《二十一世紀》，52期（1999），頁 29-39。更豐富的出版史研究參考：李仁淵，〈思想轉型時期的傳播媒介：清末民初的報刊與新式出版業〉，收入王汎森編，《中國近代思想史的轉型時代——張灝院士七秩祝壽論文集》（台北：聯經，2007），頁3-49。

25 方漢奇編，《中國新聞事業通史》，第1卷（北京：中國人民大學出版社，1996），頁782-799。

26 Samuel I. Woodbridge, "Newspapers, Chinese," in Samuel Couling, ed., *The Encyclopaedia Sinica* (London: Oxford University Press, 1917), pp. 397-398.

27 Andrew J. Nathan, *Chinese Democracy* (Berkeley and Los Angeles: University

社會」的重要功能，尤其白話報刊的簡易文字，讓粗通閱讀的勞動階層也能掌握新知與時事[28]。這些媒介對知識傳播的影響力不容低估，根據羅友枝（Evelyn Rawski）的統計，清末具基本識字能力的大眾，男性即有30至45%，女性則為2至10% [29]。即便仍有許多不識字的婦女或工人，他們也習慣於在家庭或工廠中聽人讀報[30]。除了白話報刊之外，畫報的出版更提供思想傳達更直觀且生動的途徑[31]。綜觀這段時期，通俗文本對現代政治觀念與科學知識的普及起了關鍵作用，催眠術蘊含的獵奇特質則成為這些媒介的熱愛題材。

最先有辦法透過報刊接觸西方催眠術的當屬在華傳教士、官員與商人，英文報刊對催眠術的著墨大約比中文報刊早了10年。早在1880年代後期，英人創辦的《字林西報》（*North China Daily News*）就開始出現催眠術相關題材，介紹法國醫

of California Press, 1986), p. 145.

28 相關研究參考：李孝悌，《清末的下層社會啟蒙運動：1901-1911》（石家莊：河北教育出版社，2001），頁17-35。

29 Evelyn S. Rawski, *Education and Popular Literacy in Ch'ing China* (Ann Arbor: University of Michigan Press, 1979), p. 140. 羅友枝的研究容或有高估的問題，但若局限於口岸城市，高識字率已是不容懷疑的事實。至於到民國初年，平均識字率到達30%以上也屬相當合理。相關評估參考：張朋園，〈勞著「清代教育及大眾識字能力」〉，《中央研究院近代史研究所集刊》，第9期（1980），頁455-462。

30 Olga Lang, *Chinese Family and Society* (New Haven: Yale University Press, 1946), p. 91.

31 較有代表性的研究為：陳平原，《左圖右史與西學東漸：晚清畫報研究》（香港：三聯書局，2008）。

師沙可對催眠術的最新發現。報紙描述沙可利用磁鐵接近兩名背對背的患者，使她們進入磁力睡眠，並成功讓其中一人的症狀轉移到另一人身上[32]。同一時期，香港的《德臣西報》（*The China Mail*）也報導法國醫師呂伊斯（Jules Bernard Luys）在醫學會成員面前展示病患電化（electrified）後的表現。呂伊斯將裝有番木鼈鹼（strychnine）的試管交給隔壁房間的催眠受試者，受試者對內容物一無所知，但接獲指示將試管置於左側頸背。不一會兒，受試者的左頸肌肉開始收縮，接著抽搐，並呈現身體僵硬。當內容物換成大麻樹脂（hashish），另一名受試者則又出現不同表現[33]。20世紀初期，這些英文報紙也率先介紹不少有趣案例。一篇報導提到一名工人的右膝被半噸重巨石滾落擦傷，儘管傷口輕微，他卻再也無法移動右腳。此事上了法院，醫學鑑定報告表示工人的症狀出於震驚後的自我想像，法庭於是指派二名醫師對工人施行催眠治療[34]。另一篇《士蔑西報》（*The Hongkong Telegraph*）的消息則是宣告催眠術取代傳統手術麻醉，一名英國中年婦女在催眠狀態中順利完成腿部截肢[35]。

　　中文報刊在1890年代後期剛開始報導催眠術時，也幾乎

---

32 "Dr. Charcot and Hypnotism," *The North-China Daily News*, 17 May 1887, p. 4.

33 "Wonders of Hypnotism," *The China Mail*, 21 October 1887, p. 3.

34 "Curious Case of Auto-Suggestion," *The North-China Daily News*, 1 September 1902, p. 5.

35 "For the First Time in England Hypnotism Has Taken the Place of Ordinary Anaesthetics in a Surgical Operation," *The Hongkong Telegraph*, 6 August 1903, p. 4.

都取材自外國的消息。這個現象顯示的是，19世紀末的中國本土仍鮮少有催眠術活動可供報導，大眾對催眠術的熱情一開始是靠國外趣聞才被撩撥起來的。另值得注意的是，有時候報紙報導的內容並不涉及施展催眠術的「人」，而是藉「機器」來完成催眠，這與身體觀的電磁化轉變高度呼應。1898年在《知新報》上的報導即為一例，這份維新派報紙將催眠術放在「格致」的欄目中，與植物學、化工學等文章並列。報導介紹了幾種解決失眠問題的催眠機器，其中一種是由美國芠森敦的哈悶特醫師所研發，透過施用電氣於枕頭和鋪蓋進行催眠；另一種機器是安裝二面鏡子的箱子，藉由鏡面迴轉，讓光線閃射在受術者的眼上，使眼睛漸疲而達到入眠效果；第三種機器則呈柱狀，置於受術者腦後縮減動脈血流，以達成倦怠欲眠的目的[36]。不過更多時候，刊物則是報導催眠術的神奇效果，像是介紹莫斯科醫士巴哥吾利用催眠術療治酒癖，效果更勝其他療法[37]；或是介紹日本教育界將催眠術施於兒童身上，發現學習識字的成效更勝以往[38]。有些報導更強調催眠術的多重好處，包含勸捐、禁賭、弭盜、飭吏、興學等妙用[39]。

　　鼓吹催眠術功效一段時間後，報刊的編輯們又再發掘一類更獵奇的新題材——動物催眠。催眠術不只能夠由人類施展到其他物種，有些動物甚至也會使用催眠術。這類主題同樣與

---

36 〈格致：人力催眠術〉，《知新報》，第53期（1898），頁22。

37 〈催眠術能療酒癖〉，《大陸》（上海1902），第2卷第6期（1904），頁10。

38 〈外國學事：催眠術〉，《教育世界》，第80期（1904），頁4。

39 〈催眠術對於今日中國之妙用〉，《申報》，1910年9月18日，第12版。

「激動」、「頻率」等神經電學的觀念脫離不了關係。《東方雜誌》曾經刊出〈動物與催眠術〉、〈蛇與催眠〉等論說文章，指出催眠術可以施於雞、昆蟲、蜘蛛、老鼠、牛、馬等動物，當這些動物因神經受到過度刺激與壓迫，便會全身硬直、靜止不動[40]。而蛇類則經常被形容為具有迷眩的天賦，牠們藉由頭部與身體固定頻率的搖擺、旋動，搭配睒睒目光和斑斕鱗片，激動獵物的神經系統，繼而產生催眠效果[41]。這方面的題材不斷引發讀者的興趣，即使到了 1930 年代，諸如《科學畫報》、《知識畫報》、《新中華》、《天津商報每日畫刊》、《東方畫刊》等

圖三　經過第二步試驗時，彼等已被催眠術麻醉。最後一步彼得完全入於催眠狀態，但不着肉的兩手撫摩仍舊不歇。

圖 2　中國科學社出版之《科學畫報》內的一幅動物催眠插圖。出自第 4 卷第 8 期，1936。

---

40 王我臧，〈動物與催眠術〉，《東方雜誌》，第 8 卷第 7 期（1911），頁 19-20。
41 甘作霖，〈蛇與催眠〉，《東方雜誌》，第 13 卷第 4 期（1916），頁 11。

報刊，都仍不時可見它們以圖畫呈現外國研究者對猩猩、猴子進行的催眠術實驗[42]。

　　上述這些報刊的屬性大多以傳達時事、普及科學知識為目標，講究可讀性、娛樂性的同時，尚不至於過度誇大。但有些刊物倒賦予了這個題材更豐沛的渲染力，來回於虛實真假之間。像是《家庭良友》這本婦女雜誌便曾經刊登「一篇真實的童話」，敘述俄國的動物心理學家杜洛夫利用催眠術訓練動物，並為這群動物打造社會主義農場，教導每種動物不同的技術，包括伐木、起重、播種、烹飪。在杜洛夫教授臨終之際，他訓練的60隻老鼠甚至魚貫而出向他行告別式[43]。

　　而除了紀實與論理的報刊新聞、虛實難辨的雜誌故事，還有另一種文類——新小說——是不能忽略的。晚清興起的科幻文學適足以證明催眠術所具備的科技吸引力。東海覺我（徐念慈的筆名，1875-1908）創作的〈新法螺先生譚〉與荒江釣叟的〈月球殖民地小說〉並列為中國現代科幻小說的先驅之作，而前者即是一部結合身心分離、動物磁力、腦電等相關元素的作品。這部短篇小說全文一萬三千餘字，出版於1905年。故事的主人翁法螺先生自承因終日苦思學術的難題而不得其解，

---

42 〈奧國心理學家杜嗎博士在柏林動物院施催眠術於猴「彼得」〉，《天津商報每日畫刊》，第20卷第26期（1936），頁2；〈催眠術對於黑猩猩的效應〉，《科學畫報》，第4卷第8期（1936），頁329；〈猩猩催眠術試驗功成〉，《知識畫報》，第3期（1937），頁33-34；〈猩猩之催眠：奧心理學家多瑪之試驗〉，《新中華》，第5卷第3期（1937），頁13-14；〈禽獸與催眠術〉，《東方畫刊》，第1卷第2期（1938），頁24。

43 〈動物訓練的奇蹟〉，《家庭良友》，第3期（1937），頁48-52。

在「腦筋紊亂」的狀態下不由自主地登上高山之巔，霎時間感受到「諸星球所出之各吸引力」，身體中的各種原質隨之分合，在一陣昏迷後產生靈魂與軀殼的分離。法螺先生的靈魂從此展開暢遊世界各洲及宇宙星球的浩瀚旅程，他一面思忖如何利用靈魂的能力挽救羸弱的中國，「別構成一真文明世界，以之愧歐美人，而使黃種執其牛耳」[44]。

圖3　小說林社出版的《新法螺》封面。

從小說情節一開始對星體與身體間吸引力的描繪，我們不難發現梅斯梅爾的動物磁力理論的身影。而在小說接近結尾處，催眠術又再度登場。法螺先生的身心重新合一，墜落於海，幸運搭上一艘戰艦回到中國，見到「上海有開一催眠術講習會，來學者雲集其中，最元妙不可測者，為動物磁氣學，又觸余之好奇心，擬於此中開一特別之門徑。」[45]受到催眠術啟發的法螺先生於是興起

---

44 東海覺我，〈新法螺先生譚〉，收入于潤琦主編，《清末民初小說書系——科學卷》（北京：中國文聯出版社，1997），頁1-20，特別是頁5。原收錄於1905年6月由上海小說林社出版的《新法螺》，該書共三篇小說，另外兩篇為包天笑（1876-1973）翻譯日本作家岩谷小波（1870-1933）的〈法螺先生譚〉、〈法螺先生續譚〉。

45 東海覺我，〈新法螺先生譚〉，頁17-18。

念頭，想要利用大腦自然的感應能力發展「腦電」，取代人為的電信、德律風和無線電，並吸引全世界的人前來學習。無奈的是，他的腦電實業計畫最終受到電信、交通公司與失業勞工激烈的攻訐，只好不得已擱置，潛回鄉里暫避鋒頭。

　　從外文報刊、中文報刊、畫報到科幻新小說，這些新式傳播媒介在19、20世紀之交的前後十餘年間，以不同面貌將催眠術帶進中國，呈現給不同的閱讀群體。催眠術在民間的普及不能不歸功於這些媒介的興起；而反過來說，催眠術之所以獲得這些新式媒介的關注，亦在於其本身具有足夠的話題性。從內容觀之，催眠術成功結合了電氣、磁力、腦神經等當時最新穎的科學詞彙。從科學傳播的角度，正經八百的科學文章通常無法引起一般讀者的共鳴，但催眠術的特性卻能讓論說性的文章添上一層神奇的色調，也讓敘述性的報導更增戲劇張力，滿足閱讀者的好奇心。至於催眠術在科幻小說的濫觴階段即成為創作題材，原因或許就在於它同時符合「科」與「幻」的要素，兼具實驗與陌生化的特徵，如王德威所言：「統合了兩種似乎不能相容的話語：一種是有關知識與真理的話語，另一種則是夢想與傳奇的話語。」[46]

　　更重要的理由是，催眠術提供當時的人們強國保種的「進化」想像。對應於新式出版物意圖改造國體、啟蒙群眾的初衷，催眠術也為中國的政治未來擘畫出各種新的科學可能。從虛構出發，〈新法螺先生譚〉誇張地呈現靈魂與腦電能力的無

---

46 王德威著，宋偉傑譯，《被壓抑的現代性：晚清小說新論》（台北：麥田，2003），頁330。

遠弗屆，以此寄望黃種人從今而後能在各民族間揚眉吐氣[47]。站在現實的角度，報刊雜誌裡各種標榜祛除惡癖、解決疾病、增進能力、擴大生產力的催眠術報導，則是具體地反映了人們在現代轉型階段面臨的難題，而催眠術無疑就是一組解答，指出人類進化的一條捷徑。

## 三、催眠術的展演

新式出版物的興起讓科學知識擴散的幅度、速度呈現驚人成長，然而它們所傳遞的終究只是文字與圖像。如果單憑閱讀的想像，缺乏現實生活中的眼見為憑，這些科學主題未必能夠獲得大眾廣泛的回響。展演活動在20世紀的第一個10年裡，成為人們接觸催眠術更切身的管道，許多居住於大城市的民眾都曾經觀賞過一場又一場催眠表演，這些展演活動的預告或紀錄都清楚記載於當時的報紙中。

以《申報》為例，裡頭記載「寰球中國學生會」曾經數度舉辦催眠術表演會[48]。這個成立於上海的民間學生社團，是近代中國社會教育、留學教育的重要推手，辦理過許多留外學者和政府要員的演說，內容涉及科學、醫學、實業、時局等議題，

---

47 關於徐念慈在創作上所提倡的進化想像，從《小說林》的發刊文章中即可見一斑：「月球之環遊，世界之末日，地心海底之旅行，日新不已，皆本科學之理想，超越自然而促其進化者也。」見東海覺我，〈小說林緣起〉，《小說林》，第1期（1907），頁4。

48 〈學生會今晚開會〉，《申報》，1913年7月5日，第10版；〈寰球學生會試驗催眠術方法〉，《申報》，1914年5月22日，第10版。

足以見得催眠術在當時被認為具有相當教育價值[49]。另外，南洋中學校友會、臺學會、南洋路礦學校、青年會等團體也喜好在集會活動中聘人演示催眠術，而催眠術表演往往穿插在魔術、影戲、音樂之間，觀賞人數從數十人到上千人都有[50]。再者，催眠術也經常是賑災慈善園遊會、遊藝會的熱門節目，甚至租用戲院進行表演[51]。常見的表演者除了中國人與日本人外，還有來自美國、法國、波蘭、埃及與荷蘭的「幻術團」、「科學催眠曲藝團」或催眠專家前來巡迴演出[52]。有些表演的布置相當簡潔，僅桌椅數張；有些則是超過10人的表演團隊，結合聲光、雜耍、野獸，令人目不暇給。

　　巡迴雜技團在劇院裡的售票演出有時只是借用「催眠術」的噱頭，實則為魔術表演[53]；但其他許多本地的演示會卻實際運

---

49 關於早期寰球中國學生會的活動，可參考：高翔宇，〈寰球中國學生會早期史事考述（1905-1919）〉，《蘭州學刊》，第8期（2015），頁81-90。

50 〈南洋中學畢業式誌盛〉，《申報》，1913年6月30日，第10版；〈臺學會開會預誌〉，《申報》，1914年7月5日，第10版；〈南洋路礦學校紀念會誌盛〉，《申報》，1914年11月2日，第10版；〈青年會第一次夏季同樂會〉，《申報》，1916年7月1日，第11版。

51 〈哈同花園助振會續記〉，《申報》，1911年9月18日，第19版；〈維新游藝會〉，《申報》，1915年6月28日，第12版。

52 〈美國催眠術大幻戲〉，《申報》，1911年9月10日，第7版；〈催眠術家蒞滬之先聲〉，《申報》，1926年7月8日，第22版；〈世界著名實驗心理學家來滬〉，《申報》，1926年9月3日，第15版；〈科學催眠曲藝團抵滬〉，《申報》，1932年6月18日，第16版；〈心理學家卜濱來滬演技〉，《申報》，1941年4月22日，第8版。

53 例如中國第一份以魔術為主題的雜誌《幻術》，就曾載：「因幻術為高尚娛樂，簡便易學；催眠近乎修養，深奧難能，豈可同日而語。幻術中有用催

圖4 魔術團表演之催眠術實況。此照片出自《北平畫報》，第10期，
1928。

用上了催眠的技術，並夾雜解說和表演、學理與奇觀的成分，
且不斷有表演者與觀眾之間的互動。要在這些展演中區分「學
術」與「娛樂」並不容易。以下摘錄一段表演的記述，或許能
讓我們稍微體會當時人們置身的表演場景：

> 夕陽西下，姚君乃登壇說法，歷述催眠術之沿革及其功
> 用，議論滔滔，如瀉瀑布，如傾壺水，言詞高妙，令人心

眠名詞者，並非真的用催眠試術，以其狀態宛如催眠，用以作為代名詞
耳。」見：〈催眠神椅〉，《幻術》，第1卷第7期（1932），頁51，收入全國
圖書館縮微文獻複製中心編，《民國珍稀短刊斷刊：江蘇卷》，第6冊（北
京：全國圖書館縮微文獻複製中心，2006）。

折。俄而，作催眠術實地試驗，欲施諸旁人之身，問座中
孰來一試者？眾皆畏怯不敢前。公推張君，張色變，頻搖
其手；又推王君，王亦然。於是余乃挺身而出。余既立於
被催眠之地位，姚君命余坐則坐之，閉目則閉之。蓋姚君
謂予：被催眠者須精神貫注，一心一意，不可稍涉弗信之
念，反是則損腦。余嗷然應之，弗敢違也。[54]

　　不難看出，伶俐的口才是表演者的必要條件，他們既要能
掌握催眠術的知識，亦必須擅長塑造神祕、緊張的氣氛，又要
能在關鍵時刻讓觀眾與被術者鎮定安靜、聚精會神。這些表演
者為了吸引觀眾的觀看慾望，也往往強調催眠術是西洋諸國與
日本盛行的科學，而中國正值萌芽階段，台下舉目所見，盡為
新奇。有些催眠教學書籍還會特別要求：「不論是在公眾的或
者私人的表演裡，必須在開始的時候把這門學術做一個簡短的
說明」[55]。也無怪，催眠術表演不只能吸引普通百姓圍觀，在傳
統戲曲、說書、雜技之外提供新的消遣選擇，就連一些上層社
會人士也會稍加駐足，例如曾任國民政府主席的譚延闓（1880-
1930），在他的日記中便曾記載自己「登天台看催眠術」[56]，以
及看電影戲中演出「以催眠術臥幼女空中」的劇情[57]。
　　然而，觀眾有時抱著期待前來，最終卻敗興而歸。一些生

54 錢香如，〈催眠術〉，《申報》，1914年7月16日，第14版。

55 余萍客，〈第十三課：在舞臺上公開表演〉，《電鏡催眠法》（上海：中國心
　　靈研究會，1933），第12版增加特別講座，頁70。

56 譚延闓，《譚延闓日記》，1925年11月29日，中研院近代史數位資料庫。

57 譚延闓，《譚延闓日記》，1908年9月8日，中研院近代史數位資料庫。

意人打出催眠術的名號吸引觀眾購票，號稱聘請日本催眠大師前來表演，實際上卻是掛羊頭賣狗肉。《申報》便曾報導一則宣傳不實的案例，引發觀眾群情激憤：

> 蘇垣廟堂巷暢園近日遍發傳單，云聘請東洋催眠術大家，於九月一號開演，每人觀費一角半。蘇人皆不知催眠術是何等奇術，故是日往觀者甚眾，一時男女雜踏，擁擠不堪，皆延脛望其開幕。乃守至五句鐘時，仍無所謂東洋技術，僅有一中國人出場，略做尋常戲法後，經園中經理人當眾宣告：今日本園聘請之日本技術大家竟失信用，可否請諸君明日早降觀看云云。眾客聞之，大動公憤，咸云暢園設此騙術，閱人錢財，為眾所不容，必須罰懲並勒令退回原價，一時喧嚷不巳。[58]

在另外一些狀況裡，台上雖然表演的是催眠術，但表演者對催眠術半精不熟，空有派頭架式卻無法發揮效果。《興華》雜誌記載了一段失敗的劇團實況：一名華人催眠術教授站立於舞台上，他穿著「洋式政治家與宣教士之禮服」，頭戴如學院帽般的「方頂帶穗之洋式冠」，徵求台下自願者。三個孩童被觀眾拱上台。不幸的是，其中二名孩童對催眠完全沒有反應，被表演者趕下舞台。表演者用盡一切方法想要催眠剩下的那名男孩，但反應卻未如預期。他不得已使出極激烈的聲音及手勢，意圖加強催眠效果，結果反而造成男孩驚恐，更加不能入

---

58〈催眠術騙錢小風潮〉，《申報》，1913年9月4日，第6版。

眠。最終整場表演在惱羞中收場[59]。這個失敗表演的案例，一方面透露出催眠師的素質良莠不齊，徒有派頭卻學藝不精；另一方面也揭示出表演者如何在展演中操弄「西式服裝」與「西式科學」間的表裡對應——在公開的表演中，甚少表演者會選擇身穿長袍馬褂來示範這項技術。

一點也不令人意外，這些失敗的表演經常被人當成騙術予以譴責，有時連觀看表演的群眾也一併被評論者視作愚民。大街上氾濫的催眠術表演，更成為某些號稱催眠專業人士的眼中釘。他們斥責這些人是「跪在黃金偶像下的江湖催眠術者」，「用學術的名義以生財，或用牟利的伎倆來參加學術的運動」，對「文化的前途與學術的地位」造成極大妨礙[60]。為了與一招半式的江湖術士劃清界線，專業人士成立催眠學會，定期開辦催眠講習會，並建立起一套教學與考核的機制。在本書的第三章，將會有更多篇幅描寫這些學會的策略。

不過，如果我們僅是將這些催眠術表演分為兩類：一類是真正催眠家的成功演出，另一類是冒牌催眠家的失敗把戲，卻可能不是一個明智的作法。即使是受過訓練的催眠師也必然承擔催眠失敗的風險，縱有精熟的知識，他們的催眠對象與施術

---

59 〈催眠術調查記〉，《興華》，第16卷第4期（1919），論說，頁2-3。這篇文章原本是以英文撰寫，曾分別刊登在多份刊物上，包括《基督教出版界》（The China Bookman）、《博醫會報》（The China Medical Journal）。參考：The China Bookman, "Hypnotism in China" The China Medical Journal, 33 (1919), pp. 80-81.

60 古道，〈跪在黃金偶像下的江湖催眠術者之種種色色〉，《心靈文化》，二十周年紀念專號（1931），頁67-68。

環境仍都攸關演出的成敗。將催眠術從日本引進中國的先驅者
陶成章（1878-1912）就是一個明證。陶成章是光復會的成
員，根據革命黨人魏蘭的記載，他在1905年赴日期間，「因中
國人迷信最深，乃約陳大齊在東京學習催眠術，以為立會聯絡
之信用，並著有《催眠術精義》一書」[61]。同年夏天，陶成章回
到中國，在上海教育會通學所創先開設催眠術課程，講授並示
範催眠術。東海覺我在〈新法螺先生譚〉中提到的「催眠術講
習會」極有可能就是陶成章所舉辦。可想而知，他的課程在當
時受到不少關注，甚至學員的上課筆記還在《大陸》雜誌上連
載[62]。1906年由商務印書館代為發行的《催眠術講義》，到了
1918年已經印至第16版[63]。這份教材囊括西方催眠術發展史中
的各個流派沿革、原理及應用方法，足見陶成章對此主題有一
定的掌握[64]。

　　但即使像陶成章這樣的先驅者，心中也經常揮之不去對催
眠術失靈的擔憂。知識上的真實性未必總能引導出實作上的確
定性，但實作上偶然的失誤卻可能動搖人們對知識的信念。大
眾往往著迷於科學的萬能和奇效，卻未必考慮科學的條件性與

---

61 魏蘭，〈陶煥卿先生行述〉，收入湯志鈞編，《陶成章集》（北京：中華書
　　局，1986），頁431。

62 〈催眠術講義〉，《大陸》（上海1902），第3卷第7期（1905），附錄，頁
　　1-10。

63 北京圖書館編，《民國時期總書目（哲學‧心理學）》（北京：書目文獻出
　　版社，1991），頁329。

64 陶成章，《催眠術講義》，收入湯志鈞編，《陶成章集》（北京：中華書局，
　　1986），頁316-322。

不確定性。為了增加催眠術的成功機率，陶成章一度考慮借助藥物的幫助。魯迅記錄下陶成章在此事上的徬徨：

> 想起來已經有二十多年了，以革命為事的陶煥卿，窮得不堪，在上海自稱會稽先生，教人催眠術以餬口。有一天他問我，可有什麼藥能使人一嗅便睡去的呢？我明知道他怕催眠術不驗，求助於藥物了。其實呢，在大眾中試驗催眠，本來是不容易成功的。我又不知道他所尋求的妙藥，愛莫能助。兩三月後，報章上就有投書（也許是廣告）出現，說會稽先生不懂催眠術，以此欺人。[65]

從魯迅的描述可知，陶成章不容許表演失敗是有理由的：舞台上的催眠術表演不單單只為了賺取觀眾的門票或打賞，其背後更包含招攬學員付費學習的長期商機，這份收入對落魄的革命分子格外重要。

我們可以借用社會學家高夫曼（Erving Goffman）的「印象管理」（impression management）一詞，看待上述催眠術展演的例子[66]。從言說修辭、服裝儀態到偶然性的控制，可以看到表演者動用了各式各樣的手段，經營他們與觀眾的面對面互動。催眠術的科學形象成為塑造的焦點，用以滿足觀眾的期待。然而，催眠術卻不是催眠師的單人演出，他必須掌控跟被

---

65 魯迅，〈為半農題記《何典》後，作〉，收入浙江人民出版社編，《新版魯迅雜文集（華蓋集）》（浙江：浙江人民出版社，2003），頁261。

66 Erving Goffman, *The Presentation of Self in Everyday Life* (Edinburgh: University of Edinburgh Social Sciences Research Centre, 1956).

術者之間的默契，並尋求觀眾在態度上的合作，才能成功維繫設定好的情境。至於在展演的後台，催眠師遠沒有台前的自信，他們擔心失敗，並深知一旦發生，科學形象將迅速瓦解。觀眾的無情或許來自他們的時代處境，身處在充斥前所未見的科技展示的城市中，各種新奇事物占據聽覺與視覺，訊息之龐大和新穎使得大眾再也沒有權威得以依靠，亦無暇逐一深入分辨，唯有憑藉當下的表面印象來決定他們的投資對象。

## 四、講習所的設立與政府的壓制

　　陶成章首開中國的風氣之先，在他之後，許多大大小小的催眠術講習所紛紛成立。1910年的《大同報》刊載京師巡警畢業生周塈一，糾約同志籌集資款，於安徽省城「創設催眠學堂」，「教授一切科學」，向政府申請學校核准立案[67]。1913年的《教育週報》則傳來北京設立催眠講習所的消息，由催眠專家熊長鄉主授，旨在培養醫術、偵探術人才。速成班的學費200元，每日上課3小時，6個月畢業，學員要求至少高等小學畢業、醫科第三年班，或為合格高等警察[68]。1922年的《上海指南》也收錄了「催眠術傳習所」、「寰球催眠學校」、「靈理修養院」等相關學校資訊[69]。甚至有些講習所由日本人主授，像是

---

67 〈學界新聞：稟辦催眠學堂〉，《大同報》（上海），第12卷第25期（1910），頁32。

68 〈北京催眠術講習所成立〉，《教育週報》（杭州），第3期（1913），紀聞，頁16。

69 商務印書館編譯所編，《上海指南（增訂十二版）》，卷3：公共事業（上

上海的「東方催眠術講習會」，標榜師資是「在華第一」的日本蘆洲先生[70]。

此外，一些更具規模的學會組織也陸續成立，其中以「中國精神研究會」和「中國心靈研究會」最具代表性，它們以上海為根據地，並在許多省分設有支會。另外也可見一些區域性的學會組織，像是江蘇南通的姜震球在1917年成立「中國精神學會」，總會位於南通縣餘中四甲壩，支會位於同縣的餘東何家關[71]。這些學會的功能不止於如講習所般教授催眠術，更設有不同部門負責醫療、研究、出版、通訊等業務，學員與學會之間亦有更多雙向互動。

借助於報刊廣告和展演活動，講習所或學會得以招攬學員，讓更多人有機會親身接觸催眠術。例如在由商務印書館工人組織的「工界青年勵志會」四週年紀念大會上，「東方催眠術講習會」就派出會長中村蘆舟與會員周蔭芳前往表演[72]。而在上海《申報》、天津《大公報》等主流報紙上，亦時常可見大大小小的催眠機構刊登招生訊息，如「大精神醫學研究會」即透過記者發出一則醫藥訊：

> 上海山海關路大通路大精神醫學研究會，為傳授精神醫術催眠術之專門機關，會務甚為發達，刻正招募新會員。凡有志此學者，不論男女皆可入會。聞該會新發明之膽力

海：商務印書館，1922），頁2。

70〈廣告：在華第一催眠術〉，《晶報》，1919年3月18日，第4版。

71〈廣告：新式催眠術〉，《通海新報》，1918年3月18日。

72〈工界青年勵志會之四週年紀念〉，《申報》，1917年4月25日，第10版。

鍛鍊法，為堅壯膽力、轉健身體、克除疾病之術，法簡易修、收效至遠。備有詳章，函索附郵票四分即寄云。[73]

而「中國精神研究會」的天津支會也在《大公報》上陸陸續續刊登不下四百餘則廣告，標榜「人人易學」、「確保成功」，並分為「直接傳習」與「通信教授」兩種傳授方式[74]。

圖5 中國精神研究會廣告，出自《大公報》，1918年5月22日。

除了廣告之外，報刊的讀者有時也會因閱讀學術性論著而興起學習的念頭。《紹興醫藥學報》便曾有讀者投書，表示在閱畢一篇介紹催眠術的文章後，感到意猶未盡，「恨不得飽討尊訓，千里從師」，因而盼望詢問「傳習此學之住址及入學規則」[75]。不久之後，《紹興醫藥學報》即刊登了另一則回應，建議投書者可以洽

---

73 〈醫藥訊〉，《申報》，1928年5月28日，第22版。

74 〈廣告：催眠術〉，《大公報》（天津），1918年5月22日，第4版。

75 林蔭祥，〈問催眠術授法住所〉，《紹興醫藥學報星期增刊》，第21號（1920），學術研究，頁3。

詢「上海新聞路新康南弄中華精神養成所」，並表示「凡品行
端正、身家清白、文理通順，無論男女，均可學習」[76]。

　　從報刊的宣傳、展演的見證，到講習所或學會的親身學
習，構成了催眠術在民間擴散的三個主要管道。如果一路發展
順利，催眠術很可能成功帶起一股比我們目前在史料中所見更
加龐大的大眾科學運動。然而，講習所的設立卻沒有想像中容
易，政府取締或駁回立案申請不時發生，主要原因顯然出自於
統治或治理的疑慮。1910年的《江南警務雜誌》刊登一則廣東
警方回覆藩司的文書，稱有人在西關設立催眠術講習所，為了
避免輾轉相傳，滋生流弊，建議「從嚴示禁，以杜歧趨」[77]。
1914年的《京師教育報》則發布一篇教育部公文，飭令中、小
學校應一體禁止催眠術傳習，防止「流弊滋多」[78]。1918年，教
育部又再度去函京師警察廳，申明並未批准催眠學會的立案申
請，理由是「年來世俗不古，為防微杜漸計，不能不鄭重審慎
三思後行」[79]。

　　究竟要通融或是禁止，政府的態度往往反覆曖昧，容易受
到不同團體意見所左右，且各個地區行政官僚的政策也未必同

---

76 楊燧熙，〈答白湖后坂林問蔭祥催眠術授法住所〉，《紹興醫藥學報星期增
　　刊》，第33號（1920），學術研究，頁3-4。

77 〈粵警道因停止催眠術講習所諮覆藩司文〉，《江南警務雜誌》，第6期
　　（1910），雜錄，頁2-3。

78 〈飭中小各學校（第六三號，十月七日）〉，《京師教育報》，第11期
　　（1914），公牘，頁13。

79 〈函京師員警廳本部對於催眠學術設立學會未經批准立案（第二十三號，七
　　年一月二十一日）〉，《教育公報》，第5卷第4期（1918），公牘，頁92。

調。以廣東西關的例子來說，原先警察局巡官查獲有人在私宅成立講習所對外招生，於是向上呈報，官員批示「現在毋庸取締」，並「擬選派道德最優之警察學生二三人前往學習」[80]。但一個多月後，情勢丕變，換成廣東地方自治研究社的成員去函官署，要求禁止講習所繼續運作[81]。地方自治研究社由一群熱衷立憲的仕紳所發起，他們在地方上握有權勢，儘管主張法政改革，卻傾向於維護現存社會秩序，憂懼社會動亂[82]。他們擔心公然講授催眠術恐致生社會危害，這個禁止的要求被官方受理。隔年，禁令開始嚴格執行，官署諭令催眠師「迅速出境，免再滋事」[83]。對照於廣東的嚴格禁止，上海與北京官方對講習所的態度就較為寬容，並未強行取締。但不論如何，講習所或學會要受到官方正式承認並不容易，即使像「中國精神學會」這般具規模的組織，也要到1937年才正式立案成功。

至此，本章第一個主要問題的答案已經有了初步輪廓。透過新式出版物、展演、講習所這三條途徑，催眠術得以在民間流傳，成為大眾日常生活的一部分。催眠術同時具備的「科」與「幻」特質、蘊含的「進化」想像、結合「學術」與「娛

---

80 〈廣東新聞：催眠講習所現在無庸取締〉，《香港華字日報》，1910年5月16日，第4版。

81 〈廣東新聞：催眠術又擬禁止〉，《香港華字日報》，1910年6月24日，第4版。

82 賀躍夫，〈清末廣東地方自治研究社初探〉，《中山大學學報：社會科學版》，第3期（1987），頁58-65。

83 〈廣東新聞：嚴禁演授催眠術〉，《香港華字日報》，1911年3月17日，第5版。

樂」的表演形式，以及表演者藉由印象管理所營造的科學形象，構成了人們熱烈投入的理由。而關於催眠術的文字、活動，經常混雜虛構與真實、科學與商業的成分，顯見它的再現樣貌是豐富而異質的。雖然在報刊的紀錄裡，我們不時會看到一些參與者抱怨上當受騙，或是詆毀催眠術的功效，但這些情緒的來源背後無非基於一種未被滿足的正向期待。最終受到催眠術魅力強烈召喚的人們，選擇投資更多時間、金錢進入講習所學習，這些機構實質地擴充了施行催眠術的人口。

但另一方面，這些機構卻也面臨了政府不定時取締的命運，這儼然指向極具反差的第二個主要問題：人們為什麼憂懼催眠術？我們不禁要問：如果催眠術像報刊所報導的那樣，能夠祛除惡癖、解決疾病、增進能力、擴大生產力；像科幻小說所書寫的那樣，富有啟發力並蘊含改造社會的潛力，政府為什麼不欣然接受民間的催眠術活動，反而認為催眠術易生流弊，危及統治與治理？

對這個問題最直接的回答是：催眠術好比一把政治的雙面刃，它既能為當權者服務，亦能為對抗者所用。它的危險正在於它宣稱的效力在政治上造成的可能後果。

不管是革命前、後的當權者，都曾經設想利用催眠術強化統治。訊問取供是最先浮現的想法。1906年的《申報》和1909年的《廣益叢報》都曾經刊載，京師的刑部和大理院因為停止刑求取供，遭遇辦案困難，因此研議「仿照日本試用催眠術為訊供之用」[84]。將催眠術運用於軍事則是稍後的想法。根據

---

84〈刑部擬電飭考察催眠術〉，《申報》，1906年10月5日，第4版；〈大理院

譚延闓日記的記載，時任北洋政府陸軍訓練總監的張紹曾曾經表示，「欲以催眠術視察戰地情形」[85]。這類推廣催眠術之軍事應用的想法在當時並不鮮見，在浙江《兵事雜誌》這本民初最具代表性的軍事刊物上，就有文章介紹催眠術的軍事應用，包含矯正軍人的惡癖、增強體力和腦力、探取機密、審訊俘虜、減少傷兵痛苦等功能[86]。而政治人物利用催眠術影響對手的傳聞，有時也繪聲繪影地流傳著。例如1924年孫文自廣州北上會見北洋軍閥，報紙的特約通訊員便聲稱，段祺瑞倘若「經孫大催眠術家親自施術而後，廣州地盤，必能莫之與爭，如是則主義戰勝」[87]。

　　站在革命一方的同盟，似乎特別看重催眠術的價值。曾任北大校長的蔡元培（1868-1940）在光復會籌劃革命期間，曾經主張革命只有兩途：一是暴動，一是暗殺[88]。他的同志俞子夷（1886-1970）回憶到，當時他與陶成章、龔寶銓（1886-1922）等人都相信催眠術可以作為暗殺的工具[89]。這就不難理解為何陶成章被滿清政府通緝時，其罪狀居然是「著《中國權力史》，

---

擬用催眠術〉，《廣益叢報》，第192期（1909），紀聞，頁2。

85 譚延闓，《譚延闓日記》，1918年3月18日，中研院近代史數位資料庫。

86 岳璋，〈催眠術於軍事上之應用〉，《兵事雜誌》，第32期（1916），論說，頁25-29。

87 〈孫文離粵後之作戰計畫〉，《香港華字日報》，1924年11月20日，第3版。

88 蔡元培，〈我在教育界的經驗〉，《宇宙風》，第55期（1937），頁249。

89 俞子夷，〈回憶蔡元培先生和草創時的光復會〉，收入陳平原、鄭勇編，《追憶蔡元培（增訂本）》（北京：生活‧讀書‧新知三聯書店，2009），頁85。

學日本催眠術」[90]。革命派人士渴望從催眠術中挖掘有利用途的心態，或許從著名新聞人王鈍根（1888-1951）的作品中能夠窺見一二。他在《自由雜誌》上發表一篇短篇小說〈催眠術者傳〉，內容描述革命軍的催眠部長利用催眠術遍遊各省，見到頑劣的提督便施予暗示，讓其隔日自盡；遇到猶豫是否跟隨民軍的巡撫，便施予暗示令其宣布獨立。文章最後還提到：「某國者，道德卑鄙之小國也，乘民國初立，興師來襲，某出陣施催眠術，頃刻敵軍皆僵立若木偶，歷三晝夜飽受霜露而死，由是列強無敢犯民國者。」[91]

對於上述這些說法，釐清到底哪些是事實、哪些是傳言、哪些又是虛構，或許並不是最重要的。即使像王鈍根的小說中充滿幻想的成分，這些故事終究是根植於現實世界，反映某個社會群體的集體信念，以及他們面臨的國族處境。催眠術作為情蒐或暗殺計畫，最後可能根本沒有實行，但是人們卻都寧可相信催眠術的效力並非無稽之談，而是以一種表面上非暴力的方式動搖統治的根基。尤其當催眠術從個人行為匯聚成集體活動，它的顛覆性就更為強大，迫使政府不得不介入管制。人們對催眠術的信念或疑慮絕非憑空而來，也不是一、二人的說法就能左右成千上萬人的認知。為了有系統地回答負面觀感的來源，以下我將梳理三條脈絡，分別從思想性、經驗性、歷史性的層面，探討是哪些因素影響了近代中國人看待催眠術的態度。

---

90 魯迅，〈為半農題記《何典》後，作〉，《新版魯迅雜文集（華蓋集）》，頁261。

91 鈍根，〈催眠術者傳〉，《自由雜誌》，第2期（1913），頁24。

## 五、思想性的線索：群眾心理學和「暗示」觀念的興起

19世紀末期，社會心理學在歐美國家成為一門重要的學問，心理學家透過「共感」（Sympathy）、「模仿」（Imitation）、「暗示」（Suggestion）等概念試圖掌握人群的心理狀態[92]。包括德國學者馮特（Wilhelm Wundt, 1832-1920）的「國民心理學」（Völkerpsychologie），法國學者塔德（Gabriel Tarde, 1843-1904）的「模仿律」（les lois de l'imitation），勒龐（Gustave Le Bon, 1841-1931）的「群眾心理學」（psychologie des foules）、「民族心理學」（psychologie des peuples），以及美國學者吉丁斯（Franklin Giddings, 1855-1931）的「同類意識」（consciousness of kind）等學說陸續被引介進入東亞，開啟當時知識分子對「集體心理」的興趣。

在20世紀初期的中國，諸多有志改革之士——不管是維新派或革命派——都不約而同關注起社會心理學中對「國民性」的探討，並認為這樣一種關於集體心理的「科學」能夠幫助中國的現代化與國體改造[93]。舉例來說，維新派的蔣觀雲（1866-

---

92 相關的興起背景可以參考早期奧爾波特（Gordon Allport）相當具學院影響力的介紹，以及後來法爾（Robert Farr）對其說法的修正。見 Gordon Allport, "The Historical Background of Social Psychology," in Gardner Lindzey and Elliot Aronson, eds., *Handbook of Social Psychology*, Vol. I（New York: Random House, 1985）, pp. 1-46; Robert Farr, *The Roots of Modern Social Psychology, 1872-1954*（Oxford: Blackwell Publishers, 1996）.

93 Lung-Kee Sun, "Social Psychology in the Late Qing Period" *Modern China*, 18:3

1929）曾在《新民叢報》上借用史賓塞（Herbert Spencer, 1820-1903）的理論來呼籲「共同感情」之於中國社會、國家的重要性[94]。而在另一篇分析英雄崇拜之心理機制的文章中，他也採取近似心理學中暗示、模仿的觀點，提出藉由英雄銅像、詩歌來喚起英勇的國民心理[95]。同盟會刊物《民報》也曾登出〈革命之心理〉一文，提倡透過暗殺行動來「激揚俠風」，挽救病幾彌留的國民心理[96]。這些論述的浮現，都在在顯示出人們開始認知到集體心理與國族存亡之間的關連。透過運用共感、模仿、暗示等機制，人們為政治計畫找到一種新的操作模式，使國民成為有待改造的心理學主體，而這些心理機制（尤其是「暗示」）正好與催眠術分享類似的學理基礎。

在眾多外來學說之中，法國社會心理學家勒龐對近代中國政治思想的影響尤其深刻。他在1894年出版的《民族演化的心理學法則》（*Les Lois Psychologiques de l'Évolution des Peuples*），內容提及「性格」（character），而非「智力」上的優越，決定民族在歷史中的進化[97]。他舉的例子隨後被梁啟超（1873-1929）的〈新民說〉引用：「即印度人之思想力，據心理學家所論，猶謂其足與英人相頡頏，或乃駕英而上之。法儒

---

（1992), pp. 235-262.

94 觀雲，〈共同感情之必要論〉，《新民叢報》，第3卷第9期（1904），頁1-8。

95 觀雲，〈論中國人崇拜岳飛之心理（附社會待英雄之禮）〉，《新民叢報》，第3卷第24期（1905），頁82-100。

96 伯夔，〈革命之心理〉，《民報》，第24期（1908），頁29-40。

97 Gustave Le Bon, *The Psychology of Peoples*（New York: The Macmillan, 1898），pp. 33-34.

李般〔勒龐〕之說顧何以一興一亡之數，竟若彼也？」[98]而他的另一本著作，1895年出版的《群眾心理學》（*Psychologie des Foules*），則從前一本書所著重的國民性格、集體精神，轉向探討群眾的無意識心理。勒龐所謂的「群眾」，是心理學意義上的分類，指的是「在特定情境下，且唯有在這些情境下，聚集成群的人們顯現出新的特徵，這種新的群體特徵迥異於成員過往的個體特徵。」[99]在他看來，群眾的特徵屬於演化上的低等型態──衝動、暴躁、情感誇大、無法理性思考、缺乏判斷力和批判精神[100]。而這些特徵來自於三個主要原因：（一）個體從群體中獲得無堅不摧的力量，使他聽命於原本受約束的本能。（二）群體的情感和行為具有感染性。（三）群體容易接受暗示[101]。

這些特徵早在章錫琛（1889-1969）於1913年在《東方雜誌》上的一篇文章〈群眾心理之特徵〉中便已揭示出來，並凸顯與催眠術的相似性：「若至群眾相聚，則判別抉擇之力，為闇示之所戰勝，不復有容足之地，是猶行催眠術時，被術者為

---

98　中國之新民，〈論政治能力（新民說二十四）〉，《新民叢報》，第3卷第1期（1904），論說，頁2。勒龐的原文為 "It is due to their character that sixty thousand English are able to maintain beneath their yoke two hundred and fifty millions of Hindoos, many of whom are at least their equals in intelligence, ..."（p. 34）。

99　Gustave Le Bon, *The Crowd: A Study of the Popular Mind* (New York: The Macmillan, 1896), p. 2.

100　Gustave Le Bon, *The Crowd: A Study of the Popular Mind*, p. 17.

101　Gustave Le Bon, *The Crowd: A Study of the Popular Mind*, pp. 10-11.

術者闇示所左右。」[102]而勒龐的《群眾心理學》則在1918年由鍾建閎部分翻譯成中文，以〈原群〉為題連載於《戊午》雜誌上。文章中亦清楚寫道：

> 群中常有一種染性Contagion，其所以影響左右於其群者，為力至大。顧其為物，易見而難知。無已姑名之曰：催眠現象Hypnotic phenomena。一受此作用，則凡情操動作，舉與其平居時大異。……試觀凡人投入群中將有所動作時，將見自身乃若在一種特別狀態之中（此或為群中之磁力作用，或尚有其他原因，均非吾人所能知），恍恍惚惚，不克自持，一如受催眠者受治於催眠之際，腦經作用一變而為脊經作用。譯者按據生理腦主運思脊司運動自覺本性既失，意願抉擇俱亡，一唯聽術者之指揮矣。[103]（底線為筆者所加）

透過翻譯勒龐的作品，「群眾」以一種猶如傀儡般的負面形象同「催眠術」產生聯繫，催眠現象成為理解群眾心理特徵的具體實例。而勒龐作品更完整的翻譯，則呈現在1920年由商務印書館發行的《群眾心理》一書。譯者吳旭初、杜師業除了使用「催眠術」，也使用「感化」來翻譯 "hypnotized" 一

---

102 章錫琛，〈群眾心理之特徵〉，《東方雜誌》，第10卷第4期（1913），頁5。該文譯自日本《東亞の光》裡的文章。

103 魯滂著，鍾建閎譯，〈原群〉，《戊午》，第1卷第1期（1918），頁17。後來鍾建閎將全文譯出，改以《群眾》為書名，於1923年由泰東圖書局出版。

詞，例如「群眾之指導者，即出於被指導者之中，其初先受某種思想所感化，為之心醉，遂進而宣傳其說。」[104] 以及使用「魔力」來翻譯 "hypnotizing effect"，例如「信仰之為物，宛若有魔力附之而行。」[105]

　　吳旭初和杜師業的譯本問世以後，產生廣泛的影響，各種以「群眾心理」為題的書籍陸續出版。這些書籍雖各有其偏好的心理學立場，但大多無可避免提到勒龐的詮釋，指出群眾易受暗示而犯罪作惡的特徵；不過同時，它們也不排除倘若群眾領導得當，便能夠化罪惡為無私，達成個人無法蹴及的高尚奉獻。高覺敷（1896-1993）的《群眾心理學》即是代表之一，他在第一章寫道：「黎朋〔勒龐〕的 crowd 雖間可成義舉，但其理智的程度常較獨居的人為下，不善推理而有草率行動，所以其行動常為潛意識的，結果則只能做破壞的工作，而不能有所建設。」[106] 有鑑於此，如何管理群眾的力量就成為這些心理學著作的關切重點。早在1919年，胡漢民（1879-1936）在一篇簡介文章〈呂邦〔勒龐〕的群眾心理〉裡，就已經凸顯群眾心理的道德面向，並主張少數智識者的建設事業必須依靠群眾才能成功[107]。而隨著1920年代群眾心理學日漸受到重視，包壽眉（1903-1951）在〈談談群眾心理〉中便強調群眾是盲目的，「領袖好像是催眠術者，群眾好比是被催眠者，催眠者一

---

104　黎朋（G. Le Bon）著，吳旭初、杜師業譯，《群體心理》（上海：商務印書館，1920），頁162。

105　黎朋（G. Le Bon）著，吳旭初、杜師業譯，《群體心理》，頁205。

106　高覺敷，《群眾心理學》（上海：中華書局，1934），頁3。

107　胡漢民，〈呂邦的群眾心理〉，《建設》，第1卷第1期（1919），頁89。

施手術，被催眠的人，沒有不上他的勾當的。」[108]後來如陳東原為中學生、大學生而寫的《群眾心理ABC》，則更具體地將目標設定為教導「如何取得群眾，以及如何宣傳」[109]。作者論及群眾信仰的巨大力量時指出：「信仰的功用能使深受極慘酷的火刑而無感覺，他的力量簡直可同催眠術同其功用了。」[110]他繼而主張透過文字、圖畫、聲音、行動、戲劇等宣傳手段，強化群眾的信仰。

　　到了1930年代前後，國共關係更趨緊張，這個主題也更激烈地被呈現。國民黨官員張九如（1895-1979）在中央陸軍官校的授課講義《群眾心理》裡，即強調群眾具有「被誘性」，共產黨便是利用此弱點騙誘、煽惑群眾，而帝國主義侵略者亦然。他寫道：「像這種不背常識而又似合邏輯的議論，筆下生花的著作家，與舌鋒銳利的演說家，自能用來催眠全國的民眾。」[111]過了幾年，張九如將這份授課講義大幅擴寫，交由商務印書館出版為《群眾心理與群眾領導》一書。他繼續批評群眾「愚不擇行，急不擇言」，一切只求激急徹底地革命，而無法理解統治階級資產階級在政治上苦心孤詣的舉措[112]。他認為：「民眾容易結社集會的社會，最易廣播統治者的弱點，增

---

108 包壽眉，〈談談群眾心理〉，《南大周刊》，第28期（1926），頁18-24。

109 陳東原，《群眾心理ABC》（上海：世界書局，1929），例言，頁1。

110 陳東原，《群眾心理ABC》，頁40。

111 張九如講錄，周求是記述，《群眾心理》（南京：中央陸軍軍官學校政治訓練處，1929），頁18-19。

112 張九如，《群眾心理與群眾領導》（上海：商務印書館，1934），〈自序〉，頁2。

加民眾精神的緊張。」[113] 為了有效領導群眾，張九如提倡應該從養成信仰、組織團體、擬定運動方針的方向著手，而「暗示」便是其中一項重要的策略。但他仍不忘提醒，向群眾宣傳建設計畫時，必要顧及內容、細節，否則只是「把群眾的心理，一時加以催眠，加以麻醉，煽動了他們各離本位」[114]。

　　如肖鐵所指出的，在20世紀前半葉的中國，「群眾」無疑是個受到高度關注與辯論的課題，跨越了心理探究、社會評論、政治辯論和美學再現的廣大範圍[115]。顯然不唯有心理學家和國民黨政治人物看見「暗示」之於群眾治理和政治運動的重要性，共產主義者和文學家對此也同樣重視。瞿秋白（1899-1935）在1920年代即以〈社會運動的犧牲者〉一文，批判處於群眾運動中的個體容易被「狂亂虛浮的暗示」所控制，以致無法建立新的信仰與新的人生觀[116]。葉聖陶（1894-1988）的長篇小說〈倪煥之〉也描述群眾在演說者的煽動下，「被催眠了似地附和著喊」而喪失自我判斷的能力[117]。這些人對群眾的不信任，都與勒龐學說的影響脫離不了關係。但另一方面，群眾的革命潛能卻也在一些人的思想中得到彰顯。無政府主義者朱謙之（1899-1972）即認為群眾的「本能衝動」是革命的原動

---

113 張九如，《群眾心理與群眾領導》，頁57。

114 張九如，《群眾心理與群眾領導》，頁460。

115 Tie Xiao, *Revolutionary Waves: The Crowd in Modern China* (Cambridge: Harvard University Asia Center, 2017), pp. 1-24.

116 瞿秋白，〈社會運動的犧牲者〉，《新社會》，第8號（1920），頁1-3。

117 葉紹鈞，〈倪煥之〉，《教育雜誌》，第20卷第11期（1928），教育文藝，頁15。

力，他使用「真情」這個概念來扭轉群眾的負面特徵[118]。不過，即使群眾被賦予了積極意涵，催眠術在思想家眼中仍然是可疑且被動的，朱謙之在反駁勒龐以催眠現象解釋群眾行為時寫道：「那末由暗示及傳染的結果，使群眾趨於同一的方向，這正是自覺到了極點的時候，怎可把催眠者和被術者的關係來比他呢？」[119]

由此看來，或許如肖鐵的觀察，民初的知識分子在思想上對「群眾」有眾聲喧譁的評價，但整體上我們卻發現，他們對催眠術的看法倒是相當一致：催眠術是一種操縱心智、左右人類行為的手段，催眠狀態下的無意識對立於理性、自覺、主動的意識。如果催眠與暗示的技術掌握在統治者手中，當具有增強群眾領導、養成群眾信仰的功效，而一旦這種能力脫離統治者的控制，其在群眾中引發的效應便足以危害政權的穩固。

藉由這些思想的線索，便不難理解為何即使在沒有明確犯罪事實的情況下，政府仍然對民間的催眠活動戒慎恐懼，並出現捕風捉影的箝制舉動。1931年，一個莫須有的罪名就這樣套在中國精神研究會創辦人鮑芳洲的身上。他被上海公安局逮捕，冠以「宣布共產嫌疑」的罪狀。原因起自於山西省黨部清黨委員會指控他為共產黨董慕超之化名，假研究學術之名，行宣傳共產之實，要求「就近拿辦，以遏亂萌」。所幸，經過詳

---

118 朱謙之，《革命哲學》（上海：泰東圖書局，1921），頁122。更多討論見 Tie Xiao, "The Lure of the Irrational: Zhu Qianzhi's Vision of *Qunzhong* in the 'Era of Crowds'" *Modern Chinese Literature and Culture*, 24:2（2012）, pp. 1-51.

119 朱謙之，《革命哲學》，頁125。

細搜查，並未發現共產主義書籍。鮑芳洲的律師亦主張，鮑芳
洲曾受上海軍事當局請託，利用催眠術向共匪訊取供詞，斷無
可能從事共產黨宣傳活動。特區地方法院最後駁回市公安局的
引渡要求，諭令鮑芳洲交保釋放 [120]。

## 六、經驗性的線索：犯罪事件的指證與文學的再現

　　群眾心理學的這條線索，為深植於思想家、宣傳家、政治
人物心中的催眠術形象提供一個解釋。但在實際生活裡發生的
大大小小犯罪事件，卻又是另外一條經驗性的線索，指出大眾
對催眠術負面觀感的來由。

　　世紀末的歐洲，由催眠術引發的退化、敗德、犯罪聯想，
在布爾喬亞社會中甚囂塵上。歷史學者哈里斯（Ruth Harris）
撰寫的文章〈催眠下的謀殺〉（Murder Under Hypnosis），可以
說相當詳細地勾勒了催眠術犯罪在19世紀末法國引起的醫學
和道德議論。其中，最轟動的犯罪事件莫過於1890年冬天的
一起謀殺案，一名22歲的女子彭帕爾（Gabrielle Bompard）宣
稱被她的情夫催眠，於是性誘惑一名中年男性古費（Augustin
Gouffé）到公寓裡，在調情過程中跟情夫聯手勒死被害者，並
棄屍在森林裡。這個案件隨即引起法國輿論軒然大波，並促使

---

120〈鮑芳洲被逮〉，《申報》，1931年5月19日，第11版。鮑芳洲為何遭受指
　　控，其實情不得而知，但尚有一可能推測，即當時中國共產黨的機密刊物
　　《中央政治通訊》，在上海發行時為躲避查緝，曾以《催眠術》作為封面偽
　　裝。見《中共上海黨志》編纂委員會，《中共上海黨志》（上海：上海社會
　　科學院出版社，2001），頁434。

精神醫學界爭辯彭帕爾究竟是有意志的共犯，抑或是無法抗拒暗示的無意識傀儡。而這個案件所具有的性意涵，則更根本地撩起大眾對性的焦慮，特別是布爾喬亞女性在暗示下可能被誘發出來的動物性本能[121]。事實上，除了這個案件之外，當時歐洲亦曾經發生多起催眠強暴、催眠通姦的案例[122]。不少精研催眠術的醫學研究者，如施倫克諾津（Schrenck-Notzing）、弗雷爾（Auguste Forel），也對性慾病理學（sexual pathology）有高度關注[123]。

　　雖然催眠犯罪的敘事同時存在於不同地區的催眠史裡，但值得進一步分辨的是，這些犯罪內容與犯罪想像往往有所差別。誠如蓋伊（Peter Gay）所見，19世紀歐洲社會瀰漫著布爾喬亞焦慮（bourgeois anxiety），性道德束縛著中產階級的心智，但同時誘惑與刺激卻又前所未有地增加，人們陷入不知如何自處的緊張狀態[124]。在這個背景下，催眠術所釋放的無意識衝動、撩起的感官體驗和情慾刺激，顯然危及既有的階級界線和性別分際。正因為如此，「性」成為歐洲催眠犯罪的核心主題。相對來說，「性」在近代中國並未有明確的階級意涵，反

---

121 Ruth Harris, "Murder Under Hypnosis" *Psychological Medicine*, 15:3（1985），pp. 477-505. 另可參考：Ruth Harris, *Murders and Madness: Medicine, Law, and Society in the Fin de Siècle*（Oxford: Clarendon Press, 1991）.

122 Alan Gauld, *A History of Hypnotism*（Cambridge: Cambridge University Press, 1992），pp. 498-499.

123 Alan Gauld, *A History of Hypnotism*, p. 494.

124 Peter Gay, *The Bourgeois Experience: Education of the Senses*（New York: Oxford University Press, 1984），pp. 57-58.

而是與解放傳統束縛、強化人口素質的論述息息相關[125]。催眠術的性犯罪在中國雖非不曾發生，但催眠術本身卻未被認為須為特定群體的性道德敗壞負責。

舉例而言，1924年《團務週刊》上的一篇報導提到，重慶城出現多起匪徒以催眠術誘拐被害人的事件。其中有一名女子被匪徒趁傍晚無人時以催眠術釣走，次日返家泣訴遭遇。數日後，匪徒想要故技重施，當場遭人發現逮捕，判刑五年。另一名15歲男學生，則是在早餐後被陌生人拍肩催眠，一路跟隨匪徒出城，只是恰巧男學生在路上遇見熟人，經熟人呼喚名字後清醒，方才免於受誘拐的命運[126]。這篇報導有個特色，即記者對女子遭遇的侵犯幾乎未加著墨，反而花了不少篇幅描寫男學生出城、搭船、上岸、途經工廠的遙遠路程。文章傳遞的關鍵訊息是「拉捉」，不管目的出於性或勒贖；真正讓大眾感到恐慌的，不是催眠術喚醒了原始慾望，而是它會讓人們在猝不及防的情況下，不明就裡地丟失人身財貨。

但比起遭人誘拐、誘姦，財物損失可能是更常聽聞的催眠犯罪類型，也直接收關一般百姓的生計。1928年的《申報》曾經報導：「近有一種無聊洋人，挾其邪術泛海來滬，乘機攫取財物，然其欲思染指，必先以購物為由，及經人與之接談，彼乃施展邪術，而財帛遂入彼囊。此種異端，頗似催眠作用，無辜受損者，已不乏人，實為商民之患。」[127] 而1920、30年代的

---

125 Frank Dikötter, *Sex, Culture, and Modernity in China* (Honolulu: University of Hawai'i Press, 1995), pp. 1-2.

126 〈重慶發現催眠匪〉，《團務週刊》，第4卷第2期（1924），頁35-36。

127 〈無賴洋人念秋邪術〉，《申報》，1928年12月8日，第15版。

香港社會也曾經數度流傳著催眠騙款的風聲。首先是一名經營金鋪的女子，受陌生人委託幫忙兌換銀票，她取走陌生人的現金，並留下金飾作擔保。殊不知女子到了錢檯才發現手上拿的居然是一疊舊報紙，再回到原處，陌生人和金飾早已不翼而飛。她向警方供稱：「被騙時精神恍惚，似被催眠者云。」[128]幾年後，又連續發生二起詐騙案。有辦館（雜貨鋪）員工報案，聲稱一名外國人到店訂購商品，在找錢過程中屢次要求兌換不同面額的紙幣，令店員不勝其擾，遂取消交易。待外國人離去後，店家清點財貨，方才發現數額不符，驚覺上當。該名外國人在二度作案時遭警方逮捕，審訊後發現他能施展催眠術[129]。不過此案在數日後，法院以「證據不足」、「證人所說，全屬一種疑事」為由，裁定釋放該名外國人[130]。

　　姑且不論這些案件中的嫌疑人是否真的使用了催眠術，但人們將受騙上當歸咎於催眠，並且不斷有類似傳聞出現，已足以說明催眠術為大眾經驗帶來的影響。此外，這些案件也反映出當時社會對「陌生人」的現代印象：大眾逐漸抽離熟悉的生活圈，在城市中遭遇素不相識的他者，而他者在人際互動上的陌異，恰好與催眠術造成意識上的陌異，構成隱喻式的連結。時至今日，華人社會中仍不時出現金光黨利用催眠騙財的說法。

　　從法制面來看，除了維護政權的理由，催眠術潛藏的治安

128〈是真有催眠術耶〉，《香港工商日報》，1926年12月28日，第11版。

129〈借名購物，用催眠術弄到款來〉，《工商晚報》（香港1925），1933年8月21日，第4版。

130〈施用催眠術騙款疑案被告獲釋〉，《天光報》，1933年8月26日，第3版。

圖6　一篇名為〈催眠術親身實驗記〉的小說所附插圖，內容皆與劫財相關。出自徐遲等，《上海眾生相》，上海新中國報社，1941。

威脅也成為政府不得不立法管制的實際問題。但與歐洲、日本的狀況稍有不同：19世紀末，英國和法國已經成功在醫療制度上邊緣化江湖術士[131]，而德國、日本等國家則在20世紀初開始有醫師團體倡議立法管制普通人施用催眠術[132]。相較而言，中

---

131 Roy Porter, *The Greatest Benefit to Mankind: A Medical History of Humanity from Antiquity to the Present*（London: Fontana Press, 1999），pp. 352-356.

132 例如，德國從1903年開始有醫師組成的「德國打擊庸醫協會」（Deutsche Gesellschaft zur Bekämpfung des Kurpfuschertums），倡議管制江湖郎中施行催眠術和同類療法等治療。日本則在明治37年由國家醫學會會長片山國嘉提出取締催眠術的建議書。參考：Heather Wolffram, *The Stepchildren of*

國的立法過程則主要由政府推動，這恐怕與當時醫療專業化程度較低有關。1926年，廣州市政府訂立〈取締演習催眠術靈子術規則〉，要求教授者需檢附學歷文憑，並通過教育局試驗，方能執業授課[133]。1930年代，衛生部亦訂立規範，限定非醫師不得執行催眠術[134]。但從催眠講習、催眠函授教育的普及程度來看，管制措施是否完全發揮效果，是值得懷疑的。

　　不過，對催眠犯罪的處罰倒是在清末就已有規定。1909年浙撫簽註的刑律草案即規定「凡用暴行脅迫或用藥及催眠術並其餘方法，至使不能抗拒而姦淫婦女者，為強姦罪，處二等以上有期徒刑」[135]。民國建立後，1915年的違警罰法，則在「妨害他人身體財產」的章節中，規定「以不正之目的施催眠術者」，處以「十五日以下之拘留，或十五元以下之罰金」[136]。1935年施行的中華民國刑法，亦有三條條文納入催眠術，分別是第221條：「對於婦女以強暴、脅迫、藥劑、催眠術或他法至使不能抗拒而姦淫之者，為強姦罪處五年以上有期徒刑。」第224條：「對於男女以強暴、脅迫、藥劑、催眠術或他法至使不能抗拒而為猥褻之行為者，處七年以下有期徒刑。」以及

Science: Psychical Research and Parapsychology in Germany, c.1870–1939（New York: Rodopi, 2009）, pp. 101-102；一柳廣孝，《催眠術の日本近代》（東京：青弓社，2006），頁118。

133〈廣州市取締演習催眠術靈子術規則（十五年六月十六日核准備案）〉，《廣州市市政公報》，第227期（1926），頁31-32。

134〈衛生部咨第148號〉，《衛生公報》，第2卷第3期（1930），頁127。

135〈浙撫簽註刑律草案（續）〉，《申報》，1909年2月28日，第10版。

136〈違警罰法〉，《大公報》（天津），1915年11月13日，第7版。

第328條：「意圖為自己或第三人不法之所有，以強暴、脅迫、藥劑、催眠術或他法至使不能抗拒，而取他人之物或使其交付者，為強盜罪處三年以上、十年以下有期徒刑。」[137] 刑法條文雖然陸續經過修正，但內容中的「催眠術」一詞依然保留至今。

　　除了犯罪報導和傳聞，大眾對催眠術負面觀感的另一個來源是文學的閱讀經驗。固然有像〈新法螺先生譚〉之類的小說將催眠術塑造為國族的新希望，但也有不少文學作品將催眠術的巨大威力連結上濫用的可怖後果。這些小說大多並非原創，而是改寫、翻譯自外國作品，但翻譯者對素材的揀選及更動，卻也反映他們看待特定事物的態度。1903 到 1905 年間連載於《新小說》的作品〈電術奇談〉即是一個具代表性的例子，它呈現出部分中國人在催眠術即將大行其道前夕的態度。該篇小說最早出自英國人之手，原始版本已不可考；1897 年被日本知名作家菊池幽芳翻譯為〈新聞賣子〉，連載於《大阪每日新聞》；後來則由方慶周譯成中文文言體 6 回，再由我佛山人（吳趼人，1866-1910）衍義為白話體 24 回，並加上知新主人（周桂笙，1873-1936）的點評[138]。

　　儘管這個故事被吳趼人定位為寫情小說，描述一段跨越種族、宗教的曲折愛情，但情節每逢重大轉折，卻都與催眠術有莫大關係。故事中，一名懷才不遇的醫生蘇士馬，一日向朋友

---

137 〈中華民國刑法〉，《申報》，1934 年 11 月 3 日，第 17 版。

138 姜小凌，〈明治與晚清小說轉譯中的文化反思：從《新聞賣子》（菊池幽芳）到《電術奇談》（吳趼人）〉，收入陶東風等編，《文化研究》，第 5 輯（桂林：廣西師範大學出版社，2005），頁 193-207。

喜仲達炫耀催眠術的功效，但朋友打從心裡不信，堅稱「感受這種電氣的人，必是迷信極深的」。為了證明能力，他說服喜仲達接受催眠實驗：「士馬在架上取下一副電機來，把正負兩端遞給仲達叫他拿著，然後用盡目力注射著仲達雙眼，不到十分鐘時，仲達臉上漸漸現出失心的形狀。」[139] 就在實驗看似成功、即將結束之際，仲達卻再也無法被喚醒，最後全身僵硬，脈息全無。士馬見朋友生死難料，害怕之餘，突然興起侵占仲達財產的貪念，遂決意棄屍。然而隨著小說情節的推進，仲達的愛人鳳美歷經一番波折，居然識破蘇士馬的陰謀，前去質問。眼看事跡敗露，蘇士馬再度對鳳美施展催眠術：

> 只見他眼睛大將起來，慢慢的又兩個合成了一個，猶如一團火一般，有車輪般大，〔鳳美〕覺得通身麻木，動彈不來。……〔士馬〕取了一副電池，及各種濕電機器，一一配置好了，把電線連在鳳美頭上肘下，運起電氣，又灌了一茶匙藥水在口裡……鳳美此時如同失魂一般。[140]

在人力與機器催眠的雙重作用下，女主角喪失揭穿真相的能力。但故事結尾卻再度出現大逆轉，鳳美意外地被喚醒，揭發士馬的罪行；而仲達也非真死，僅是失憶，並在偶然間接觸電線洩漏之電氣，奇蹟般恢復記憶。至於始作俑者蘇士馬，被

---

139　方慶周譯，我佛山人衍義，知新主人點評，〈寫情小說：電術奇談〉，《新小說》，第8號（1903），頁110。

140　方慶周譯，我佛山人衍義，知新主人點評，〈寫情小說：電術奇談〉，《新小說》，第15號（1905），頁208-209。

逮捕後於獄中服毒自盡，留下催眠書一本。

　　令人玩味的是知新主人的點評內容。他在第二回士馬實驗失手後評論道：「士馬之於催眠術，處處自稱研究，足見其尚須研究也，則其術之未精可知。故一經試演，即誤傷仲達。可以為率爾操觚者戒。」[141] 在第三回士馬興起貪念，決意棄仲達不顧時，知新主人更寫道：「幸夫催眠術之不傳於中國也，不然者，中國之富翁危矣。」[142] 從時序上看，〈電術奇談〉連載的年代尚在陶成章開設催眠講習所之前。是時，催眠術的知識僅零散見於報刊書籍，但這部小說卻已經帶入了一種危險的印象，並預告有錢人當心催眠奪財。而這種催眠後無法甦醒的情節，也延續到後來的文學創作，例如1912年徐卓呆創作的〈秘密室〉，內容便描寫一名老人在催眠意外後沉睡了84年[143]。

　　還有一篇小說也值得一提，同樣關於催眠謀財的故事。1925年《民眾文學》刊登小說〈秘密博士：電氣催眠機〉，翻譯自美國科幻小說家費贊迪（Clement Fezandié, 1865-1959）的系列作品 *Dr. Hackensaw's Secrets* 中的第十篇 "The Secret of Tel-Hypnotism"（1922）。故事中的博士發明了電氣催眠術，能隔千里之外催眠，他自稱長期研究電學，察覺到「電浪」的波動能夠轉換為人身上的激動力，因此只需要使電氣催眠機的電浪

---

141　方慶周譯，我佛山人衍義，知新主人點評，〈寫情小說：電術奇談〉，《新小說》，第8號（1903），頁113。

142　方慶周譯，我佛山人衍義，知新主人點評，〈寫情小說：電術奇談〉，《新小說》，第9號（1903），頁92。

143　卓呆，〈科學小說：秘密室〉，《小說月報》，第3年第3期（1912），頁1-9。

對準適當方向，便能讓十里之內的人遵照意思行事。博士原本
期待利用這台機器改變人們的惡習，令懶惰的人辛勤工作，令
騙賊歸還財物，令證人誠實道出證詞；然而後來機器遭盜，盜
賊反而利用它幹下數起銀行竊案。在竊案發生後，博士一路運
用自己的「電氣視覺」監視盜賊，最後設下計謀讓盜賊自觸爆
炸開關身亡。故事結尾處，博士語重心長地表示，催眠機固然
強大，但有它存在的一天必定讓世界不得安寧，炸毀本屬意料
之事[144]。

　　綜合來說，上述這些故事的安排大致有幾個特點。首先，
有別於許多單方面稱頌科技光明面的科學主義論述，催眠術的
效能與危害往往被看作是一個銅板的兩面，它誕生自良善的意
圖，卻終於濫用而自我毀滅。故事不僅傳達催眠術的風險，也
描繪人性的貪婪，科技終究無法迴避人性的考驗。其次，在翻
譯題材的選擇上，這些故事幾乎都與施術發生意外或竊占錢財
有關。19世紀末英美文學中許多富含「性」（sexuality）與「感
官」（sensation）成分的催眠小說，例如杜穆里埃（George du
Maurier）的《翠麗碧》（*Trilby*）、柯班（Mclaren Cobban）的
《自己命運的主人》（*Master of His Fate*）、比爾斯（Ambrose
Bierce）的〈不真實的世界〉（The Realm of the Unreal），反而
未見於翻譯之列[145]。這項差異也顯現在插畫的呈現方式上：中

---

144 Clement Fezandié著，敏芝譯，〈秘密博士：電氣催眠機〉，《民眾文學》，
　　第9卷第10期（1925），頁1-10。

145 杜穆里埃的暢銷小說《翠麗碧》，描寫一名平凡的波希米亞女子，在猶太
　　音樂家的催眠下，成為歌劇女伶與他的性奴隸。柯班的《自己命運的主
　　人》則敘述一名男子為保持自己的青春與魅力，藉由催眠術從受害者身上

國的小說插畫通常不會特意描繪被術者的性別特徵（圖7）；反之，在維多利亞時期的插畫裡，我們不難發現催眠師的目光順著他施術的手，一路延伸到被術者的臂膀、胸部，豐腴的女性特徵占據了畫面的重心（圖8）。就當時中國人的閱讀經驗來說，文學再現的題材與實際催眠犯罪案件的類型，實頗有對應之處。最後，小說中的催眠術往往結合了機器與人的協同作用，這無疑又再次印證電磁化身體觀的影響。呼應本章開頭所言，透過將腦神經的運作理解為電氣活動，機器與人的結合不再有所違和，催眠師的角色正好比一台精密機器的操縱者。

圖7 一篇中國滑稽小說內的插圖。出自《繁華雜誌》第4期，1914。

圖8 一份法文報紙中的插圖。取自 Wellcome Library no. 11824i, 1845。

汲取生命力。這些作品對感官和性逾越的描繪，都充分體現世紀末唯美主義（aestheticism）的文學風格。相關研究參考：Daniel Pick, *Svengali's Web: The Alien Enchanter in Modern Culture*（New Haven and London: Yale University Press, 2000）; Pamela Thurschwell, *Literature, Technology and Magical Thinking, 1880-1920*（Cambridge: Cambridge University Press, 2001）, pp. 37-64.

## 七、歷史性的線索：失魂與附身的恐慌

　　除了思想與經驗，我們仍不能忽視某些傳統的、歷史的因素從中扮演的角色。即使科學主義作為一項現代性特徵，標誌了近代中國的轉型；但實際上，宗教或民間信仰的力量依然引導著大多數人的思維與生活方式。盧可封在《東方雜誌》上一篇名為〈中國催眠術〉的文章中便直言：「中國催眠術流行於民間者，莫不近於神怪。」[146] 而《心靈文化》裡的一篇問答性文章也列出一則常見疑惑：「人說催眠術是邪術，是假偽騙術，是不是？」並提出澄清[147]。可見人們對催眠術的印象一方面受到西方知識的影響，另一方面卻與中國人對神怪、邪術的看法至為相關。

　　孔飛力（Philip Kuhn）的經典研究《叫魂：乾隆盛世的妖術大恐慌》（*Soulstealers: The Chinese Sorcey Scare of 1768*）在此提供我們極有價值的參照，清楚地揭示叫魂邪術引發的失魂恐懼，如何在帝制中國社會掀起巨大的政治效應。在中國人的傳統信念裡，「魂」代表著精神之靈，能夠透過自願或非自願的方式離開活人的軀體。當「魂」離開人體的時間過長，就會出現各式各樣的異常狀況，譬如生病、無精打采、瘋狂、甚至死亡。也因此，非自願的靈魂喪失格外令人擔憂，這些無法控制的情況可能來自於「驚恐」刺激導致靈魂脫離，也可能來自

---

146 盧可封，〈中國催眠術〉，《東方雜誌》，第14卷第2期（1917），頁95。

147 〈習催眠術之諸問題〉，《心靈文化》，二十周年紀念徵求號（1931），無頁碼。

於超自然力量，像是鬼魅妖魔的復仇或術士作法[148]。孔飛力表示，18世紀中國東部的各省，紛紛盛傳有和尚、道士、乞丐透過剪人髮辮偷取靈魂，這一連串事件蔓延為民間的妖術大恐慌，並成為皇帝與地方官員的燙手山芋。根據他的分析，僧道、乞丐之所以成為事件的嫌疑對象，除了他們具備的儀式力量外，亦由於他們過著無根無柢的漂泊生活，使得他們成為社群的外來者、不安全的陌生人[149]。

對照於前述民初的催眠術犯罪傳聞，我們可以發現兩者間存在某些微妙的關連。首先，「陌生人」同樣都被視為潛在的威脅者，只是隨著人口移動愈趨頻繁，他們的身分更加難辨。其次，「財物」也同樣是他們的主要犯案動機之一：叫魂者透過將帶有靈魂精氣的髮辮扎於紙人紙馬上而取人財物[150]，催眠者則利用受害者精神恍惚的時刻轉移錢財。最後也是最關鍵的相似點，則顯現在前述發生於重慶的案子：受催眠的被害人描述自己遭陌生人「掌擊肩背而驚駭」，因而「神經錯愕、惘然若迷」，遂跟隨匪徒而去。這種描述實非典型西方面對面施術的催眠手法，反而更像是傳統觀念裡，靈魂因猝然驚嚇或受法術而逸離體外的非自願失魂。足以見得，在20世紀初期人們的受害經驗裡，催眠術雖然成為新的犯罪歸因，加入了「神

---

148 孔復禮（Philip Kuhn）著，陳兼、劉昶譯，《叫魂：乾隆盛世的妖術大恐慌》（台北：時英，2000），頁135-142。

149 孔復禮（Philip Kuhn）著，陳兼、劉昶譯，《叫魂：乾隆盛世的妖術大恐慌》，頁156-162。

150 孔復禮（Philip Kuhn）著，陳兼、劉昶譯，《叫魂：乾隆盛世的妖術大恐慌》，頁107-110。

經」的元素，但實際上仍有相當程度追隨著傳統的意義理解方式。

而催眠與叫魂之間的這條歷史性線索，歷經了多次強化與轉變，也始終共享著「迷」的特徵。19世紀下半葉隨著不平等條約而來的傳教權擴張，讓外國傳教士成為新的一類具威脅性的陌生人。從同治、光緒年間的教案檔案可知，當時安徽、江蘇等地便一度又有謠傳「呪放紙人，剪取髮辮」的妖術流言，當地居民將矛頭指向天主教堂所為，並陸續發生金匱縣民毆傷教民、宜興縣民拆毀教堂等教案[151]。各地的反教行動除了暴力事件，也不乏有布告、傳單或反教書籍四處流傳。同治12年，河南有一份被抄錄的揭帖，內容控訴傳教士「邪術迷人，尤為可怪。拐去孩童，任其殘害。」[152]因煽動仇教言論而被清廷查禁的反教書籍《辟邪紀實》，也同樣紀載天主教徒用法術迷人，進行「採生折割」的勾當：

> 據張世欽供稱，小的是山東歷城人，父母早故，並無兄弟。二十一歲在廣州跟官，從黃老坤學得天主教。他教示小的畫符在手上，到街市隨意向小娃兒頭上一拍，小娃兒便迷著了，只見前面一線有光，三面都是黑暗，即隨了我走。引到僻靜地方，剜了眼睛、心肝、腎子，把屍身掩埋滅跡。留下眼睛、心肝、腎子，賣與洋人做藥。[153]

---

151 中央研究院近代史研究所編，《教務教案檔》，第3輯（台北：中央研究院近代史研究所，1974），頁627。

152 中央研究院近代史研究所編，《教務教案檔》，第3輯，頁553。

153 天下第一傷心人，《辟邪紀實》，下卷（1871），案證，頁8-9。

　　雖然後來證實這些指控皆與天主教無關，卻無法消弭大眾對外國人的懷疑。在大眾眼中，這些外國人除了宣揚違背傳統禮俗的教義，他們「羊眼猴面」的外貌很自然地被連結上某些奇特邪惡、令人失魂落魄的能力。

　　如同伊懋可（Mark Elvin）的觀察，這種針對外國人的綁架恐慌替後來的義和團事變奏響序曲。在 19 世紀結束前的幾年，天津的居民目睹外國糧船靠港，緊接著童男童女失蹤。人口販子把小孩走私到南方，甚至將他們弄成殘廢，成為替買主牟利的乞討者。外國人利用催眠術誘拐孩童的消息不脛而走，與同治年間的流言近乎一致，並且彷彿有了更多言之鑿鑿的證據 [154]。1900 年的義和團事變，拳民在山東、直隸諸省起事，號稱能夠降神附體，不畏槍砲，四處殺教士，焚教堂，戕使臣，圍使館。這既是反教情緒的大規模爆發，卻也再度印證了「入神狀態」（trance）如何深植於近代中國人的歷史記憶。只是這一回，傳教士和大眾一同震驚於它的危險。柯文（Paul Cohen）的義和團研究顯示，許多傳教士在書信中不約而同地表示：拳

---

154 Mark Elvin, "Mandarins and Millenarians: Reflections on the Boxer Uprising of 1899-1900" *Journal of the Anthropological Society of Oxford*, 10:3（1979）, pp. 115-138.「中國內地會」（China Inland Mission）在 1870 年代也曾有過相似記載："It has been generally reported, that the perpetrators decoyed people away by mesmerism or something of the sort, and when they had got them a certain distance from all houses, and fairly under their control, they killed some of them, taking out their hearts, eyes, &c., of which to make necromantic drugs; whilst others, they sold as slaves."（底線為筆者所加）見 China Inland Mission, *The Occasional Papers of the "China Inland Mission"*, Vols. V. & VI.（London: James Nisbet & co., 21, Berners Street, 1872）, p. 5.

民透過自我催眠（self hypnotism）使自己進入沒有痛覺的狀態；或者，這群運動者臣服於神祕的「磁性影響」（magnetic influences）而誤入歧途[155]。一份報紙亦登載了長老會傳教士芳泰瑞（Courtenay Hughes Fenn, 1866-1953）的證言：「這群中國凶手被磁化催眠了。」[156]美國公理會傳教士明恩溥（Arthur Henderson Smith, 1845-1932）目睹這場失控的群眾運動，隔年出版了《動亂中的中國》（*China in Convulsion*）一書。他同樣也寫道：

> 人們已經注意到這個事實，即庚子拳亂的傳播大部分透過年輕男子，這些人處於類似催眠術或動物磁氣術的影響之下。……〔這些女孩〕的訓練跟那些義和團少年相似，領頭者——有時是男人，有時是女人——反覆唸誦咒語，眾人進入催眠的入神狀態，接著產生要與刀劍槍砲一決勝負的狂妄念頭。[157]

如果在外國人的眼裡，拳民的附身行為可以比擬為催眠的入神狀態，儀式性的舉止在西方的認識論框架下得到心理學式

---

155 Paul A. Cohen, *China Unbound: Evolving Perspectives on the Chinese Past* (London: Routledge, 2003), p. 119.

156 "Boxers Under Hypnotic Spell." Yale Divinity Library, China Records Project Miscellaneous Personal Papers Collection, RG 8, Box 68. Available through: http://www.ResearchSource.amdigital.co.uk.

157 Arthur H. Smith, *China in Convulsion*, Vol. 2 (New York: Fleming H. Revell Company, 1901), pp. 661-662.

的解讀；那麼我們似乎也就不用感到意外，當後來許多中國人
接觸到催眠術時，竟是透過傳統的認識論框架聯想到神靈附
體，繼而生出畏懼之情，乃至連結上歷史中的種種不安記憶。

　　誠然，中國人關於靈魂的認識論可以追溯至公元以前，但
在滿清政權從盛世到衰亡的一百多年間卻有了最大規模戲劇化
的展現，失魂和附身的主題引發了一場又一場的社會震盪。失
魂的恐慌與附身的畏懼之所以具有如此龐大的政治效果，便在
於人們視之為再真確不過的、攸關生死存亡的事實。而即使到
了1920、30年代，許多庶民也依然沉浸在這個充滿神靈、妖
術的意義世界中。有別於第一條思想性的線索，關注西方群體
心理學知識的跨國流動如何形塑人們對催眠術的理解，這第三
條歷史性的線索敞開了在地文化的視域，讓我們看見華人社會
對失魂和附身的想像。這種想像在近代中國始終與西方的知識
體系並存，並且以其特殊的情感和認知方式滲透入大眾對催眠
術的現代性經驗中。拳民口中的降神法術，在傳教士眼中不過
是一場集體催眠，而類似的現象詮釋爭議在民國初年心理學家
和靈學家的對峙中依然存在（見第四章）。

## 八、小結

　　現代性意識的形成往往伴隨著革命的話語。在辛亥革命前
後，許多知識分子——如康有為、梁啟超、汪精衛——都曾經
借用法國大革命的歷史，來諷喻當時中國的激進轉型。保皇派
透過認同被山嶽派迫害的吉倫特黨人而批評革命的恐怖政治；
革命派則汲取了法國革命史、盧梭的《民約論》並從中發揚革

命意識。從政治史、政治思想史的角度，歷史研究者察覺了這兩個革命之間的對話[158]。而現在，我們發現了另一種過去所忽略的對話，一種在日常生活層次上，橫亙兩個革命之間以大眾科學為主題的比較。

　　關於催眠術在法國大革命前夕引發的效應，歷史學家丹屯在其著作《催眠術與法國啟蒙運動之終結》（*Mesmerism and the End of the Enlightenment in France*）中指出：「公眾對催眠術的奧祕、醜聞及熱烈激辯感到興奮不已，卻普遍對《社會契約論》無動於衷。」[159] 抽象的哲學理論無法激起普羅大眾的興致，但通俗化的催眠術可以。透過四處流通的催眠術小冊子，激進的政治思想被暗渡在科學的自然法則之中，並引導大眾將不滿指向打壓催眠術的權貴菁英。丹屯想要證明，正是那些外溢到下層社會的科學知識，而非高深的政治思想，點燃了人民對貴族政治的怒火，推動了社會的變革。

　　本章延續丹屯的洞見，在解答兩個主要問題：「傳播的管道？」、「憂懼的來源？」的過程中，引導出以下結論：催眠術作為大眾科學活動，從日常生活的層次涉入了近代中國的轉型，並反映出複雜的、複數的現代性面貌。如同18世紀末的法國，催眠術以一種新興科學的姿態吸引大眾的目光，也同樣

---

158　孫隆基，〈兩個革命的對話：1789 & 1911〉，收入氏著，《歷史學家的經線：歷史心理文集》（香港：花千樹，2005），頁35-89；Theda Skocpol, *States and Social Revolutions: A Comparative Analysis of France, Russia, and China*（Cambridge: Cambridge University Press, 1979），pp. 80-81.

159　Robert Darnton, *Mesmerism and the End of the Enlightenment in France*（Cambridge: Harvard University Press, 1968），p. 162.

引起了政府的介入和學院科學家的批評。不過，知識會旅行；從18世紀到20世紀，催眠知識在歐洲傳播，在殖民地實驗，也在東亞普遍開來；隨著科學知識因時因地的轉變，它們以不同的方式跟在地文化產生交互作用。18世紀末的法國，在牛頓力學自然觀的影響下，催眠術的原理被解釋為宇宙間磁性流體的和諧運動。恢復病人身體的和諧即意謂破除阻礙、恢復自然狀態下的平等自由。這對於舊制度（Ancien Régime）構成了政治上的批判，也表現了屬於法國的後啟蒙現代性。但在20世紀初的中國，人們感到新奇的早已不是宇宙流體的「和諧」（harmony），而是「激動」、「放射」、「暗示」等19世紀興起的生理學、物理學、心理學概念。對飽受挫折的中國人而言，融合這些科學概念的催眠知識，透過報刊、展演和講習所的傳播，在娛樂之外，提供了各種富國強種的進化想像，不論是在軍事、醫療、科技、實業、教育等各領域的用途。對政治運動者而言，催眠術也被認為具有戰略價值，能夠探取機密、審訊俘虜、建立信仰，乃至從事暗殺行動，幫助建立嶄新的國家。大體來說，與丹屯筆下的法國相比，催眠術在中國以一種更實用的取向發揮政治上的吸引力。

　　法國大革命的歷史教訓於19世紀末成為社會心理學家（特別是勒龐）的研究素材，他們以此提出群體心理學說，並在20世紀傳入中國。群眾受暗示後的集體行為，往往被解讀為是一種催眠現象，催眠術因此在社會心理學的意義上被視為政治安定的威脅。這使得催眠術在同一時期許多國家面臨相似的責難。但另一方面，日常生活中發生的犯罪事件，以及傳統信仰對失魂、附身的詮釋，卻也多重決定了催眠術在中國所遭

遇的特殊命運。即使許多中國人接受了電磁化身體觀，但民間信仰的靈魂論依然左右了為數眾多的下層人民對催眠術的情感和認知方式；一直以來，國家基於治理的考量，都必須對群眾的恐慌和集體入神有所介入，以免「流弊滋多」。當跨國的科學碰撞上在地的信仰，再加上鞏固統治權威的迫切需求，一種「科學─宗教─政治」緊密交織的現代性模式便由此凸顯而出。宗教元素不僅在中國的催眠史有其意義，在其他東亞區域亦然。以日本為例，20世紀初期興起了一支現代宗教──大本教，該教教主出口王仁三郎（1871-1948）一度透過「鎮魂歸神法」的附身儀式吸引龐大信眾，但此舉卻被當時的心理學者視為「拙劣的催眠術」，並引來精神醫學會之機構雜誌《變態心理》的批判。不僅如此，日本政府更基於威脅統治權威的理由，在1921年和1934年時，分別以不敬罪、新聞紙法，以及治安維持法的罪名，兩度大規模取締大本教幹部[160]。

　　總體而言，自18世紀後半葉以降，從法國到中國，在每個鉅變的時代，我們總能看到社會中同時瀰漫著新興科技的狂熱與政治異議的騷動。不同時代、地域的催眠史研究都或隱或顯揭示了這個現象。本章舉出的事例，不論是廣東地方自治研究社以維護社會秩序的理由舉發催眠講習所，陶成章、蔡元培相信催眠術能用於革命暗殺行動，王鈍根創作催眠革命小說，或是鮑芳洲遭舉報從事共產宣傳，都在在顯示出催眠術是一項與政治高度糾纏的科學。而群眾的感染與暗示、犯罪事件，以

---

160 相關爭議可參考：兵頭晶子，〈大正期の「精神」概念：大本教と『変態心理』の相剋を通して〉，《宗教研究》，第79卷第1號（2005），頁97-120。

及失魂、附身的集體恐慌或行為，如前所述，也都隱隱然威脅
政治的秩序。不妨這麼說：催眠術既帶來希望，也帶來恐懼；
既創造，也破壞；既現代，也無法擺脫傳統。人們難以全然正
面或負面的態度對之蓋括評價。

　　最後，從這一章的材料上來看，我擷取了散落於當時大眾
日常生活中的各式片斷文本，包括報紙、廣告、插圖、書刊、
日記、回憶錄，嘗試拼湊起催眠術在民間的多重樣貌。這些文
本之間往往缺乏系統性、連貫性、一致性，如同支離的音符，
卻忠實地反映出大眾在「消費」科學知識時的異質混雜特徵。
日常生活雖然經常被視為一成不變、缺乏反思，卻也總是蘊含
隨機、戲耍、常識、湊合，以及意外的發現與創造。在這個意
義上，人們從紛雜的生活片段裡，組織起自身的現代性經驗，
並如德塞托（Michel de Certeau）所指出的，透過各種大眾文
化的實作，有意或無意地攪動既有的社會秩序[161]。然而大眾科
學的研究卻不該僅滿足於呈現這些現象。狂想、虛構、誇大、
非理性的信念、繪聲繪影的傳聞，都只是大眾科學的其中某些
可能。組織化的科學活動在20世紀初期的民間社會醞釀成
形，催眠學會透過劃界行動區分正當與非正當的催眠活動，意
圖重塑科學形象。這是下一章即將要講述的。

---

161 Michel de Certeau, *The Practice of Everyday Life*（Berkeley and Los Angeles:
University of California Press, 1984），pp. xv, 24-28.

第三章

# 機構的發展
## 催眠學會活動中的商業、政治與科學

## 一、前言

本章的任務為考察催眠術在中國的組織化工作，以及人們建立精神科學的嘗試。從前一章的描述裡，我們得到一種激情與誇大的印象：催眠術在公眾世界裡激起極端的情感，引發科技萬能的遐想，撩起古老的恐懼，加深當權者的不安……。然而，這一章想要凸顯催眠術的另一層科學史調性，即不再停留於奇觀與恐懼的面向，而是轉向分析 20 世紀早期的催眠學會活動。這些由民間發起的組織賦予了催眠術更嚴肅的醫療與科學內涵。

可惜的是，催眠學會的科學史意義在過去受到兩種現代性論述所遮蔽，導致鮮少有深入的研究。第一種來自心理學專業化過程中強勢的實證主義科學論述。1917 年北京大學成立了中國第一個心理學實驗室，心理知識在蔡元培、陳大齊等學院心理學家的努力下，逐漸朝向成為一門實驗的科學。這群學者深受德國心理學家馮特的實驗心理學傳統的影響，馮特曾宣稱：「催眠術不屬於心理學實驗室，而是屬於醫院病房。」[1] 在實驗心理學家眼中，催眠現象是精神病理的一環，卻不足以產生可靠、一致的實驗資料。此外，接受美國行為主義洗禮的學者對

---

[1] "der Hypnotismus nicht in den Arbeitsraum des Psychologen, sondern in das Krankenzimmer." 見 Wilhelm Wundt, *Hypnotismus und Suggestion* (Leipzig: Engelmann, 1892), p. 12. 其他相關討論參考：Martin Kusch, *Psychological Knowledge: A Social History and Philosophy* (London and New York: Routledge, 1999), p. 51; Kurt Danziger, "Wundt's Psychological Experiment in the Light of His Philosophy of Science" *Psychological Research*, 42 (1980), pp. 109-122.

催眠術更加無法苟同，著名心理學家郭任遠即主張，心理知識的科學性應該建立在可觀察量化的行為上，而非催眠術、通靈術之流的「江湖派」伎倆[2]。當學院科學主導了近代科學史研究的視野，催眠學會的實作便自然地被排除於科學活動的討論之外。

　　第二種則來自唯物主義歷史論述的影響[3]。過去儘管有一些中國學者出版關於近代催眠術的研究，但他們多半對催眠學會抱持負面評價，並往往因催眠知識涉及精神與靈魂，而批評催眠學會把催眠術當作「一種扭曲的科學工具」[4]；「借了科學外衣」，「在社會中爭奪話語權」[5]；乃至責難催眠學會的科學活動是與傳統巫術相結合的「偽科學品種」[6]。但這樣的批判不免失之簡化，它們雖然指出催眠學會的若干限制，但直接訴諸「偽科學」的標籤卻可能埋葬了更多值得呈現的內容。近年來，學界對於「偽科學」概念的有效性已有許多反省[7]，尤其對歷史研

---

2　郭任遠，《心理學ABC》（上海：世界書局，1928），頁3。

3　許多學者批判的理論來源皆出自恩格斯的〈神靈世界中的自然科學〉一文，恩格斯企圖透過這篇文章，揭露催眠顱相學（magnetico-phrenological performances）的江湖騙術。參考：恩格斯（Friedrich Engels），〈神靈世界中的自然科學〉，收入中共中央編譯局編譯，《馬克思恩格斯全集》，第20卷（北京：人民出版社，1973），頁389-400。

4　涂小瓊，《靈魂控制：催眠術的前世今生》（北京：人民東方出版社，2012），頁41。

5　李欣，〈中國靈學活動中的催眠術〉，《自然科學史研究》，第28卷第1期（2009），頁23。

6　涂建華，《中國偽科學史》（貴州：貴州教育出版社，2003），頁124。

7　「何謂科學？」、「如何劃分科學與偽科學？」是自波普（Karl Popper）以來，科學家與科學哲學家意圖回答的問題，但「偽科學」概念本身的有效性卻在

究者而言，科學活動的評價勢必是要放入歷史脈絡中予以解讀
的，如同科學史家庫特所言：「科學與偽科學之間的區分是特
殊社會經濟背景下知識分子的能動性創造」[8]。

　　因此，本書試圖避免「科學外衣」、「偽科學品種」這類
全盤式（wholesale）的評價，而是藉由分析歷史行動者因時制
宜的知識宣稱和實作細節，把握他們企圖科學化自身的嘗試和
限制。我主張應該要將催眠學會放回20世紀初中國的科學文
化脈絡裡，催眠學會出現的背景正值中國學術發展的重要轉型
階段，許多民間學術社團相繼成立。這股自組學會的風氣自清
末維新運動後漸盛，包括康有為、譚嗣同等人陸續成立強學
會、算學會、南學會等民間組織，鼓吹理想，講論新知，謀求
中國的自強之學。在清政權顛覆之際，已先後累計超過有600
個公開社團[9]。以科學為宗旨的民間學會在民國初年大量出現，

1980年代以後受到愈來愈多質疑。不唯科學史、科學社會學者，即使在科
學哲學社群內部，像是勞丹（Larry Laudan）雖對愛丁堡學派科學知識社會
學多有批評，但他卻也指出「偽科學」是個應拋棄的空洞修辭，而「劃界問
題」也是個虛假問題，未考慮到知識的異質性（epistemic heterogeneity）。
尤其近年來，學界更對「偽科學」概念展開不少細緻的反省，值得借鑑。
參考：Larry Laudan, "The Demise of the Demarcation Problem," in R. S. Cohen
and L. Laudan, eds., *Physics, Philosophy and Psychoanalysis*（Dordrecht: D.
Reidel Publishing Company, 1983）, pp. 111-127; Massimo Pigliucci and Maarten
Boudry, eds., *Philosophy of Pseudoscience: Reconsidering the Demarcation
Problem*（Chicago: University of Chicago Press, 2013）.

8　Roger Cooter, *The Cultural Meaning of Popular Science: Phrenology and the
Organization of Consent in Nineteenth-Century Britain*（Cambridge: Cambridge
University Press, 1984）, p. 19.

9　張玉法，《清季的立憲團體》（台北：中央研究院近代史研究所，1985），

留學歸國的知識分子成立各種科學社團，諸如中國科學社
（1914）、中華醫學會（1915）、中國心理學會（1921）、中國
地質學會（1922），一方面促進內部成員在科學研究上的學術
交流，二方面以教育為目標向下層人民啟蒙科學新知。這些團
體常見的科學教育方式包含發行刊物、譯著書籍、舉辦通俗科
學演講、創立科學圖書館、舉辦科學展覽[10]。

　　民間學會的啟蒙工作，實際上是菁英和庶民在知識上相互
折衝的協商過程，它們必須維護知識的品質，同時確保大眾的
興趣。催眠學會是這股風氣之下的產物，但與其他重要科學社
團相比，卻又有其特殊之處。首先，許多科學專業性學會的創
建者都曾留學歐美，回國後在大學擔任教職[11]；但催眠學會的內
部成員主要留學日本，且幾乎外於學院體制，並非嚴格意義上
的學術菁英。其次，由於中國缺乏民間經費贊助科學事業的傳
統，包含博醫會、中國科學社等組織，在人事、資金上皆直接
或間接仰賴政府、大學、傳教組織或基金會的支持[12]；催眠學會

　　頁90-144。

10 范鐵權，《近代中國科學社團研究》（北京：人民出版社，2011），頁87-
　　122。

11 張劍，《中國近代科學與科學體制化》（成都：四川人民出版社，2008），
　　頁463-465。

12 1886年成立的博醫會（Medical Missionary Association of China），其資源來
　　自於教會；1915年創立的中國科學社，其據點先後為康乃爾大學和南京高
　　師，主要成員皆有教職，並受到中華教育文化基金董事會的贊助；其他諸
　　如中華公共衛生教育聯合會、中國防癆協會等民間組織，也都有來自教會
　　或政府的資源挹注。參考：Peter Buck, *American Science and Modern China,
　　1876-1936* (Cambridge: Cambridge University Press, 1980); 張劍，《科學社團

則不然，它們的資金來自於民間小額收入，商業經營的模式維繫了組織的運作。其三，在大多數學會的啟蒙工作中，民眾通常居於知識接受者的位置，學習幾無爭議的通俗化科學；相反地，催眠術在當時卻極具爭議，為了要建立催眠術的正當性，學會必須招募適當的人與物，一同打造科學事實的網絡，以駁斥流傳於民間的錯誤信念。

正由於催眠學會跟其他科學社團的同中之異，開啟了本章希望解答的疑惑：究竟民間的催眠學會透過哪些劃界工作和事實生產方式，正當化、合法化它們的科學事業？又是什麼樣的原因讓它們的科學性仍有所局限？而它們又透過哪些規範性的要求試圖克服這些限制？以上這些問題皆環繞於一個重要的大眾科學面向上，即大眾的組織化科學參與。過往的民初大眾科學史研究，大多側重科學的傳播、普及等「接受」面向，卻未對大眾系統性地「從事」科學活動有太多描繪。在這章中，我希望凸顯大眾主動創造的過程，以兩個總部位於上海的催眠學會──「中國心靈研究會」和「中國精神研究會」──為焦點，藉由分析學會的歷年出版品，釐清學會的經營策略、會員的參與形式，以及其中潛在的限制。這兩個機構不論就成立時間、組織規模，都堪稱是當時中國最具代表性的催眠學組織。有別於前一章中許多催眠相關的報導、文學來自於歐洲或美國，本章討論的兩個學會主要繼受了日本的資源，它們的發起

在近代中國的命運：以中國科學社為中心》（濟南：山東教育出版社，2005），頁392；張大慶，《中國近代疾病社會史》（台北：秀威資訊科技，2016），頁127-132。

人在日本催眠學最蓬勃發展的時期（約莫20世紀的最初10年）接觸到這門知識。當1910年代以後因數起醜聞事件與法規管制，催眠術在日本逐漸式微，這群留日學生反而在中國的土地上開創不斷成長的催眠術事業。

## 二、精神療法的興起

中國著名的醫學心理學家丁瓚（1910-1968），在1930年代一篇探討精神病人思想的論文中嘗言：「眾所周知，催眠術在中國幾乎家喻戶曉，而且被認為確有奇效。」[13]丁瓚的這句話，無疑表達了催眠術對常民文化的廣泛滲透，經由各種管道，20世紀初的中國人很容易被動地接觸到五花八門的催眠術訊息。不過，真正吸引人們主動投入學習催眠術的動機，醫療需求可能占了大部分。這對於我們了解催眠學會的科學工作是個關鍵的切入點，原因在於催眠術的醫療應用較少招致非議，且攸關切身的病痛，因此一直以來都是學會或講習所廣告的重心。

如果有一個例子能夠特別凸顯催眠術的醫療價值在人們心中的分量，孫中山的療病過程絕對深具代表性。1925年2月底，罹患末期肝癌的孫中山，病況進入危急存亡之秋，精神狀況急速衰退，開始出現明顯黃疸、腹部腫脹等症狀。歷經中醫

---

13 丁瓚、高君純、徐恩賜著，丁素因、丁守一、丁宗一譯，〈精神病人的思想〉，收入李心天、湯慈美編，《丁瓚心理學文選》（北京：人民教育出版社，2009），頁5。原文於1939年以英文發表在 *Social and Psychological Studies in Neuropsychiatry in China*，標題為 "Content of Thought"。

陸仲安、唐曉欽與周樹芬等人診治後，病況未見起色，反而出現腹瀉、小便短赤的症狀[14]。西醫克禮為了控制症狀，為他處方健胃劑、強心劑和利尿劑三種藥方。此時，出現兩名來自上海的醫師，他們受國民黨推薦進入孫中山的醫療團隊，其中一人名叫葛心慈，是留學德國的精神治療師，擅長催眠術。葛心慈在孫中山病榻施行20分鐘的催眠治療，他按住孫中山的胸口，來回輕輕撫摩，這個看似平凡無奇的舉動，卻成功讓受苦的病人安然入睡直至天明，當場折服孫中山的家屬與友人，《晨報》與《大公報》隔日不約而同以「神技」來形容這場治療。2月27日，在一場於中央飯店舉行的治療討論會後，醫療團隊正式決定讓孫中山接受精神療法[15]。

當孫中山因藥物副作用而停服中藥，西醫也以久病為由不再注射針劑，報紙描述他「僅靠體力以與苦痛相抵抗耳」[16]。適時出現的精神治療，彷彿成為最後一線寄託。起初幾天，葛心慈的催眠術獲得不錯的成效，施術過程「經過甚佳」[17]，但終究在中西醫皆已束手的情況下，無法扭轉實際病情[18]。孫中山於3

---

14 〈孫文病危：精神益衰，食眠俱減，前晚狂瀉不止而又大便不通〉，《大公報》（天津），1925年2月27日，第2版。

15 〈孫文病勢：中西藥雜投之，兼用精神療法〉，《晨報》，1925年2月28日，第2版；〈中山病狀之昨訊：稍有轉機，尚難樂觀〉，《大公報》（天津），1925年2月28日，第2版。

16 〈孫文停服中藥，衰弱仍繼續增加〉，《晨報》，1925年3月1日，第2版。

17 〈昨日中山之病況，衰弱仍繼續增加〉，《大公報》（天津），1925年3月1日，第2版。

18 〈孫文昨日病狀：葛心慈施術無效，又用卡而門注射〉，《晨報》，1925年3月2日，第2版。

月12日與世長辭。

　　作為深具象徵性的政治人物，孫中山生命中最後半個月的
病況和醫療決策，成為媒體密切報導的主題，也讓精神療法成
為全國矚目的焦點。過去歷史學者往往關注於民國初年的中西
醫論戰如何在孫中山的最後時日白熱化上演[19]，卻鮮少著墨精神
療法的出現是如何為這條戰線打開一個缺口。精神療法之所以
最終異軍突起，原因在於藥物有時而窮，當中西醫紛紛在物質
性治療手段上受挫，以精神為號召的治療方式就成為少數僅存
又不會帶來傷害的選項。從連日來《晨報》對孫中山病勢報導
的隔壁版面，我們可以發現一則「國民精神養成會」的會員募
集廣告，上頭清楚標示了精神療法的這項優點：「不用藥物、
不用針灸。凡醫藥不能治之症，精神治療皆能治之，手法穩
速，五分鐘立見功效。」[20]

　　大體而言，精神療法是根據催眠術而發展出來的各式治療
技術的總稱，它的特性在於「變化病人之精神，以為治病之方
法也」[21]。這類療法的原理在於利用精神的「暗示作用」──不
論來自於自我或他人──而達到物質身體的改造，有時也揉合

19 例如，皮國立，《國族、國醫與病人：近代中國的醫療和身體》（台北：五
　南，2016），頁58-97；Ralph C. Croizier, *Traditional Medicine in Modern
　China: Science, Nationalism, and the Tensions of Cultural Change* (Cambridge:
　Harvard University Press, 1968), pp. 78, 119-120；郝先中，〈孫中山病逝之前
　的一場中西醫之爭〉，《南京中醫藥大學學報（社會科學版）》，第7卷第1
　期（2006），頁35-37。

20 〈廣告：國民精神養成會〉，《晨報》，1925年3月4日，第4版。

21 居中州，〈精神療法之分類〉，《心靈》，29期（1924），頁49-50。

了精神分析的方法[22]。而所謂「暗示」，則被定義為「使生豫期之注意也」[23]，亦即讓被術者在治療過程中產生預先設定好的意識活動。雖然在部分著作中，一些精神治療師會刻意強調自己的手法並非催眠術，不會讓病人進入意識恍惚的「入神狀態」（trance）[24]，但究其治療原理，還是不脫催眠理論中的暗示作用。

　　精神療法在20世紀初期成為一種新興的治療選項，頗有與中西醫藥物治療相抗衡之勢。或許就規模與人數上，精神療法不比中、西醫來得普及，但在北京、天津、上海、香港等一些大城市，它仍然占有一定的醫療市場，受到不少病家認可。從1922年的《上海指南》來看，當時上海的私人醫院中至少有五家醫院標榜從事精神治療，包括「大精神醫學研究會附設治療院」、「中國心靈療養院」、「東亞精神學會附治療部」、「精神治療院」、「靈理修養院」[25]。它們的收費差異甚大，有些門診診金1至2元、到府出診6元，與大部分中西醫院類似；

---

22 例如，在古屋鐵石的《精神療法講義錄》中，有一專章講述フロイト（Freud）博士的「精神分析合成療法」；而《心靈》雜誌也曾刊登文章〈精神分析法之創始者 Sigmund Freud〉，或者以佛洛伊德所謂「少年時被壓抑之性慾觀念之反動」來解釋引發神經衰弱的「精神外傷」。見古屋鐵石，《精神療法講義錄》，第2輯（東京：東京精神研究會，1921），頁87-108；亦農，〈精神分析法之創始者 Sigmund Freud〉，《心靈》，29期（1924），頁1-7；唐心雨，〈由心理研究神經弱本狀態之概略〉，《心靈》，27期（1923），頁15-17。

23 古道，〈精神療法與暗示〉，《心靈》，28期（1924），頁18。

24 富健康，《精神感應治療法》（天津：富健康精神治療所，1929），頁2。

25 商務印書館編譯所編，《上海指南（增訂十二版）》，卷7：雜錄（上海：商務印書館，1922），頁18-23。

有些則收取門診診金5至8元、出診10至15元，幾乎等同於接生、中度手術或血清療法的費用[26]。但就如梁其姿的研究所顯示，20世紀早期中國的醫院經常中西混雜，無論在療法、醫師身分或服務功能上皆沒有截然分別[27]。部分上海的精神治療醫院也同時混合中西醫治療，如施種牛痘，或兼提供藥物治療。而在治療設備上，除了二層隔音玻璃、低噪音鐘錶、電器風扇與斯特普火爐等調節施術環境的布置，它們也往往配備了診察台、洗手缽、消毒藥、痰盂、手巾等一般現代醫藥衛生設備[28]。但不同於大多數的私立中西醫院，這些精神治療醫院通常附屬於催眠學會，除了上述「大精神醫學研究會」和「東亞精神學會」之外，「中國心靈療養院」是余萍客成立之「中國心靈研究會」附設的臨床部，「精神治療院」則隸屬於鮑芳洲創立的「中國精神研究會」。

　　由此可見，醫療業務與催眠學會的工作息息相關；不過，就學會的整體發展而言，催眠術的應用範圍卻又不僅限於治療。倘若回顧19世紀末以降世界各地心理學科的發展，不難發現許多心理知識的倡議者經常具有更龐大的科學企圖，譬如精神分析技術的開創者佛洛伊德便曾經如此界定精神分析的工作：「精神分析指的是：（一）一種研究心靈過程的方法，除此之外幾無他法可以達到；（二）一種建立在此研究之上的神經症治療方法；（三）透過這些途徑而獲得的一系列心理學資

---

26 〈心靈療養院治療章程〉，《心靈》，25期（1922），頁13-14。

27 梁其姿，〈近代中國醫院的誕生〉，收入祝平一編，《健康與社會：華人衛生新史》（台北：聯經，2013），頁41-68。

28 鮑芳洲，《催眠學函授講義》（上海：中國精神研究會，1917），頁65-66。

訊，它們逐漸累積成為一門新興的科學學科。」[29]若將這段話挪用到中國發展催眠術的場景裡，著實不乏有可類比之處。一方面，催眠術作為「研究方法」，是催眠學會研究神狐鬼祟、超感知覺等心靈現象的主要途徑（見第四章）；二方面，催眠術作為「治療方法」，則宣稱可以治療神經病（神經痛、神經衰弱、歇斯的里、失眠、憂鬱症、癲癇）、精神病（妄想症、憂鬱狂）、腦病脊髓病（腦貧血、腦充血、頭痛、暈眩、耳鳴）、生殖器病（白帶、月經不順、早洩、陽萎、遺精）、惡癖（飲酒、吃煙、手淫、怠惰、不喜交際、不守命令）等各式急慢性病症[30]；三方面，這些研究與治療個案，都非孤立的資訊，而是建立一門新興「精神科學」計畫的一部分。所謂「精神科學」（或稱心靈科學、精神學、心靈學），指的是超越「物質科學」極限的研究領域。

一言以蔽之，不妨這麼說：樹立「精神科學」的新典範是催眠學會的大方向，而催眠術之研究、治療個案則是此科學事業的一磚一瓦。然而，任何的磚瓦都非憑空而生，唯有通過考察學會在修辭與行動上的具體細節，我們才能了解這些個案是如何出現在催眠術的網絡中，聚積成愈來愈龐大的科學事實，進而支撐起精神科學的主張。為了提供更完整的描述，以下我會先對兩個催眠學會的發展歷史進行簡要說明。接著從學會的市場經營與政治操作兩方面著手，分析它們如何打造有利自身

---

29 Sigmund Freud, "Two Encyclopaedia Articles," in James Strachey, ed., *The Standard Edition of the Complete Psychological Works of Sigmund Freud*, vol. 18 (London: Hogarth Press, 1955[1923]), pp. 233-259.

30 富健康，《精神感應治療法》，頁4-5。

發展的空間；以及呈現學會如何在商業競爭中招募學員，進一步將他們轉化為科學行動者，並指出其科學性的局限。最後，我將探討學會如何在人與物的面向上提出規範性的要求，讓科學事實的生產變得更可信、更可預期。

## 三、催眠學會簡史

　　如果不計入零星小規模且持續時間不長的催眠術講習所，「中國心靈研究會」和「中國精神研究會」應該是由中國人所創立，最早且規模最大的兩個催眠學會。

　　「中國心靈研究會」最初名為「中國心靈俱樂部」，由留日學生余萍客（中山縣）、劉鈺墀（中山縣）、鄭鶴眠（成都）、唐心雨（開封）、居中州（北平）於1910年在日本橫濱成立[31]。由鄭鶴眠擔任第一任會長，活動以私人交流為主[32]。1912年時，心靈俱樂部遷址到東京，更名為「東京留日中國心靈研究會」，英文名稱為 "Chinese Hypnotism School"，開始出版刊物，並開設面授、函授課程。隔年，鄭鶴眠因事卸下職位，改由劉鈺墀接掌會務。劉鈺墀號稱具有「帝神得業士」及「健全哲學士」雙學位[33]，前者由日本「帝國神祕會」所授予[34]，後者

---

31 余萍客，《催眠術函授講義》，第1卷（上海：中國心靈研究會，1931），頁48-49。

32 〈中國心靈研究會小史〉，《心靈》，4期（1916），頁48-50。

33 劉鈺墀，〈處世哲學〉，《精神月刊》，2期（1918），頁17-20。

34 帝國神祕會編，〈終講に際して〉，《神祕流催眠術教授書》（大阪：帝國神祕會，1920），頁3。

則為日本「健全哲學會」的頭銜[35]。不過劉鈺墀主導心靈研究會的時間並未太長，幾年之後他淡出學會，另行創立了「精神月刊社」。

1918年時，心靈研究會至上海設立事務所，並於1921年將總部自東京移至上海，改名「中國心靈研究會」（Chinese Institute of Mentalism）[36]。從現有的紀錄來看，此時研究會在上海的活動幾乎由號稱「精神博士」的余萍客所主導[37]。余萍客曾經與日本「東京精神研究會」的古屋鐵石有過交流經驗[38]。他的著作也顯示他對日本催眠術的歷史瞭然於胸，熟知小野福平、福來友吉、桑原俊郎、村上辰午郎、橫井無鄰等催眠名家的學說[39]。在他擔任會長的後續十多年，心靈研究會以上海北四川路、西海寧路交界處為會址，招募會員並進行催眠術治療與教學，後來亦在上海靜安寺路設立「心靈科學書局」，專門發行催眠術及心靈學相關著作。根據余萍客的說法，截至1930年代，心靈研究會共計發行三千餘種出版物，包括《心靈》、《心靈文化》、《心靈運動》等期刊，六十餘種書籍，七種講義。其中光是余萍客本人便出版了《電鏡催眠法》、《安眠術》、《催眠學術問答》、《催眠百大法》、《自習精通催眠術大

---

35 〈廣告：健全哲學與催眠術〉，《精神》，秋號（1917），無頁碼。

36 這個英文名稱有可能模仿自20世紀初位於洛杉磯的"American Institute of Mentalism"。

37 〈培德學校遊藝會紀事〉，《申報》，1919年12月9日，第11版。

38 志賀市子，〈近代上海のスピリチュアリズム──靈學會とその時代〉，《アジア遊學》，第84號（2006），頁67-68。

39 余萍客，《催眠術函授講義》，第1卷，頁42。

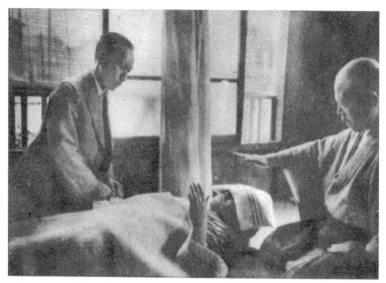

圖9　余萍客與古屋鐵石合作催眠一名日本婦人。出自《中華圖畫雜誌》，第6期，1931。

全》、《心靈現象》、《呼吸哲學》等四十餘種書籍[40]。

　　在組織架構方面，心靈研究會在早期即分為「教授部」和「治療部」，前者又細分為「直接教授部」、「通信教授部」、「速成治療部」，後者則又分為「直接治療部」、「遠隔治療部」、「惡癖改正部」[41]。學會亦設有「精神文庫」翻譯各國催眠書籍，以及「學士會」促進會員交換知識[42]。整體會員人數從1912年時的不過400人，到1923年時大幅成長至將近2萬人[43]，

40 〈書器目錄〉，《心靈運動》，44期（1934），頁2。

41 〈本會規則〉，《心靈》，4期（1916），頁58。

42 〈中國心靈研究會小史〉，頁50。

43 〈救國的妙術！〉，《心靈》，25期（1922），無頁碼。

1925年突破3萬人[44]，1931年更超過8萬人[45]，其餘未報人數估計也有1萬4千人[46]。隨著中日戰爭爆發，心靈研究會在1934年後終止在上海的大部分活動並遷往重慶，最終余萍客移居香港九龍，晚年以嫻熟相術而在香港小有名氣。至今香港仍有催眠師機構對外宣稱繼承自中國心靈研究會[47]。

另一個催眠學會「中國精神研究會」，成立於1909年。原名為「華僑催眠術研究社」，由廣東中山縣人鮑芳洲（1891-1967）與鮑輔洲、方時、吳偉如、蘇浩然、鮑若虛等留日學生，創立於日本神戶[48]。並於1912年擴大改組為「中國精神研究會」，由號稱曾任大阪精神學會及帝國心靈學會華人教授的「催眠學博士」、「精神學博士」鮑芳洲擔任總會長[49]。鮑芳洲曾跟精神科學會的橫井無鄰有過親身學習經驗[50]，並熟悉近藤嘉三、熊代彥太郎、古屋鐵石的催眠手法[51]。1915年時，《申報》

44 學周，〈催眠術是什麼學術〉，《心靈》，30期（1925），頁61-62。

45 余萍客，〈宣言〉，《心靈文化》，二十週年紀念專號（1931），頁5-6。

46 〈心靈學院歷年學員人數比較〉，《心靈文化》，二十週年紀念專號（1931），圖片頁。

47 見「香港催眠師協會」網站：http://www.hkhyp.com/xhjs（檢索日期：2019年4月23日）。

48 中國精神研究會編，《催眠術》（上海：中國精神研究會，1935），頁4；鮑芳洲、徐鼎銘，《催眠學家的正則養成》（台北：中國精神學研究所，1996），頁185。有一說指出，鮑若虛即為鮑芳洲的化名，見〈請看鮑芳洲之行為〉，《申報》，1920年11月20日，第9版。

49 〈欲學催眠術者須知〉，《精神》，秋號（1917），無頁碼。

50 鮑芳洲，《簡易獨習催眠新法》（上海：中華書局，1921），頁23。

51 鮑芳洲、徐鼎銘，《催眠術獨習》（台北：中國精神學研究所，1995），頁54-58。

刊登了學會的第一則函授招生廣告。1917年學會到上海設立支會，以虹口老靶子路為據點，初期由鮑輔洲擔任支會長兼函授部主任，隨後由馬化影（雲鵬）接任支會長，鮑輔洲改任附設療病院院長[52]。天津支會則由吳偉如執掌會務[53]。學會另在蘇州、無錫、南京、寧波設有分部，並在暹羅、蘇門答臘、星架坡等地設有代理人。

1920年時，學會正式將總辦事處從日本遷至上海。與中國心靈研究會的演變類似，此時多位早期共同合作者已離開或淡出中國精神研究會，由鮑芳洲以會長身分持續主導往後十多年的發展。有些成員與精神研究會仍保持友好或合作關係，如蘇浩然在上海成立的「神洲催眠學會」[54]、姜震球在南通成立的「中國精神學會」[55]；也有成員公開與鮑芳洲決裂，另立門戶，如上海支會長馬化影在1919年底創立「大精神醫學研究會」，隨即登報呼籲學員改將學費寄交新的會址[56]。

在組織架構方面，中國精神研究會早期設有「通學部」、「函授部」、「治療部」、「編譯部」、「機關部」（負責機關雜誌）、「實驗部」[57]。1917年在上海設會時，另開辦專為女性而設

---

52 中國精神研究會，〈勸學催眠術〉，《精神》，秋號（1919），頁1-3。

53 〈支會開幕之定期〉，《精神》，秋號（1917），頁67。

54 張立鴻、黃紹濱，《靈子術祕傳》（廣西：廣西科學技術出版社，1993），頁45。

55 姜震球為中國精神研究會第596號地方會員。見中國精神研究會編，《催眠術》（上海：中國精神研究會，1917），頁60。

56 〈馬化影緊要聲明〉，《申報》，1919年12月29日，第12版。

57 中國精神研究會編，《催眠術》（1917），頁3。

圖10 鮑芳洲於1917年替北京地方會員講學後合影。他坐在二排中間，他身穿西裝，與其他人形成鮮明對比。

的「女子通學部」及「婦女治療部」，由兩位女催眠師負責[58]。同年也創設了號稱「中國第一所精神療病院」[59]。到了1930年代，學會更增設「神經病科訓練班」、「精神科學圖書館」、

---

58 〈支會開幕之定期〉，《精神》，秋號（1917），頁67。

59 鮑芳洲、徐鼎銘，《催眠學家的正則養成》，頁226。正確來說，這裡所謂的「精神療病院」，指的是以門診催眠治療為主的醫院，其病患大多為神經症，並非一般意義下收容嚴重精神病的精神病院（asylum）。中國第一所精神病院是廣州芳村的惠愛醫院（John G. Kerr Refuge for the Insane），由美國人嘉約翰於1898年成立。相關研究參考：Peter Paul Szto, "The Accommodation of Insanity in Canton, China: 1857-1935," (Ph. D. dissertation, University of Pennsylvania, 2002).

「吃音矯正部」、「心身修養指導處」等單位[60]。學會出版的刊物包括《精神》、《精神特刊》、《催眠術》等。鮑芳洲本人則著有《自宅獨習催眠術講義錄》、《催眠術獨習》、《簡易獨習催眠新法》、《催眠學函授講義》、《千里眼研究法》等書。整體會員人數在1917年時已有九千餘人[61]，1937年淞滬會戰爆發前，會員人數幾達十萬人[62]。

精神研究會在1930年代因上海戰事影響，遷移了兩次會址，於1935年落腳赫德路安慶坊。1937年通過市政府社會局立案，盛大舉行了一場成立大會[63]。但不久之後便因淞滬會戰爆發，停止在上海的活動並進行改組。鮑芳洲避走香港，主持「香港中國精神學研究所」，並在禮頓山道開設醫務所[64]。他最後逝世於香港，享壽77歲[65]。而他的學生徐鼎銘則到了四川，主持「四川中國精神學研究所」，1948年跟隨國民黨政府遷徙到台北，持續經營精神學研究所到1990年代，並成立「中華民國超心理學研究會」，對戰後台灣的催眠術及超心理學發展有重要影響。

這兩個學會的發展歷程無疑是我們掌握近代中國催眠術史的關鍵，無論就成立時間、成員人數，乃至影響幅度等方面，

60 中國精神研究會編，《精神特刊》（上海：中國精神研究會，1936），頁1。

61 鮑芳洲、徐鼎銘，《催眠學家的正則養成》，頁159。

62 鮑芳洲、徐鼎銘，《催眠學家的正則養成》，頁163。

63 〈精神研究會成立〉，《申報》，1937年2月16日，第16版。

64 〈優待口吃患者〉，《申報》，1938年6月26日，第4版。

65 〈精神醫學博士鮑芳洲仙逝〉，《華僑日報》（香港），1967年4月28日，第11版。

皆難以否認它們的代表性。但由於相關史料在數量及類型上的限制，使得許多資訊仍然顯得片段零碎，流於單方說法，或有不一致的情況。這使得研究者有必要在有限的理解下對學會的幾項重要宣稱進行評估。

首先是這些創始人的求學背景：中國人留學日本在20世紀最初10年達到高峰，人數超過萬名。但在這些留日學生裡，進入高等專門學校或大學就讀的人數僅約5%，絕大多數學生修習的是以日本語文為主的普通學或速成教育。這些留學生的學習態度殊異，不乏終日閒蕩者，而專為留學生而設的特殊學堂更是良莠不齊[66]。關於鮑芳洲、余萍客、劉鈺墀等人在日本的求學經歷，我們所知甚少，在目前留存的幾份留日學生名冊中，皆未見他們的名字。若排除更名、使用化名、紀錄缺漏等理由，最可能的原因是他們並未進入專門學校以上的教育體系。目前所能查找到的少數例外是余道寬（廣東中山縣人），心靈研究會早期的參與者，曾就讀於千葉醫專醫學科[67]；以及曾任精神研究會通學部主任的吳蔭棠（江蘇無錫人），畢業於明治大學專門部法科[68]。因此，「得業士」、「學士」、「醫學博士」等種種頭銜，恐怕是私人機構所授予的稱號，或當事人為廣告

---

66 黃福慶，《清末留日學生》（台北：中央研究院近代史研究所，1975），頁24、85、90。

67 槻木瑞生編，《日本留学中国人名簿関係資料》，第2卷（東京：龍溪書舍，2014），頁299。

68 槻木瑞生編，《日本留学中国人名簿関係資料》，第2卷，頁482。但必須申明，由於資料上的限制，筆者無法完全肯定名簿中的吳蔭棠與精神研究會的吳蔭棠為同一人。

目的而自封，而非官方所認可。嚴格說來，催眠學會的主導者並不算是留學生中的知識菁英，不過他們具備基礎的學術知能，能夠閱讀外文書籍，從事講學、寫作及翻譯，倒是沒有疑義。

其次是學會所宣稱的幾個發展組織的關鍵時間點：在我翻閱學會出版物的過程中，經常困惑於年份的不一致，而我最後選擇採取余萍客和鮑芳洲、徐鼎銘在其主要著作裡的說法。至於這是否就是確切的年份，無從得知，但他們對時間點的標定，倒顯示出學會的處心設計，這在下文會進一步說明。此處希望加以補充一些被忽略的說法：有一說指出心靈研究會成立於1913年，1916才由橫濱遷至東京[69]；另有一說指出精神研究會的神戶總會早於1920之前便已關閉，於宣傳中維持此會址只為了「虛張聲勢」[70]。

最後則是會員的人數及身分：兩個學會在全盛時期皆宣稱有近十萬會員數，但這個數目是如何估算出來的？除了少數通學學員及為數眾多的函授學員之外，是否還包含期刊訂購者？學會的自我報告是否有高估的可能？這些疑問恐怕難以獲得清楚解答。但較為確定的是，兩個學會的會員名單應有不少重疊之處；在當時，同時加入多個催眠學會並不罕見，而加入後卻未持續參與者亦大有人在。另外，就學會刊物所登載的內容來看，會員身分主要集中在教師、商人、醫士、軍警、職員等職業，這些可能是投入較深的群體，也可能是學會選擇性呈現的

---

69〈中國心靈研究會小史〉，頁48-49。

70〈請看鮑芳洲之行為〉，《申報》，1920年11月20日，第9版。

結果，並不足以讓我們推論至整體會員的組成結構。

　　儘管對於這兩個催眠學會我們還有不少疑惑難以回答，但這不妨礙我們從有限的資訊中逐一釐清它們擴大版圖的策略。

## 四、催眠學會的市場經營

　　「劃界工作」（boundary work）這個概念將有助於我們接下來理解催眠學會的發展策略。科學社會學家吉林（Thomas Gieryn）鑄造了這個重要的概念，他認為「劃界工作」的目的，在於將某個群體的科學活動與其他社會成員的非科學活動區分開來，從而確立此群體的專業地位，並開拓出有利於自身發展的空間。換言之，某一個社群在公眾心目中所展現的科學形象，並非發自與生俱來的本質，而是透過運用特定的「修辭風格」（rhetorical style）被刻意地「營造」出來的。吉林將這種「營造」稱為「意識形態的努力」（ideological efforts）[71]。社會學家拉蒙（Michèle Lamont）和莫爾納（Virág Molnár）又再進一步延伸這個概念，指出「劃界工作」創造出了「象徵界限」（symbolic boundaries）與「社會界限」（social boundaries），前者替人事物做出分類並定義何謂真實，後者則形成資源與社會機會的不平等分布及取用[72]。

---

71 Thomas Gieryn, "Boundary-Work and the Demarcation of Science from Non-Science: Strains and Interests in Professional Ideologies of Scientists" *American Sociological Review*, 48（1983）, pp. 781-795.

72 Michèle Lamont and Virág Molnár, "The Study of Boundaries in the Social Sciences" *Annual Review of Sociology*, 28（2002）, pp. 167-195.

　　在一個人們熱烈歡迎各種跟科學相關的新事物的時代，催眠學會面臨了許多科學專業學會未曾遭遇的困難：它們必須消弭普羅大眾對催眠術的猜疑之心，以求創造更廣闊的生存空間。對學會的經營者而言，劃界工作似乎就成為一項急切的任務。在學會出版的刊物中，許多作者都一再地表明學會的催眠術不同於民間跟風、迷信的陋習，並對民眾的態度展開啟蒙式的批判。余萍客在中國心靈研究會二十周年紀念專號《心靈文化》上，批評群眾徒具喜新誇大的劣根性，跟隨風潮學習催眠術，卻「祇得到了一點皮毛的功夫便停手了，未曾研究到精神的學理」[73]。唐心雨在面對群眾繪聲繪影的謠言，以為催眠術是運用符咒鎮魂請神的魔術邪法時，更直接在《心靈》上將這種恐懼斥為「未開化之論調」、「潛伏人心」的「謬見」[74]。

　　顯然，催眠學會的經營者決定在修辭上訴諸「學理」，無非是希望呈現催眠術的科學性，以營造專業形象。而他們之所以能夠順理成章地調動「學理／謬見」這組意識形態區分，與他們所欲彰顯的幾項特色密不可分。《精神》裡一篇名為〈提防騙局〉的公告，鮮明地展示了學會從事印象營造的重點，一段短短的文字斬釘截鐵寫著：「本會成立最早，組織之完善，內容之確實，宗旨之正大，教授之熱心，以為社會所深悉，不容再曉曉論辯。」[75]時間、組織、內容、宗旨，這幾項特色撐起了學會的招牌。它們既不容論辯，卻又必須反覆向眾人宣告。

---

73 余萍客，〈習催眠術者應有的認識〉，《心靈文化》，二十周年紀念專號（1931），頁81-82。

74 唐心雨，〈對於催眠術誤解之辨明〉，《心靈》，26期（1923），頁4-8。

75 〈提防騙局〉，《精神》，秋號（1917），頁70。

　　「成立最早」無疑是對外宣告的首要重點。無論是中國心靈研究會將機構的前身追溯至1910年，或中國精神研究會宣稱1909年即已在日本神戶成立華僑催眠術研究社，又或者他們不約而同將改組時間訂於1912年，都足以看出他們志在追求「起源」的優先宣稱（claim for priority）。余萍客曾公開表示，心靈研究會是中國人創立的第一個催眠術社團，也是「中國研究催眠術的起源」[76]。另一頭，精神研究會的成員也每每對外宣傳鮑芳洲是「中國精神治療之始創者」、「中國精神學之鼻祖」[77]，並稱鮑首創「中國第一所精神療病院」[78]。「創始者」、「優先者」的印象營造在此可說是爭奪科學榮譽和商業利益的關鍵工作[79]。由於學會缺乏外部資金的挹注，要維持正常運作必須仰賴民間的小額收入，此時在象徵層次上劃分先驅者跟模仿者，便有助於學會博取名聲和信譽，並進一步兌換為經濟上的好處。

　　「成立最早」的標榜還必須同時搭配「組織之完善」、「內容之確實」，才能發揮更高的號召作用。如先前所介紹，兩個學會採取了相似的部門設置，兼具教學、醫療及出版部門，讓

---

76 余萍客，《催眠術函授講義》，第1卷，頁48-49。

77 鮑芳洲、徐鼎銘，《催眠學家的正則養成》，頁7。

78 參考注59。

79 社會學家莫頓（Robert Merton）早已為我們揭示「優先之爭」（disputes over priority）是科學發展的關鍵動力。在科學制度中，優先權既提供科學家榮譽的酬賞，同時優先權也是必須被捍衛的道德議題。但在催眠學會的案例中，我們會看到這種象徵性的榮譽將進一步兌換成醫療市場的利益。參考：Robert K. Merton, "Priorities in Scientific Discovery: A Chapter in the Sociology of Science" *American Sociological Review*, 22:6（1957）, pp. 635-659.

機構能夠同時發揮招募學員、診治病患、聯絡會務、推廣催眠知識的多元功能，進而擴大催眠術的接收群體。而「內容之確實」則強調師承、講義與教學的完善。鮑芳洲和余萍客都曾跟隨日本催眠術界的主要人物學習，並出版這些人的譯著。如中國心靈研究會曾發行古屋鐵石的著作《古屋氏催眠術》[80]，中國精神研究會也翻譯古屋的《獨習自在自己催眠》[81]。古屋鐵石甚至是精神研究會的「名譽贊助員」。而除了翻譯，他們也擅長於將日文資源有系統地轉化為學會的自製講義，並仿照日本慣用的教材體例：以先介紹歷史、再介紹原理及應用的順序進行編排。有時我們甚至會發現兩個學會的講義內容有高度重疊，例如精神研究會在1917年發行的《催眠學函授講義》，與心靈研究會成員唐心雨在1919年出版的《最新實驗催眠術講義》，很可能皆參考自古屋鐵石的《高等催眠學講義錄》[82]。這兩本書的前半部都在教導催眠術的歷史，其中一曰「催眠術之起原，茫不可知」[83]，另一曰「催眠術之起原，蓋甚遠漠，不易得知」[84]，之後便開始以類似字句闡述從麥斯麥爾的動物磁氣時代，到布雷德氏、夏爾哥、南西學派、比納等人的學說，接著再以相似架構，逐一介紹催眠術的哲學、心理學、生理學原

---

80 北京圖書館編，《民國時期總書目（哲學・心理學）》（北京：書目文獻出版社，1991），頁330。

81 古屋鐵石著，鮑輔洲譯述，《獨習自在自己催眠》（上海：中國精神研究會，1919）。

82 古屋鐵石，《高等催眠學講義錄》，第2卷（東京：東京精神研究會，1912）。

83 鮑芳洲，《催眠學函授講義》（上海：中國精神研究會，1917），頁3。

84 唐心雨，《最新實驗催眠術講義》（上海：心靈協會，1919），頁4。

理。而通學教授的課程安排也不外乎如此，先教授歷史，再講解催眠狀態、催眠與睡眠之關係、精神與肉體之關係、暗示、錯幻覺、千里眼等各種催眠術原理，最後再加入各種催眠方法的實習課程[85]。

在各種醫療方案、機構競相爭鳴的年代，透過這些標榜，兩個學會成功地拓展了市場利基，製造出與江湖郎中及其他傳習所、治療所的區別。至少從訂價模式上，我們便能看到顯著差距：兩個學會附設醫院的收費在當時都不算平價，且高於其他精神治療所。鮑的治療所來診施術收費10元、本埠出診20

圖11 古屋鐵石的《高等催眠學講義錄》。

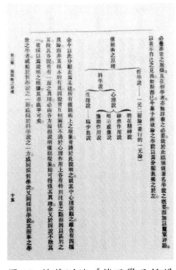

圖12 鮑芳洲的《催眠學函授講義》。

---

85〈神戶總會通學部直接教授科目〉，《精神》，秋號（1917），無頁碼。

元、外埠出診100元[86]。而余的收費則是初次來診8元、第二次6元、第三次後每次5元；初次出診15元、第二次12元、第三次後每次10元；外埠出診旅費另計[87]。學習催眠術的學費更是價格不斐，精神研究會的正會員（含實習）學費100元，函授學費20元[88]。而心靈研究會附設心靈學院的實習學費為50元，函授學費為12元，須一次繳清[89]。對照1920年代一般店職員、技工每月20元收入，經理級30至

圖13　唐心雨的《最新實驗催眠術講義》。

50元收入[90]，即使催眠學會不時祭出學費折扣（如介紹納費者得免其學費、限時入會8折），它們的收費都絕非下層勞動階級所能輕易負擔。這種訴諸中上層消費者的訂價策略，雖然排除了大量底層消費者，卻也造就出跟其他催眠機構之間的區隔。

　　最後，「宗旨之正大」作為一項特色，或許最為抽象，但

---

86 中國精神研究會編，《催眠術》（1917），頁131。

87 〈心靈療養院治療章程〉，《心靈》，25期（1922），頁13-14。

88 中國精神研究會編，《催眠術》（1917），頁4。

89 〈中國心靈研究會附設心靈學院章程〉，《心靈》，26期（1923），頁1-6。

90 黃克武，〈從申報醫藥廣告看民初上海的醫療文化與社會生活〉，《中央研究院近代史研究所集刊》，第17期下冊（1988），頁189-190。

宣傳效果絕不亞於其餘的標榜。要化抽象理念為具體說服，名人背書顯然是一種有效的操作，能夠向大眾宣示正面價值。為此，學會不只邀集醫療界人士，如當時上海著名醫者丁福保、龐京周、顧南群、葛成慧等人，具名替學會背書[91]。更善用政治界、知識界人士的題字來展示上層社會對其經營的肯定，例如中國心靈研究會的會刊曾經刊登孫中山、章太炎、梁啟超、雲南總督唐繼堯、山東教育廳長于沐塵、湖南教育司李劍農等人致贈的墨寶[92]。中國精神研究會也曾刊登于右任、國務總理許世英、淞滬衛生局長等人的親筆題贈，更屢屢將梁啟超的老師康有為書寫之「精神醫鮑芳洲」置於廣告中[93]。鮑芳洲的學生徐鼎銘便回憶道：「尤得康有為氏的親題『精神醫鮑芳洲』金招牌，博得萬流景仰，每見院門如市，長龍排陣，大家都說萬流朝拜，名傳遐邇。」[94]

這些題辭包括「醫心為上醫」、「心生則萬法生」、「超越物理」等，可以說貼切地呼應兩個學會的宗旨：闡發精神科學的價值，挑戰物質科學的權威。中國心靈研究會在1922年的〈宣言〉中寫道：「舉凡世界之物質文明，皆為精神所創造者也。……本會者，則研究一切精神之非物質的現象，發揮廣大之精神界，俾垂弱之中國，舍被動而為主動，棄被造而為創

---

91 鮑芳洲、徐鼎銘，《催眠學家的正則養成》，頁144。

92 《心靈》，30期（1925），圖片頁。

93 鮑芳洲、徐鼎銘，《催眠學家的正則養成》，頁141、153、157。

94 徐鼎銘，〈中國精神學鼻祖——鮑芳洲博士二三事〉，收入鮑芳洲、徐鼎銘，《催眠學家的正則養成》，頁203-204。

造。」[95]而在中國精神研究會的創會宣言中，鮑芳洲則寫道：
「廿一世紀後之世界學術，其將由物質而進於精神矣乎，催眠
術則其嚆矢也。精神凝，必有物質以麗之。物質之粗者可見，
其精者不盡可見。物質聚，必有精神以充之。精神之強者自
主，弱者或不自主。」[96]此二則宣言所傳達的重點，正是精神科
學為未來學術的發展趨勢，而催眠術則為精神科學的根本。既
然物質文明的進化需仰賴精神力量來推動，催眠術便是疲弱的
中國力圖富強、獲得創造性和自主性的一帖良方。宣言作為一
種面向公眾的聲明，充分反映學會意圖塑造的公共意識形態，
透過修辭的運用，精神科學被連結上中國的國族前途。在此正
大的宗旨下，人們彷彿被課予更多義務學習催眠術，而非沉醉
於有形物質的愛好之中。

## 五、催眠學會的政治操作

　　至此，讀者可能會產生一個疑惑：「科學」與「富國強種」
的連結在近代中國已經近乎老生常談，催眠術及精神科學又有
何特殊之處呢？

　　答案可以分為兩部分。其一，精神科學救國的主張並非泛
泛的宣稱，催眠學會的政治修辭若合符節地抓緊了當時官方宣
揚的「心」與「精神」之意識形態。其二，相較於其他科學活
動，學會有迫切的需求正當化、合法化其經營，以求跟犯罪、

---

95〈宣言〉，《心靈》，25期（1922），無頁碼。
96 鮑芳洲、徐鼎銘，《催眠學家的正則養成》，頁127。

顛覆活動劃清界線，這使得它們的主張又多添上一層「支持現有秩序」的意涵。

　　事實上，從許多文章中都能讀出催眠學會宣示忠誠的意圖。舉個簡單但明瞭的例子，倘若我們回頭再檢視一次催眠學會聲稱的創建時間，即能發現政治象徵的蛛絲馬跡——這兩個學會都把民國元年設定為機構改組的里程碑。這很難說是無心的巧合，因為精神研究會甚至將總會遷入上海的時間訂在10月10日國慶日[97]。在《心靈》中，一位名叫學周的作者也強調：「中國心靈研究會與民國同時產生」[98]；另一名叫大觀的作者則更直白地寫道：「五年來之中華民國，五年之中國心靈會，前途閃光，人稱萬歲」[99]。藉由凸顯創建時間點的吻合，學會成員不僅暗示精神科學替中國前途帶來革命性的突破，也寓有學會與國家休戚與共的意味。

　　除了這類象徵性的類比，學會更具體地把精神科學救國的主張對應到當時政治人物提出的政治信條。一篇題為〈救國的妙術！〉的宣傳文章中這麼寫道：「中國這樣的軟弱，都是因為學術不發達；那學術不發達，都是因為精神不統一，意志不堅確。……諸君要想發揮精神，熱忱救國，除非來學精神上的學術，恐怕不能補這個短處。」[100]顯而易見地，「精神不統一」被認為導致了「國家的軟弱」，但這個想法卻不是只有催眠學會這麼認為。在另一篇文章〈精神救國之我見〉中，我們看到

97　鮑芳洲、徐鼎銘，《催眠術獨習》，頁89。

98　學周，〈催眠術是什麼學術〉，《心靈》，30期（1925），頁62。

99　大觀，〈五年來之回顧〉，《心靈》，4期（1916），會說，頁3-4。

100　〈救國的妙術！〉，《心靈》，25期（1922），無頁碼。

更明白的線索，余萍客的主張被拿來與孫中山的思想相提並論：「無論國家之決大謀、定大計，無精神不能有成。……此所以萍客先生有革命先革心之談，而中山偉人仗精神代精兵之說也。」[101]學會宣稱催眠術作為「精神作用的一種技術」，能夠在醫學上「統一精神」、「堅強意志」、「挽救衰弱」，後者正是民國初年許多國民黨政治人物的興趣之所在。

孫中山曾經致贈「革心為本」四字題詞給中國心靈研究會[102]，這多少也顯示出學會的主張與孫中山對「心的改造」、「心理建設」的政治想像有所呼應。孫中山在《孫文學說》中認為，國家的事務是「人群心理之現象」，人心的振靡牽動著政治的隆汙，唯有堅定的心念才能帶來國家成功的建設。「心」在政治改革中的重要性，讓他不禁說出：「心之為用大矣哉！夫心也者，萬事之本源也。」[103]就此而言，催眠學會擁抱的精神凌駕物質的意識形態，在孫中山的思想中得到了保證；而催眠術作為精神作用的一種技術，似乎也找到可以發揮的空間。在一場對軍人的演講裡，孫中山暢談精神教育，他坦言界定「精神」雖是一件困難的事，但精神不同於物質，精神是人成為完全獨立之人的條件。他接著申明，現今物質文明昌盛，但如果「人之精神不能創造，終不得直謂之為人」，而站在救國

---

101 嚴霽青，〈精神救國之我見〉，《心靈》，30期（1925），頁39。

102 孫文，〈為中國心靈研究會題詞：革心為本（一九二二年十月十八日）〉，收入《中山墨寶》編委會編，《中山墨寶（第十卷）》（北京：北京出版社，1996），頁222。

103 孫文，〈建國方略：孫文學說（心理建設）〉，收入秦孝儀編，《國父全集》，第1冊（台北：近代中國出版社，1989〔1919〕），頁352。

的角度，革命若要成功，「精神能力實居其九，物質能力僅得其一」[104]。

有鑑於此，催眠學會除了在醫療市場上向民眾推銷「精神治療」與「精神衛生」，也順應著當下的政治風潮，向國民黨人推銷作為軍警教育的「精神訓練」。「精神」一詞在學會的策略運用下，從醫療的場域跨越到了政治的場域。如果治療與衛生講求的是個人的健康，那麼精神訓練或精神教育的對象便是群眾或集體，目標是保衛社會治安與國家主權，這無非意謂著反轉催眠術擾亂政治穩定的過去汙名。

除了中國心靈研究會在1920年代呼應孫中山之「心理建設」的例子，中國精神研究會如何在1930年代呼應蔣介石思想，也值得一提。從1937年中國精神研究會立案成立大會的紀錄裡，我們清楚地看到學會在醫療優點之外，同樣強調了精神科學之於政治的廣大好處。在大會報告中，報告人一方面介紹「精神治療」以不用藥物的方法醫治精神疾患、改善頑惡性癖；「精神衛生」透過修養精神而達到健康之目的，效果更勝運動與滋養補品。另一方面，他也強調「精神訓練」可以「應用之於群眾方面，並可為集團的訓練」[105]。大會邀請到上海市黨部代表、社會局代表出席，官員致詞時亦表示：「〔催眠術〕可以治療疾病，健全體格，且可在偵查罪犯之案，奏莫大之功效。……發揚光大，其造福於我國家民族者，決非淺鮮。」在

---

104 孫文，〈軍人精神教育〉，收入秦孝儀編，《國父全集》，第3冊（台北：近代中國出版社，1989[1921]），頁283-284。

105 鮑芳洲、徐鼎銘，《催眠學家的正則養成》，頁183-184。

大會最後，中國精神研究會致了一封電文給蔣介石，申明「屬
會除信仰三民主義，服從黨國，擁護我公外，伏祈對於精神科
學，賜予扶持，俾與物質科學有同等之進步。」[106]

回顧1930年代的政治氛圍，精神教育之所以成為有力的
訴求，正因為蔣介石鼓動一場改造人民的「新生活運動」，期
望達到整體社會的軍事化。這場提倡以「禮、義、廉、恥」為
國民精神信條的群眾運動，目的在於讓「全民之精神」能夠
「煥然一新」，進一步完成民族復興的大業[107]。在蔣介石心目
中，軍人、警察、黨員、公務員和教職員的精神修養格外重
要，必須足堪群眾表率[108]。這個自詡為孫中山繼承者的政治強
人，標舉孫中山的話語「國者人之積，人者心之器」，再度復
甦「心」與「精神」的政治重要性[109]。他同時也相信「暗示」
對群眾的力量，包括他提醒政治工作人員必須在起居態度間進
行精神教育，透過暗示去感化受教者[110]；以及在從事政治宣傳
時，必須製造誇張的傳說，讓接收者的「心理能發生暗示作

---

106 鮑芳洲、徐鼎銘，《催眠學家的正則養成》，頁186-188。

107 蔣中正，〈新生活運動發凡〉，收入秦孝儀編，《總統蔣公思想言論總
　　集》，第12卷（台北：中國國民黨黨史委員會，1983［1934］），頁69。

108 蔣中正，〈推行新生活運動的方法〉，收入秦孝儀編，《總統蔣公思想言論
　　總集》，第12卷（台北：中國國民黨黨史委員會，1983［1934］），頁586。

109 蔣中正，〈修養品德為救國之根本〉，收入秦孝儀編，《總統蔣公思想言論
　　總集》，第13卷（台北：中國國民黨黨史委員會，1983［1935］），頁552。

110 蔣中正，〈政治工作人員的責任與今後應有之努力〉，收入秦孝儀編，《總
　　統蔣公思想言論總集》，第11卷（台北：中國國民黨黨史委員會，1983
　　［1933］），頁100。

用」，激起軍民同仇敵愾的決心[111]。

催眠學會順勢搭上這股政治潮流，成功吸引到一批軍人和警察投入。浙江省警官學校、廣東清遠公安局、廣東警政考察團都曾經派人造訪中國精神研究會進行考察研究，觀看學會示範閉目寫字、人體架橋、催眠中的偵探訓練等實驗[112]。廣東省警察訓練所甚至聘請徐鼎銘擔任精神學教官，亦有陸軍司令部軍醫主任聲稱使用精神治療法於病兵身上，深具成效[113]。曾任國民政府特務的毛森回憶到，自己在浙江警校就讀時，便曾有化妝術、催眠術等功課[114]。中國精神研究會更曾經提出過一份〈精神訓練芻議草案〉，建議政府在政治訓練處或教育系之下設立精神訓練科；成立精神訓育編印所製作文字淺顯的講義分發至部隊；成立精神訓感懺悔室，以精神感應法和心理分析法，改造士兵心理，敦促其懺悔向善，成為有紀律精神的新式軍人；以及設置巡迴考察團、慰問團與精神訓練科務會議[115]。除了訓練軍人與警察，學會也宣稱催眠術可用於偵查祕密、審判疑案、感化囚犯、馴養猛獸，甚至透過催眠狀態下集中的精神能力直覺敵方的戰略情報和部署[116]。

---

111 蔣中正，〈政訓工作與普通宣傳之要點〉，收入秦孝儀編，《總統蔣公思想言論總集》，第18卷（台北：中國國民黨黨史委員會，1983[1941]），頁133。

112 〈浙警官學校派員來滬實習催眠術〉，《新聞報》，1933年1月13日，第10版；鮑芳洲、徐鼎銘，《催眠學家的正則養成》，頁125-126。

113 中國精神研究會編，《精神特刊》（上海：中國精神研究會，1936），頁2。

114 毛森，〈往事追憶——毛森回憶錄（一）〉，《傳記文學》，第75卷第2期（1999年8月），頁43。

115 中國精神研究會編，《精神特刊》，頁9。

116 中國精神研究會編，《精神特刊》，頁10-13。

不過，對比於軍警對催眠術的興趣，我們終究難以得知檯面上的重要政治人物們是否也都真心認同催眠術的價值，或只是虛應禮儀。但可以肯定的是，學會的劃界工作確實發揮了若干效果。它們透過強調科學學理、追溯創建歷史、發展多元部門、梳理學術傳承、附和政治思想等策略，跟江湖術士、群眾、密謀犯罪者形成象徵性區隔；並在治療、衛生、訓練的實作分類下，塑造出催眠活動的正當定義，進一步取得政府的許可，達到機構的合法的社會性區隔。界限的形成，不只提供市場利益、政治保護，也讓催眠術的影響力能夠順利向外拓展，不少學會成員習成精神治療後，在外開設自己的醫療機構，如汕頭市神經病院醫務主任張振奮、北平養浩醫院精神科主任楊道真、北平精神病院院長魏鴻聲，都曾是中國精神研究會的會員[117]。而學會自身的規模也不斷地擴大。

## 六、催眠函授中的「商業交易」與「互惠交換」

接下來我們要從市場、政治的劃界工作，轉向關注科學事實生產與流通的邏輯。「劃分」營造出適合學會發展的社會空間，而「運作邏輯」則決定了精神科學在中國的發展動力和實質內涵。簡單來說，以下將看到「商業交易」與「互惠交換」兩種邏輯同時參與建構了催眠術的科學事業。

如前所述，兩個催眠學會的會員人數在20年間大幅成長至近十萬人。雖然我們不能排除這些數字在自我報告中或有誇

---

117 中國精神研究會編，《精神特刊》，頁3。

大的可能，但可以確定的是，在兩個學會因戰事撤離上海前，
它們的規模傲視其餘的催眠機構。在數以萬計的催眠學會會員
中，絕大多數屬於函授學員；所謂「函授」，意指「為遠在外
省外洋不能來院學習而設」的通信課程[118]。報名函授課程的方
式十分簡便，只需填妥入會報名單，載明姓名、年齡、職業、
籍貫、住所，連同學費一併寄至學會，即能收到完整的講義與
學會雜誌。

　　函授教育並非中國催眠學會的獨特發想，日本的各種靈術
研究會也都經常採取通學、通信並行的教授模式[119]，儘管從一
些日本催眠學會的廣告看來，它們似乎更鼓吹學員進行通學學
習[120]。然而，普遍來講，函授教育是東亞近代教育發展的重要
措施，在日本明治末年和大正初年提供經濟困難、地理遠隔而
無法就學的本地、殖民地人民吸收知識、獲得文憑的管道[121]。
民國時期上海的函授教育更是百花齊放，包括胡愈之發起的

---

118 〈中國心靈研究會附設心靈學院章程〉，《心靈》，29期（1924），頁1-4。
119 一柳廣孝，《催眠術の日本近代》（東京：青弓社，2006），頁65、185。
120 例如，東京精神研究會的一則廣告〈精神療法通學會員募集〉，列舉出多
　　項「通學」優於「通信」之處；相較之下，中國的催眠學會則更多強調函
　　授和自學的好處。古屋鐵石，《精神療院長養成講義錄》，第2輯（東京：
　　東京精神研究會，1922），頁127。
121 日本近代函授教育的研究，參考：天野郁夫，〈近代化と講義錄：第一部
　　序にかえて（第一部　講義錄の世界，近代化過程における遠隔教育の初
　　期的形態に関する研究）〉，《研究報告》，第67期（1994），頁6-7；天野
　　郁夫，《学歴の社会史：教育と日本の近代》（東京：新潮社，1992），頁
　　279；陳文松，《殖民統治與「青年」：臺灣總督府的「青年」教化政策》
　　（台北：國立臺灣大學出版中心，2015），頁246。

「上海世界語學會」、丁福保開設的「函授新醫學講習社」、惲鐵樵創辦的「鐵樵函授中醫學校」、商務與中華兩大印書館成立的函授學校，無不吸引大量中國人投入遠距學習[122]。催眠學會的函授教育當可視為此教育發展脈絡下的產物。

　　函授教育擴大了催眠術的推廣幅度，也提升了傳授效率。以中國精神研究會為例，到院學習的通學學員每月僅開授兩班，一班定額20名學生，能進入治療部實習者更僅只5人。反觀函授學習，名額完全不受限制，凡是能夠郵寄投遞教材者皆可以報名，且學費便宜得多。此外，在學習時限上，函授教育容許更多彈性：原本的函授課程設計為每日在家自習1小時，為期6個月，學員定期收到學會寄發的講義；但對於願意每日學習6小時的學員，學院也容許縮短修業期限至1個月，並加倍或一次寄發講義[123]。在修業期滿後，學員必須提出實驗成功的報告——報告的形式與內容在稍後將有更清楚交代——給學會考核，以獲得畢業文憑。而他們也將進一步接受通訊筆試，筆試題目包括詳述不同催眠法的效果及選擇理由、如何避免施

---

122 趙毅衡，《對岸的誘惑：中西文化交流記》（上海：上海人民出版社，2007），頁107-108；劉玄，〈醫學與商業：清末上海函授新醫學講習社研究〉，《南京中醫藥大學學報》，第17卷第3期（2016年9月），頁168-172；李家駒，《商務印書館與近代知識文化的傳播》（香港：香港中文大學出版社，2007），頁31、180-181；喻永慶，《大眾傳媒與教育轉型：〈中華教育界〉與民國時期教育改革》（武漢：華中科技大學出版社，2014），頁181-183；Volker Scheid, *Currents of Tradition in Chinese Medicine, 1626-2006*（Seattle: Eastland Press, 2007), p. 215。

123 中國精神研究會編，《催眠術》（1917），頁3-4。

術失敗等問題[124]。一旦筆試成績獲評為優等，學員將被授予「催眠術得業士」的資格，而成績超眾者更會被授予「催眠醫學士」的稱號，其所寫之實驗報告也會刊登在學會出版物上，並獲得擔任支會幹部、在總會協助下開設催眠治療所或招生傳習的權利。函授學習與購書自習的主要差異在於是否頒發學會畢業證書與享有會員權利[125]。換言之，透過這套制度的運作，象徵界限與社會界限再度得到強化，「得業士」或「醫學士」的資格在象徵層面上標誌出訓練有素的實驗者，並在社會層面上賦予他們特許的權利。

　　透過這個初步的描述，我們可以歸納出催眠函授網絡的基本構成：學會仰賴不斷往返的文書（報名表單、函授教材、實驗報告、學會刊物、畢業證書），連結位於上海的核心機構和中國各省，甚至海外各國的會員。在這個網絡中，知識的生產與流通都不是單向的給予，而是一種互惠與承認的過程。學會提供會員基本的催眠知識和技術指導；會員親身驗證催眠術的功效，擴充催眠術的應用範圍，並撰寫實驗報告回饋給學會公開出版，以換取學會對其資格的承認；這些受承認的會員進而扮演催眠知識的新傳播者，開設支會或治療所招募更多參與者。

　　函授網絡所體現的這種互惠與承認的交換模式，讓人想起法國人類學家牟斯（Marcel Mauss）在其著作《禮物：原始社會中交換的形式與理由》（*The Gift: The Form and Reason for Exchange in Archaic Societies*）中提出的「禮物經濟」概念。牟

---

124〈最優等畢業會員試驗答案〉，《精神》，秋號（1917），頁58-62。
125〈函授研究和購書自修的分別〉，《心靈運動》，44期（1934），頁1。

斯認為，以貨幣為媒介的商品經濟，是一種抽象平等、隨著交易結束而告終的社會關係；相反地，禮物經濟則是一種充滿道德性的集體社會關係，「是集體之間相互強加交換和契約的義務」[126]。唯有在給予、接受與回報的循環中，一種「互惠」（reciprocity）的社會關係才能穩定地確立下來，並體現一個人的「信用」和「榮譽」。往後的科學史家延續牟斯的洞見，進一步指出這種互惠交換邏輯也同樣貫穿在近現代的科學活動中，在研究贊助、期刊發表、資料採集等方面有著重要影響[127]。於形式上，催眠函授教育裡「接受教學、提交報告、換取承認」的互惠迴路，與許多科學家生產知識的程序著實無太大差異；但另一方面，「互惠交換」的邏輯卻面臨牽制，我們無法忽略市場經濟主導了催眠學會會員的前端選擇過程，商業競爭也使得同業之間難以形成一個相互承認的科學社群。

　　比方說在催眠術的市場上，利益的驅力總是令剽竊大行其道，時常可見催眠學會公開指控他人侵占著作出版權或假冒學

---

126 Marcel Mauss, *The Gift: The Form and Reason for Exchange in Archaic Societies* (London and New York: Routledge, 2002), p. 6.

127 例如：Paula Findlen, *Possessing Nature: Museums, Collecting, and Scientific Culture in Early Modern Italy* (Berkeley and Los Angeles: University of California Press, 1994), p. 348; Mario Biagioli, *Galileo, Courtier: The Practice of Science in the Culture of Absolutism* (Chicago: University of Chicago Press, 1994), pp. 38-41; Warren Hagstrom, "Gift Giving as an Organizing Principle in Science," in Barry Barnes and David O. Edge, eds., *Science in Context: Readings in the Sociology of Science* (Cambridge, MA.: MIT Press, 1982), pp. 21-34; 李尚仁，《帝國的醫師：萬巴德與英國熱帶醫學的創建》（台北：允晨文化，2012），頁259-263。

會名義招攬生意。中國心靈研究會曾經檢舉一個名叫黃文石的
男子，在荷屬八打威埠翻印《電鏡催眠法》，並把余萍客的肖
像置換為自己的相片，譴責其仗著「帝國主義殖民政府保護之
下」造成學會損失[128]。為了標榜正版講義的品質，心靈研究會
屢屢強調函授講義內容為會長余萍客所作，在製作上「用最上
等七十磅桃林紙及百磅銅版紙，三十二開，五號鉛字，凡四百
餘頁，排鉛字數三十二萬字，插圖八十餘幅，合訂一鉅冊」[129]。

　　除了檢舉違法的權利侵犯，學會與學會間為了爭奪學員，
也不時攻訐彼此的宣傳、著作或方法，而非承認、肯定彼此在
催眠學發展上的貢獻。這些批評有時指責對手廣告不實：「查
此種種舉動，皆為東京留日某敗類所獨創，以此狡猾之手段而
餌取學者之金錢。」[130]有時控訴對手以低價招攬：「近有毫無實
學之徒，編輯無價值之講義與偽造之器具，四處佈告，大言欺
人。諸有志者，切勿貪其收費之廉而誤入歧途。」[131]有時則順勢
利用民眾對催眠的疑慮，警告民眾醫療市場上有「無恥卑劣自
稱催眠術者」，提醒民眾「如欲免彼輩之所騙，則須撿擇有聲譽
之催眠家，或加入中國心靈研究會，從事研究以闡明學術。」[132]

---

128 〈黃文石侵占著作出版權〉，《心靈文化》，二十周年紀念專號（1931），本
　　會消息，頁8。

129 〈懸賞壹仟圓，儲款於上海商業儲蓄銀行以待！〉，《心靈文化》，二十周
　　年紀念徵求號（1931），無頁碼。

130 〈答會員質問不加入日本催眠術協會事〉，《精神》，秋號（1917），頁70。

131 中國精神研究會編，《催眠術》（1917），頁126。

132 胡耀政，〈假其術而諱其名乃科學之罪人也〉，《心靈》，28期（1924），頁
　　43。

　　大部分情況下，這些攻訐不會透露對手的名稱，而只是形塑一群難以辨認的不肖之徒，以反襯出己方的誠信正直。但有時仍會看到它們以「不能說是沒有」、「只是大多數」等委婉、模稜兩可的修辭，揭露對手的身分：

　　　　在中國心靈研究會興起之後，竟惹起了許多同性質的組織，如在上海有催眠協會、變態心理學會、精神、大精神、神州、神秘、靈理、靈子術會、哲學會、催眠養成所等。其中真能認定目的，把學術的心得來貢獻社會的，不能說是沒有，只是大多數卻靠著幾頁半譯不全、學理互相牴觸、充滿「個人文學」無從索解的講義，和不負責任賣書式的教授，目的只知圖利，不顧到學術，失去信仰，發生進行上的妨礙。[133]

　　另一則中國精神研究會刊登的會員實驗報告也有類似的表示。一位居住在上海西泗涇鎮，名叫曹鳳鳴的學生，分享了他學習催眠術的歷程：

　　　　我學習催眠術的志願已有了四年了。前年向上海〇〇〇〇研究會購買十日成功〇〇〇〇等書籍，自行研究，結果是零，於是對此術遂有懷疑之心。……本年二月間加入本會函授部決心研究，幸會長之鍊修法功效宏大，修行二個月後，精神強大、信念堅固，又因講義完美、方

---

133 余萍客，《催眠術函授講義》，第1卷，頁49-50。

法繁多，今日之成功，乃是本會賜予我的。[134]

　　學會在刊登時，或許基於禮貌，也或許怕惹上指名道姓的毀謗糾紛，將關鍵字句代之以圈圈。但只要是當時對催眠術稍有涉獵者，就理應能輕易猜出這本沒有效果的教材就是指「中國心靈研究會」出版的《十日成功催眠秘書》。

　　雖然曹鳳鳴的這篇實驗報告傳達了對先前學會的不滿，但他也不吝於對現前的學會表達感激之情，並將學習成功視為學會的「賜予」。這短短幾行字間出現的語氣轉折，不啻生動地呈現催眠術教、學雙方的處境：開放的醫療市場因缺乏強而有力的道德約束，使得學會之間傾向貶抑彼此，而大眾也以消費者的角色瀏覽廣告、自由挑選函授學校，並在成效不如預期時，毫不留情地批評教學提供者斂財、缺乏誠信。但一旦情況扭轉，一種新的關係於焉誕生。當學員學習有成，他們就不再只是「商業交易」邏輯下的「醫療市場的消費者」，而是轉換為「互惠交換」邏輯下的「科學事實的生產者」。「賜予」的措辭無疑象徵著禮物式的互惠關係，一種具持久性的道德社會網絡，而非單純的等價交易、互不相欠。此說法在會員報告中相當常見，絲毫不因學會規定「通函虛儀套語一律刪除」而有所影響[135]。以下節錄二封來函：

　　　後來得蒙老師授以精神基本法及氣合法，弟子朝夕勤加

---

134　鮑芳洲、徐鼎銘，《催眠學家的正則養成》，頁115。
135　中國精神研究會編，《催眠術》（1917），頁6。

修練，不久竟將以上諸惡疾一掃而淨，使弟子重獲人生之樂趣，<u>此皆老師之賜也</u>，感德之餘，愧無以報，謹申謝忱。[136]（摘自馬來亞李業留君報告，底線為筆者所加）

陳教授健民先生詳指善導，會員得竟成功而遂初衷，<u>實出先生之賜</u>，轉思上述函授學校之黑幕，令人亦增無限之信仰。[137]（摘自上海華商證券交易所陸寄萍報告，底線為筆者所加）

不過值得注意的是，從「商業交易」到「互惠交換」，從「無效」到「成效」，從「圖利」到「賜予」，都不是一蹴可幾的轉換，而是有賴於若干協商、確認及說服的機制。當人們報名成為學員後，催眠學會便會賦予他們「質疑」的特別權利，讓心存懷疑的學員能夠提出挑戰、要求回應。這項權利甚為關鍵，顯示出學會願意為自身的知識負起責任。在心靈研究會附設心靈學院章程第18條與精神研究會會則第10條中，皆明訂學員的質問自由，凡是「對於斯學術有不明白處，可直接或專函質問本會」[138]。中國心靈研究會表示：「質問為通信教授所必要。有通信教授而不以人質問之權，吾敢謂為詐欺。」[139]為了確認質問人的資格，質問文件要求載明姓名、住所、學員證號。學會甚至保證學員在一星期內回覆質問的解答，亦會在刊

---

136 鮑芳洲、徐鼎銘，《催眠學家的正則養成》，頁192。

137 鮑芳洲、徐鼎銘，《催眠學家的正則養成》，頁94。

138 中國精神研究會編，《催眠術》（1917），頁4。

139 〈新學期開始會員大募集〉，《心靈》，4期（1916），頁52-53。

物上發表有價值的質問，以彌補教材不足。余萍客曾將學員的質問匯集成《催眠學術問答》，共231條，裡頭的內容除了澄清觀念、解釋收費，亦包括「破題兒的實驗該如何準備？」、「得著深催眠的成績很少，要向何處補救？」、「暗示用文言好，還是白話好？」、「對於孕婦的暗示，有影響胎兒嗎？」、「用著催眠治療，應受術幾次方有功效？」等實際應用上的困惑[140]。

　　此外，學員也享有到院參觀施術、免費出席演講會、在雜誌上發表意見的權利[141]。這一套權利義務的規範，確保了學員和學會之間的關係不會因為一開始的學習受挫或實驗失敗而告終；相反地，規範創造出了彈性，將學員在學習過程中所遭遇的失敗和疑惑，轉化為對催眠學術的主動參與，並藉由回應、參觀、見證、聽講的方式強化學員的歸屬感與信任感。一張《心靈》上的實驗講演會照片為我們呈現當時學員集會的景象（圖14）：上百名觀眾聚集在禮堂內，大部分的人在一樓正襟危坐，少數人站在二樓的看台上，他們共同注視著講台前方，台上有一張供被術者躺臥的治療檯，旁邊站著身穿西裝的講師，正講授著催眠實驗的技巧[142]。在這種教學展示的集體氛圍中，有誰還會對親眼目睹的催眠術帶有懷疑，又有誰不會想自己多實驗幾次直到成功？

　　但話說回來，雖然催眠學會在書面上做出學員權利的承

---

140 余萍客，《催眠學術問答》（上海：心靈科學書局，1934），頁14、17、30、42、44。

141 〈中國心靈研究會附設心靈學院章程〉，《心靈》，26期（1923），頁4。

142 〈實驗講演會當日會場之光景〉，《心靈》，4期（1916），圖片頁。

圖14　中國心靈研究會實驗講演會的現場照片。

諾，實際上是否總是貫徹，卻恐怕未必。一名中國心靈研究會
的學員就曾抱怨中國精神研究會對質問置之不理：

> 去秋閱報知上海有○○精神研究會教授催眠術，於是照
> 彼優待條例，繳學費十元報名，入彼函授部研究，頗覺欣
> 然自得。不意其祇寄得拉雜成文之所謂講義兩本，便置諸
> 不理。屢函質問，均不答覆。後再請其寄題試驗，俾領回
> 一紙證書，方不負一場所學，乃又竟置不答，實覺莫名其
> 妙。[143]

---

143 呂震東，〈不因受騙而灰心，明於區別為得計〉，《心靈》，27期（1923），
　　成功鐵證，頁6。

不僅如此，在這個例子裡，我們還看到了「商業交易」邏輯如何牽制「互惠交換」邏輯，危害到事實生產的科學性。這名函授學員雖然學習催眠術失敗了，但作為消費者的他為了讓學費付得不冤枉，還是試圖向學會遞交實驗報告以換取「一紙證書」。儘管他最後沒能如願，但我們終究難以得知有多少人也曾在此心態下寫出他們的報告，實驗的真實性又豈不讓人有所懷疑？

由此看來，催眠學會終究還有不少「信任」的問題等待克服：除了質問、展示等說服手段，還要如何才能夠保證實驗具足夠高的成功率？又要如何讓人相信這些刊登出來的報告所言不虛？

## 七、規範下的人與物

催眠學會面對的信任問題，也是現代科學體制賴以存在的社會基礎。或許我們不得不承認，即使在嚴格的科學中，也仍然無法杜絕誇大或造假[144]。除非我們具有相對應的知識，並且有機會實際檢視科學實作中的每個細節，否則大多數時候我們並無從察覺弊端，而是選擇信任科學體制的規範性力量。催眠

---

144 Robert Bell, *Impure Science: Fraud, Compromise, and Political Influence in Scientific Research*（New York: John Wiley & Sons, 1992）; Marcel C. LaFollette, *Stealing into Print: Fraud, Plagiarism, and Misconduct in Scientific Publishing*（Berkeley and Los Angeles: University of California Press, 1996）; Alexander Kohn, *False Prophets: Fraud and Error in Science and Medicine*（New York: Barnes & Noble Books, 1997）.

學會相較於學院中的科學機構，無可諱言暴露於更多「商業交易」邏輯的影響之下，但這並不代表學會徹底缺乏科學的保護機制以確保真理的生產。以下我將分別從「人」與「物」的角度，探討人格、分類、格式等要素如何規範著催眠學會成員的科學活動，維繫起信任的社會關係。

## （一）施術者的人格

在近代科學知識發展的過程裡，對科學行動者的人格要求一直是個關鍵。17世紀英國現代早期的科學社群相信，具自由行動能力的紳士方能提供可靠的證言，教養（civility）是信任的來源[145]。而19、20世紀歐陸的精神分析師養成，也強調由書籍、科學、哲學、藝術、宗教等「純粹精神」（das rein Geistige）的事物所陶成的教養（Bildung）[146]。科學事實的生產無法脫離科學主體的人性素質，特別是在「人的科學」（human sciences）的領域，往往涉及自我與他者互為主體的關連，科學行動者的人格更加深刻地影響了真理的打造[147]。催眠術作為一門「人的

---

145 科學知識作為一項集體事業，我們無法不依賴於其他人，尤其是在涉及「在他出生以前存在，或他從未見過」的事情時，一個人只好毫無選擇地依靠「其他人的可靠證言……不可能有了解它們的其他手段」。Steven Shapin, *A Social History of Truth: Civility and Science in Seventeenth-Century England*（Chicago: University of Chicago Press, 1994）.

146 Norbert Elias, *The Civilizing Process: Sociogenetic and Psychogenetic Investigations*（Oxford: Blackwell Publishers, 2000）, p. 24; Wen-Ji Wang, "Bildung or the Formation of the Psychoanalyst" *Psychoanalysis and History*, 5:2（2003）, pp. 91-118.

147 關於「人的科學」的討論，見 Michel Foucault, *The Order of Things: An*

科學」，因而無可避免對此有所強調。學會經常對外宣稱，學習催眠術乃是貢獻於「我國學術之進步」，是「醫師、教員與有教養子弟」的責任[148]。唯有學習者擁有良好的素質，方能瞭然催眠術的科學基礎，破除面對奇妙現象時的駭然驚怪，從而以學術的角度從事催眠研究。對「人」的規範性區分，界定出催眠研究者在專業身分上的象徵界限。

　　科學行動者的人格素質一方面跟原來的社會地位有關，另一方面卻涉及後天的養成過程。針對催眠術的研究者，學會提出了「修養」的說法，要求學員培養一套身心整體的自我技術（technology of the self），將個人實踐落實於生活起居。唐心雨在《最新實驗催眠術講義》中，專闢一章講論施術者的修養與鍛鍊[149]。余萍客在教材《十日成功催眠祕書》中也列舉出四項修養工夫——調心法、調息法、調身法、調食法。調心法要求鍛鍊者每日晨起、午間、睡前靜坐20至30分鐘，藉以養成注

---

*Archaeology of the Human Sciences* (London and New York: Routledge, 2002), pp. 385-386. "The human sciences are not, then, an analysis of what man is by nature; but rather an analysis that extends from what man is in his positivity (living, speaking, labouring being) to what enables this same being to know (or seek to know) what life is, in what the essence of labour and its laws consist, and in what way he is able to speak. The human sciences thus occupy the distance that separates (though not without connecting them) biology, economics, and philology from that which gives them possibility in the very being of man. [ … ] In fact, the human sciences are no more within these sciences than they give them interiority by deflecting them towards man's subjectivity."

148 中國精神研究會編，〈中國精神研究會會則〉，《催眠術》（1917），頁1。

149 唐心雨，《最新實驗催眠術講義》（上海：心靈協會，1919），頁10。

意力和自制力；調息法要求在坐臥行走時讓自己的呼氣深長，時常將氣充滿腹下，藉以練成有膽力、有毅力的人；調身法要求行動時保持身體正直、雙眼往前平視，時常勞動使身體活潑，藉以形成雍容大雅的氣概；調食法要求飲食多素少肉，避免因為肉類的不潔淨刺激而汙染了高潔的心性。余萍客聲稱研究者能夠由此鍛鍊出「浩然之氣」般的精神自信力[150]。雖說學會傳授的催眠學理承襲自西方，但這套修養方法卻呈現鮮明的東亞醫療特色，靜坐是其一，而強調飲食調節[151]、腹部鍛鍊[152]，也同樣在中國和日本等地有其重要文化意涵。

　　不過我們不禁想問：為何「修養」會成為形構催眠研究者專業身分的重點，並攸關到精神科學中真理的生產？一個合理的解釋是，因為「修養」是激起被術者「信仰」的關鍵，從而影響施術的成敗。「信仰」在催眠術中被當作是「暗示」的基礎，如一本催眠教科書所言：「信仰與暗示二者，似無分論之必要」[153]；施術者跟被術者之間的信仰關係讓暗示得以發揮作用。針對這點，余萍客曾說道：

---

150 余萍客，《十日成功催眠秘書》（上海：中國心靈研究會，1929），頁76-81。

151 Kwang-chih Chang, "Introduction," in Kwang-chih Chang, ed., *Food in Chinese Culture: Anthropological and Historical Perspectives* (New Haven: Yale University Press, 1977), pp. 1-21.

152 Yu-chuan Wu, "Straighten the Back to Sit: Belly-Cultivation Techniques as 'Modern Health Methods' in Japan, 1900-1945" *Culture, Medicine and Psychiatry*, 40:3 (2016), pp. 450-474.

153 龐靖，《實用催眠術》（上海：中華書局，1922），頁10。

> 構成催眠的元素……一方面要靠著施術者的自信的熱
> 力，一方面要靠著被術人的信仰的熱力。有了這兩重力量
> 的結合，然後施術者與被術者中間就生來一種關係；這種
> 關係，就叫做「默契」。……信仰力雖然是要發生在被術
> 者的方面，然而怎樣能以使他興起信仰，還是憑著施術者
> 絕大的自信力。[154]

　　換言之，一場理想的催眠實驗是由研究者與實驗對象雙方
所共同促成，但最重要的還是研究者憑藉身心修養孕育出的精
神自信力，在關係中引發實驗對象的信仰，繼而使暗示發生效
果，最終確保實驗的成功。

## （二）被術者的分類

　　一方面，學會對研究者的人格素質提出要求，以提升暗示
的成功率。另一方面，學會也對實驗對象的特性予以分類，以
利實驗在可預期、可控制的情況下順利生產出科學事實。分類
的理由在於：被術者能否進入催眠狀態，取決於他的感受性高
低。鮑芳洲在《催眠學函授講義》裡即提醒學習者必須事前經
由問診，評估被術者催眠感受性的高低，以決定恰當的催眠
法。他列舉出數項容易進入催眠狀態的特質，包括女性、10至
15歲的年少者、康強而沉著之人、每夜就寢輒能熟睡者。另
外，智力進步的人、意志強固的人、人格高尚的人，也被認為
易於催眠。反之，精神衰弱與白痴、意志薄弱者往往不具催眠

---

154　余萍客，《十日成功催眠秘書》（上海：中國心靈研究會，1929），頁74。

感受力，原因在於前兩者難以專注，後者缺乏自制力，以致無法抑制意識的聯想作用而進入無念無想狀態[155]。

　　類似的看法也出現在陳爽秋的《催眠術速成法》中，該書認為觀察一個人的智力與人格，能夠鑑別催眠的感受性。智力與人格高尚的被術者能夠在催眠過程中展現「自制」與「信仰的誠懇」；反之，散漫的思想則讓人無法感應暗示[156]。陳爽秋歸納出造成感受性低落的兩大原因。第一種是「先天造就」，特別展現在神經衰弱的病人身上，改善的方法必須從身體著手，操練體格使患者身體恢復健康。第二種原因是「不能用自己的理智神經去控制自我心的滋長」，針對這種意志薄弱之人，陳爽秋提出的辦法是「盡情的理解」和「感化」。他舉了一個案例，一名中山縣照相店的員工不相信催眠的可能，面對這個不具堅定信仰的人，作者屢次「對他作詳善的理解，並告以催眠術確能使人快慰」，經過反覆溝通和一再施術，最終該名店員已能在兩分鐘內進入催眠狀態[157]。

　　由此可見，分類不僅提供篩選被術者的依據，也為實驗的成敗提供合理的解釋；在一些狀況下，分類也提供改善被術者素質的參考。但值得注意的是，「分類」在此卻不是一種人類心智自然而然湧現的純粹認知過程。或許有些人傾向於認為，對實驗對象做出的分類是基於生理狀態所顯現出來的真實，因此具有一定程度的普世性。然而，歷史的對照卻向我們顯示，

---

155 鮑芳洲，《催眠學函授講義》，頁96-97。

156 陳爽秋，《催眠術速成法》（上海：經緯書局，1946），頁17。

157 陳爽秋，《催眠術速成法》，頁21。

文化框架經常模塑不同歷史行動者的分類方式，甚至引導出南轅北轍的結論[158]。19世紀歐洲的催眠術研究者所做的觀察，就與中國的催眠術研究者未盡相同。艾斯戴爾（James Esdaile, 1808-1859）是19世紀蘇格蘭的外科醫師，他在愛丁堡大學取得醫學學位後，前往加爾各答擔任英國東印度公司的助理外科醫師。在印度期間，他嘗試用催眠的方式為病患進行手術麻醉，並發表許多個案報告，堪稱催眠術在外科應用上的先驅者。艾斯戴爾發現，當地印度人接受催眠時的感受性遠遠高於英國人，他對此提出解釋，認為神經系統的低落狀態是讓感受性易於發生的主因：

> 就一般的印度人口來說，他們是孱弱、營養不良的種族，顯著地缺乏神經能量；而疾病更加深了他們身體的自然虛弱。這些理由或許能說明為何他們會輕易折服於催眠師手下。而他們的心理構成同樣有利於施術：我們不需要對抗任何屬於文明人的神經病態激動（morbid irritability of nerves）和急躁心理（mental impatience），這兩者抗拒且抵銷自然的努力。[159]

---

158 關於社會、歷史、文化、實作如何形構、協商「分類」，而這些「分類」又如何影響社會關係與認同，相關討論可參考：Geoffrey C. Bowker and Susan Leigh Star, *Sorting Things Out: Classification and Its Consequences* (Cambridge: MIT Press, 1999).

159 James Esdaile, *Mesmerism in India, and Its Practical Application in Surgery and Medicine* (Hartford: Andrus and Son, 1851), p. 37-38.

艾斯戴爾的醫學理論創造出種族的二元區隔：一方是屬於自然的印度人，另一方是屬於文明的英國人。催眠術被艾斯戴爾形容為是一股來自於母性自然（mother Nature）的力量，而那些「被動服從」（passive obedience）、屬於自然的印度人便比文明的英國人更容易從中獲益[160]。

可以看出，同樣是「易感受性」的分類，在中國的催眠學家筆下，被歸因到意志堅定、品格高尚的人格屬性；在英國催眠學家筆下，則被歸因為被動馴服、原始孱弱的落後特質。這之間的矛盾又該如何理解？我們或許可以歸納出兩個原因。首先，人們的科學觀察與結論往往受限於其所處的社會政治脈絡：作為白人殖民者，種族偏見與不對等的權力關係讓艾斯戴爾傾向於將順利的治療關係詮釋為「被殖民者的服從」；相對地，中國的催眠研究者既深陷於市場競爭，又必須呼應國族主義的號召，這使得他們相當合理地凸顯客戶的「自制力」與「專注力」。其次，不同的科學理論也影響了人們的解讀方式：艾斯戴爾是在當時神經生理學的醫學典範下詮釋感受性，因此著重於種族的體質性差異；而中國催眠師則主要受到心理動力學說的影響，更加強調人格與心理素質的重要性。

## （三）實驗報告

最後，我們要對精神科學事業中最關鍵的物件──實驗報告──進行更多分析。實驗報告是一種客觀化、物質化的書面

---

160 James Esdaile, *Mesmerism in India, and Its Practical Application in Surgery and Medicine*, p. 84.

證據，能夠超越當下在場，克服時間和空間的距離，將編織好
的事實傳遞給他處的讀者。催眠學會成員的實驗報告扮演了兩
項重要功能：第一，它提供了催眠有效性的信念來源，特別是
針對居住在上海、北京、天津等大城市以外地區，無法親身參
與催眠講演會的讀者；第二，它充當了一種範例，供其他讀者
模仿、操演。

　　顯然，學會深知比起自我宣傳，展示會員出具的書面證據
是更具說服力的作法。一份早年由國民政府僑務委員周獻瑞的
報告所製成的傳單，充分凸顯了這層考量，上頭由學會特別注
明：「以其〔周獻瑞〕名譽、信用、資格、地位，保證學者讀
習鮑芳洲先生編著之講義，必能容易成功。」[161]而中國精神研
究會的出版物《催眠術》更用了大半篇幅刊登會員來函，並在
開頭處寫著「論不若證」四個大字[162]。《催眠術》的編輯者為了
要讓證據取信於人，不致使人懷疑有偽，還特別交代了每一位
來函者的來歷，尤其有些更附上官銜以彰顯說詞的可信度。例
如，其中一封來函的標題便下著「請看！湖北水警第一專署長
陸軍少將彭君超衡來函證明本會催眠學函授講義之完善」，並
於文末注明「第二千八百九十九號地方會員　名正肅印」；另
一封來函的標題則為「請看！前駐祕魯正領事官陳君展雲來函
證明學習本會講義之實效」，文末亦注明「第四千六百十號地
方會員住香港德輔道中三一三號　陳尚德上」[163]。林林總總列舉

---

161 鮑芳洲、徐鼎銘，《催眠學家的正則養成》，頁140。

162 中國精神研究會編，《催眠術》（1917），頁8。

163 中國精神研究會編，《催眠術》（1917），頁8-10。

了二十餘則來函後，編輯者彷彿意猶未盡地宣告：「以上證函及告白皆為最近寄來及抄錄中外各報者，其外更有多數尚未刊登，即此亦足以證明本會信用之一斑矣」[164]。

會員來函除了證明函授教材內容「取材精要詳備」、「說理條貫明晰」、「入門容易，成功迅速」，更重要的是呈現實驗的過程與結果，以說明催眠術的具體成效為何。就此而言，格式的規範顯得格外重要。實驗報告的目的不只是凸顯眾多一致的成功結論，還必須讓每一位實驗者的身分能夠被清楚辨認，讓心存懷疑者進一步查核，以證明所言不虛。《催眠術》上寫道：「以上報告皆為的確事實，毫無假借之辭。如其不信，請按報告者之姓名、地址，去函詢問，方知言之不謬也。」[165] 同樣地，《心靈》雜誌上刊登的各則〈成功鐵證〉，也不只附上部門與學號，更附上投稿會員的肖像照，以取信讀者。在部分報告

圖15　《心靈》雜誌上的一份催眠療症實驗報告。

---

164　中國精神研究會編，《催眠術》（1917），頁23。

165　中國精神研究會編，《催眠術》（1917），頁118。

裡，甚至還會載明實驗對象的姓名與職業、見證人的姓名，以及施術的場所。而對於實驗報告的格式要求更隨著學會日後的展示需要，日漸嚴格。中國心靈研究會在1931年發出公告，指出因學員的報告形式參差不齊，不利展覽擺設，規定學員往後必須一律採用學會統一製備的試卷[166]。

　　若對報告稍作整理，不難發現實驗所針對的病症五花八門，包括發冷、頭痛、腰痛、腳痛、胃痛、便祕、腹瀉、失眠、口吃等等。報告者通常會先敘明實驗對象的症狀，再交代自己使用哪一種催眠方法，接著記錄暗示過程中的對話、施術時間和次數，最後則是治療結果[167]。這些實驗報告雖非菁英科學家所寫，但其中的內容仍值得進一步介紹，一則它們是一般大眾主動參與科學的一手紀錄，二則也反映了近代中國醫療文化的若干特色。以下茲舉數例。

**鴉片煙癮的實驗案例**

　　戒除煙癖在中國有深刻的政治文化意涵。在中國近代史脈絡中，鴉片煙經常連結上民族的興亡榮辱，既代表舊社會炫耀

---

166 〈製送畢業考試答案卷〉，《心靈文化》，二十周年紀念專號（1931），本會消息，頁6。

167 歐蔚文，〈癒發冷之催眠〉，《心靈》，4期（1916），頁27；陳德浩，〈痙胃病之催眠〉，《心靈》，4期（1916），頁32-33；曾琦，〈治腳痛之催眠〉，《心靈》，4期（1916），頁34；陳伯平，〈減腦痛之催眠〉，《心靈》，4期（1916），頁36-37；吳浩然，〈立癒頭劇痛腰骨酸痛之實驗報告〉，《心靈》，25期（1922），成功鐵證，頁9-10；姚聖基，〈止他人之泄瀉導自己之便通之實驗報告〉，《心靈》，25期（1922），成功鐵證，頁15；鮑芳洲、徐鼎銘，《催眠學家的正則養成》，頁200。

性消費的惡習，也象徵西方殖民主義強權對中國的迫害，解決
鴉片問題因而被認為攸關國家之振衰起敝[168]。1896年傅蘭雅翻
譯的《治心免病法》是中國最早的一部教導自我催眠的書籍，
這本書原先在美國是為了解決嚴重的酗酒問題，但傅蘭雅卻希
望此書能將「中國之鴉片等危害之物及早去之」[169]。而到了1920
年代，醫藥市場上雖然出現鎮靜催眠劑如奧斯凡尼（Osvanyl）
等藥物被應用於戒癮，解決嗎啡中毒患者的禁斷現象[170]，但不
靠藥物即能奏效的催眠術卻仍深具吸引力，因為它號稱打破
「以藥癮頂煙癮」、讓人無法斷根的惡性循環[171]。

　　住在廣東遂溪的函授部畢業學員羅迺章，於1923年向中
國心靈研究會提交一份報告，描述他幫助27歲塾師林均茂戒
除煙癮的經過。林君於4月18日造訪羅君住所，羅君見友人從
衣囊裡抽出小件煙具，便問道：「君不知吸煙之害乎？」林君
回答：「習慣日深，明知有害，奈何不能自戒耳。」羅君於是
表明願意以催眠術幫助友人戒癮。他先是命友人閉眼，靜心計
算他拍手的次數，再命友人深呼吸20次，確保精神平靜。隨

---

168 相關討論可參考：邱德亮，〈亦毒亦藥與鴉片政權〉，《新史學》，第20卷
　　第3期（2009），頁127-153；Yangwen Zheng, *The Social Life of Opium in
　　China* (Cambridge: Cambridge University Press, 2005); Frank Dikötter, Lars
　　Laaman, and Zhou Xun, *Narcotic Culture: A History of Drugs in China*
　　(London: C. Hurst & Co. Publishers, 2004).

169 烏特亨利著，傅蘭雅譯，《治心免病法》（上海：格致書室，1896），頁1。

170 汪于岡，〈戒煙時應用強力鎮靜催眠新藥奧斯凡尼（Osvanyl）之第一
　　聲〉，《新醫藥觀》，第1卷第8期（1929），頁7。

171 〈免費教授不用藥物心理戒洋煙法〉，《心靈文化》，二十周年紀念專號
　　（1931），本會消息，頁3。

後，他請友人睜開眼睛，坐在南窗下背光的籐軟椅子上。接下來，報告者開始施用「凝視靜止法」，伸出右手食中兩指，置於離友人眼前一尺、比眼高三寸的位置，並以左手輕輕固定友人頭部。他用溫柔但堅定的語氣說道：「請靜觀吾指，切勿他顧。」如此約15分鐘，期間輔以「此時頗覺余語低微」、「身體亦輕浮快樂」等暗示。當友人精神逐漸恍惚之際，他將雙指或遠或近地移動，並不時畫著直徑約五、六寸的圓圈，說道：「其眼漸不能開矣，呼吸亦遲矣，可安睡矣。」又10分鐘過後，羅君一一確認友人已能夠服從他的每一項暗示指令，便對友人說：「君於醒覺後，明日後日乃至永遠，吸煙俱不覺香味矣，甚至聞煙氣而頭暈。」接著喝道：「一二三醒來。」結束這場治療。數日之後，友人林君再度造訪，表示過去數次戒煙未成，但自從接受催眠術後就未再吃煙，深感「斯術之靈妙無匹」[172]。

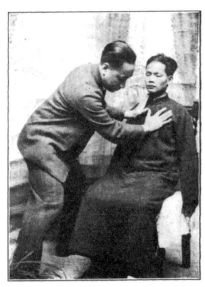

圖16 余萍客示範撫下法的施術圖。

住在南洋石叨的謝天任，也曾經對中國精神研究會做出類似報告。他採

---

172 羅洒章，〈初次試驗立除煙癖〉，《心靈》，27期（1923），成功鐵證，頁16-17。

用的則是「撫下法」[173]，讓友人李君頌在40分鐘內進入催眠狀態，反覆告誡「自今以後對於鴉片非常厭惡」，成功替友人戒除八年煙癮[174]。

## 遺精的實驗案例

遺精作為催眠治療的適應症，很可能是傳入東亞後才發展出來的[175]。誠如馮客（Frank Dikötter）所言：「1920年代以來對病態洩出的恐懼，也就是所謂的『遺精』（spermatorrhoea），應該是共和中國時期關於性的醫學文獻中，最反覆縈繞的主題。」[176]夏互輝（Hugh Shapiro）亦指出，遺精的恐懼可以追溯到傳統醫療對腎經、精氣與生命力之間的連結。而民國初年，由於政治與經濟動盪，加上市場利益的驅動，遺精被塑造成為時代的病症，反映國人對男子氣概缺乏、勞動力耗損的焦慮[177]。從當時的醫藥廣告，可以看到諸如艾羅補腦汁、攝生靈

---

173 「撫下法」分為「正面撫下」、「體側撫下」兩種，前者由施術者將雙手輕觸受術者面部，並順撫至胸、腹、股、膝、脛、足，後者則從顱頂分左右下撫至耳後、肩、手臂。過程中，施術者的雙手發出微微震動，使受術者有弱電感，並同時反覆說出誘眠的暗示話語。見余萍客，《電鏡催眠法》，第7圖至第13圖。

174 中國精神研究會編，《催眠術》（1917），頁36-37。

175 日本催眠學家亦會應用催眠於生殖器病，可參考：古屋鐵石，《男女生殖器病獨療法》（東京：東京精神研究會，1919）。

176 Frank Dikötter, *Sex, Culture, and Modernity in China* (Honolulu: University of Hawai'i Press, 1995), p. 167.

177 Hugh Shapiro, "The Puzzle of Spermatorrhea in Republican China" *Positions: Asia Critique*, 18:3 (1998), pp. 551-595.

（Spermin）、壽爾康（Helcone）與其他各式荷爾蒙萃取物，宣稱能夠補腦、補腎，治療遺精。不少有遺精困擾的民眾也會在使用藥物之外，求助於精神治療。

以在天津法租界開設精神治療所的留德醫師富健康為例，他曾在《晶報》開闢「醫藥顧問欄」，回應讀者諸多性方面（包含遺精、不舉、早洩、陰萎等）困擾，並教導他們運用精神治療方法自我修練[178]。此外，催眠學會的求治者也不乏遺精病人，例如居住北京東城蘇州胡同的黃保新，曾去函中國精神研究會表示自己「患夢遺已逾十年，骨瘦如柴，將成癆瘵，延醫服藥終無效果」，所幸得到地方巡遊教授團助教邱霞影以催眠術先後施治三次，「至今月餘，未見復發，漸覺身健神爽，四肢活潑」[179]。

藥物治療通常都預設了一套遺精的病因學解釋，有些援用中醫理論，有些則偏向西醫的見解。但顯然催眠術的提倡者並不打算對原因有太多著墨，對他們而言，催眠術的學術價值來自它的療效可以被驗證。換言之，他們所宣稱的科學性來自「干預世界」（intervening in the world），而非「表徵世界」（representing the world）[180]。也因此，在實驗報告中，我們經常

---

178 富健康，《精神感應治療法》，頁39-50。

179 中國精神研究會編，《催眠術》（1917），頁16。

180 這個說法借用自 Sean Hsiang-lin Lei, *Neither Donkey nor Horse: Medicine in the Struggle over China's Modernity* (Chicago: University of Chicago Press, 2014), p. 268. 而更早關於「干預」與「表徵」的討論可以回溯至 Ian Hacking, *Representing and Intervening: Introductory Topics in the Philosophy of Natural Science* (Cambridge: Cambridge University Press, 1983)。

能看見不同醫學典範下的詞彙一同成為暗示的內容。天津河北軍醫學校的中國精神研究會函授學員余斯清，發表一篇治療遺精的報告。他表示友人張道剛「因患遺精，神氣疲憊，步履維艱」，於是他以「算息法」及「望眼法」誘導被術者進入催眠狀態[181]，對其暗示道：「君之腎關甚好」、「精囊及輸精管作用健全」。前後總共施術二次，「其疾全治」[182]。在這個案例中，中醫的「腎關」與西醫的「精囊」、「輸精管」在暗示中並存，毫不影響治療的效力。

　　中國心靈研究會的報告也頗類似。天津的王慶春在道生書局內幫董驤漢治療遺精，由鄭鶴軒擔任見證人。王君暗示曰：「君之遺精，係由於兩腎暖氣不足、精關不固之所致。」他接著撫摩被術者腰腎二、三回，表示：「腰腎之暖氣即非常充足，精管亦非常之堅固，遺精病從此痊癒矣」[183]。

**移民者的實驗案例**

　　19世紀下半葉開始，中國由於自身的內部因素與外部工業化國家的勞動力需求，出現大規模的人口遷移現象。除了過去已常發生的國內移民，愈來愈多下層人民前往東南亞成為介於殖民者與本地人之間的中間者，或至美洲、紐、澳等移居社會

---

181 「算息法」為令被術者計算呼吸次數而凝集注意力的催眠方法。「望眼法」可能是指「望看催眠法」，即讓被術者處於背光位置並注視某一物體，再輔以暗示而達到催眠。見鮑芳洲，《催眠學函授講義》，頁126-130。

182 中國精神研究會編，《催眠術》（1917），頁34。

183 王慶春，〈遺精症喘咳症立刻治癒之實驗報告〉，《心靈》，25期（1922），成功鐵證，頁10-11。

（settler societies）從事勞力工作或經營小本生意[184]。許多催眠學會的函授學員是海外華人，他們散居於加拿大、墨西哥、菲律賓、馬來亞、新加坡、印尼等地。地理上的分隔帶來離散華人的原鄉思念，而催眠術成了人們克服空間距離的一種方法。

例如一名旅居墨西哥的函授學員鍾仁心，見到友人甄耀南思鄉甚篤，心心念念想回到台山新昌省親，無奈生意糾纏未能動身。於是，鍾仁心便建議友人嘗試催眠術以解思鄉之苦。他命友人臥於床上，以「靜止凝視法」施行催眠，並暗示友人有「火車在此，爾可上車」。在催眠狀態下，友人先是乘車抵達紐約，再轉乘輪船抵達香港，最後於新昌上岸。返鄉情境下的友人「忽現揚揚得意之色」，卻又看見老母病在床上，心急之下「忽放聲大哭」。整段身歷其境的旅程歷時約一刻鐘[185]。

另外也有一種名為「隔地催眠」的施術手法，號稱能在分隔兩地的情況下進行實驗。施術者會在術前寄一封信給被術者，約定某月某日某時開始施術，時間一到，被術者遵照要求仰臥於床上，深呼吸並計算息數。倘若過程順利，感受性高的被術者將受到信函內容暗示，產生預期作用，開始行自我催眠進入催眠狀態[186]。一名移居熱河的地方會員果彥倫，就發表過一篇實驗報告，表示自己成功利用此法催眠位於三百里外家鄉的老母。其母親罹患左半身不遂15年，但在接受隔地催眠治

184 相關研究參考：Philip A. Kuhn, *Chinese Among Others: Emigration in Modern Times*（Lanham, MD: Rowman & Littlefield, 2008）。

185 鍾仁心，〈萬里省親暨壽瘡醫治之實驗報告〉，《心靈》，25期（1922），成功鐵證，頁8-9。

186 鮑芳洲，《催眠學函授講義》，頁163。

療後，回函表示自己歷經連續四日療程，不僅恢復正常步履，左手亦能開始照常做事[187]。

## 八、小結

本章以「中國心靈研究會」和「中國精神研究會」這兩個規模最大、成立最早的催眠學會為主要研究對象，探討大眾科學中具組織性、主動性的科學參與形式，並試圖回答幾個過去未被妥善探討的問題：究竟催眠學會透過哪些劃界工作和事實生產方式，正當化、合法化它們的科學事業？又是什麼樣的原因讓它們的科學性仍有所限制？而它們又透過哪些規範性的要求試圖克服這些限制？

我首先主張，論者應該將催眠學會的宣稱和實作放回20世紀初的科學文化中予以考察。一方面，它們是近代中國自組學會與函授教育潮流下的產物；另一方面，它們也與同時代西方心理科學的開拓者分享類似的宏大企圖。不過我們也發現，由於催眠學會缺乏政府、大學或基金會資金的挹注，且催眠術又背負了動亂、犯罪的汙名，使得學會必須從事劃界工作，以學術之名確保市場與政治上的利基。在市場經營的面向上，學會透過對「學理」的強調，建立它們與迷信、跟風群眾之間的區別；「創始者」的宣稱也幫助它們鞏固跟其他後進機構之間的差異。此外，包括在價格設定、部門設置、教材內容、宗旨訴求上，也都能看出學會形塑專業形象的企圖。而在政治操作

---

[187] 中國精神研究會編，《催眠術》（1917），頁50-51。

的面向上，學會則試圖讓精神科學救國的主張迎合不同時期政治人物提出的信條。例如中國心靈研究會在1920年代呼應孫中山的「心理建設」，中國精神研究會在1930年代呼應蔣介石在新生活運動中的「精神教育」，而這樣的宣傳也成功吸引到了基層軍警投入學習。這些策略創造出學會活動與犯罪活動之間的分界，確保了催眠術在社會中的正當性、合法性。

我進一步指出，兩個催眠學會在20年間擴張至近十萬會員的規模，除了社會條件的支持，也與科學事實的生產方式密切相關。學會會員大多是函授學員，催眠函授教育則是一個混合「商業交易」與「互惠交換」邏輯的流通網絡。利益的驅力讓不同學會之間難以彼此認可、相互合作，而學員亦如同消費者般在醫療市場上自由地跟學會進行交易，並在成效不如預期時批評學會。不過，學會的權利義務規範卻也創造出從「無效」到「成效」的緩衝空間，透過質問、參觀、聽講等方式強化學會與學員之間的信任關係。一旦學員有所收穫，他們便開始進入互惠交換的過程，透過遞交實驗報告換取學會對其資格的承認，並取得擔任支會幹部、開設治療所的權利，成為新的招募者。但也由於催眠科學事實的生產無法完全抽離商業交易邏輯，使得催眠學會的科學性面臨重大限制：一來，學會可能為了招攬生意，進行誇大宣傳與負面攻擊；二來，學員即使毫無所獲，也可能為了換取資格，編造實驗成果。

但我也認為，即使商業交易邏輯威脅了事實生產的科學性，學會依然具有一系列規範性要求來維繫信任關係。一方面，學會對「人」進行了界定，主張理想的實驗者應該具備「修養」，以此促進暗示發揮效力。它們亦對實驗對象進行分

類，區分催眠感受性的高低，並要求實驗者必須事前做好評估。這些規範的目的都在於確保適當的結果能在預期中出現。另一方面，學會也對「物」進行規定，要求學員以統一的格式撰寫實驗報告，並附上可供追查、對質的個人資訊。如此一來，一則學員（尤其是有官銜者）的現身說法削減了誇大宣傳的疑慮；二則報告人（或包含實驗對象、見證人）資訊的揭露也強化了實驗報告並非空穴來風的印象。

　　回到「大眾科學」這個一開始的大主題。從本章的描述裡，我們無疑看到了非科學菁英的歷史行動者在科學活動中的能動性，催眠學會的成員鬆動了菁英／大眾二元結構下通俗化知識接收者的刻板身分，涉入了知識的交流與生產過程。不同於舒喜樂對共產中國的觀察[188]，「自上而下的科學傳播」和「自下而上的大眾參與」在民國時期未必有意識形態上的明顯衝突。催眠學會統合了大眾科學的兩個重要面向：催眠專家既傳播知識也組織大眾，而大眾既學習知識也參與創造科學事實，並擔綱後續的組織者。它們在商業中做科學，它們與政治結盟卻不受政治動員。

　　當然，將「大眾參與」放在催眠術的整體發展史中，在19世紀中期的歐洲（特別是英國），早已有工人階級組織顱相學、催眠術研討班的先例[189]。但設有診療所的催眠學會在當時

---

188 Sigrid Schmalzer, *The People's Peking Man: Popular Science and Human Identity in Twentieth-Century China*（Chicago: University of Chicago Press, 2008）, p. 135.

189 Roger Cooter, *The Cultural Meaning of Popular Science: Phrenology and the Organization of Consent in Nineteenth-Century Britain*, p. 159.

卻幾乎仍是由科學菁英與富裕的慈善家組成，並與工人階級活動相區隔；而學會的實驗報告也大多出自診療所的受僱醫師之手，記錄饒富戲劇性的治療個案[190]。反觀民初中國，雖然底層人民仍幾乎被排除於這類科學活動之外，但當時已有為女性設置的專門課程，催眠函授教育也大幅降低一般大眾的進入門檻，使得學會的組成沒有太過壁壘分明的性別、階級和地域色彩，成員橫跨了官員、醫師、學生、教師、警察、軍人、商人、受僱職員和海外華僑等，此異質的成員組成毋寧揭示了一種更為開放、不因身分而受限的大眾科學圖像。同時，非菁英行動者也被賦予了更加積極的角色，透過撰寫實驗報告，主動參與學會對科學事實網絡的建構。這些實驗報告看似不起眼，缺乏細密描繪與重大發現，彷彿充其量只是聊備一格的個案（cases），但它們卻成為在中國打造精神科學事業的一磚一瓦，徐鼎銘後來甚至將經手過的實驗案例彙集成冊，出版《徐氏超心理醫案》一書[191]。這不啻反映了相當特殊的科學史意

---

190 Alison Winter, *Mesmerized: Powers of Mind in Victorian Britain* (Chicago: University of Chicago Press, 1998), p. 156.

191 作者在自序中提到：「鼎銘幼時，愛聽　先祖父儒醫徐及鋒公講葉天士醫案奇事。」、「本人積數十年之超心理醫療案例，尤為眾多，……所治各病群中，積累驗案，從大量治癒病例中，抽樣地選出貳百參拾陸個案例，整理成帙，定名為『徐氏超心理醫案』」。顯然催眠學會在彙集實驗案例時，是有中醫的醫案傳統作為參照的。見徐鼎銘，《徐氏超心理醫案》（台北：中國精神學研究所，1993），頁30-31。關於中醫與「個案式的論證風格」間的討論，可參考：Charlotte Furth, Judith T. Zeitlin, and Ping-chen Hsiung, eds., *Thinking with Cases: Specialist Knowledge in Chinese Cultural History* (Honolulu: University of Hawai'i Press, 2007).

義，無法直接套用典型的科學史分類架構，值得我對此再略說
一二。

　　要知道，「實驗」與「個案」在西方科學史家的分類底下，
往往代表了兩種獨特的科學論證風格（styles of reasoning），指
涉到不同類型科學的推理、運作模式[192]。「實驗」（Experiment）
作為一種論證風格，通常與使用儀器相關，普遍存在於實驗物
理學、化學、生理學等學科。科學家透過實驗，製造在自然狀
態下無法產生的事件；也透過實驗控制各種條件，進行分析與
精準的測量，並驗證假說。19世紀後期以來，實驗更代表了新
事物的合成與創造[193]。另一方面，「個案」（Cases）作為另一種
論證風格，則在19世紀後期扮演精神分析、法律和醫學教育
之專業知識的建構基礎，也是重要的教學工具（pedagogic
tool）。個案式思考要求操作者針對經典個案（如佛洛伊德的案

---

192 科學哲學家海金（Ian Hacking）認為：科學不只有一種，科學是複數的。
　　不同的論證風格會帶來不同的客觀性標準，區別出一群新的認識客體，並
　　在風格之中形成真理的「自我確證」（self-authenticating）。海金借用科學
　　史家克隆比（A. C. Crombie）的研究，指出科學至少有六種論證風格：公
　　理性數學科學的假定和演繹、實驗探勘與測量各種可偵測關係、透過類比
　　進行假設性模型建構、比較和分類法、群體的統計分析、遺傳發展的歷史
　　推衍。而佛瑞斯特（John Forrester）則延續海金和克隆比的主張，提出
　　「個案」作為另一種論證風格的研究提議。相關討論見Ian Hacking, "The
　　Disunities of the Sciences," in Peter Galison and David J. Stump, eds., *The
　　Disunities of the Sciences: Boundaries, Contexts, and Power* (Stanford:
　　Stanford University Press, 1996), pp. 37-74; John Forrester, *Thinking in Cases*
　　(Cambridge: Polity Press, 2017).

193 John Pickstone, *Ways of Knowing: A New History of Science, Technology and
　　Medicine* (Chicago: University of Chicago Press, 2001), pp. 135-161.

例分析）進行深入研討，進而用來推論、應用至其他具體個案[194]。就好比科學哲學家孔恩（Thomas Kuhn）所言的「範例」（examplars），讓科學學習者藉由操作之，在專業教育的各階段直覺地掌握科學典範的規則[195]。

　　或許我們可以如此宣稱：「催眠實驗案例」的生產，是徘徊在這兩種論證風格間的科學建構之道，具有拼湊的特質而無法被既有分類所完全收納。雖說是「實驗」，卻缺乏精準測量與分析，也沒有明確的假說；雖說是「個案」，卻未如精神分析式的個案報告依賴於「父親的權威作為方法」（la méthode de l'autorité du père）[196]，環繞單一的書寫中心，並接受逐句解析、精讀。但這何嘗不是近代中國大眾科學的一大特色呢？

　　「實驗」在20世紀初的中國可說是知識人最琅琅上口的詞彙之一。從幾本辭典的翻譯來看，它在當時不僅代表Experiment，也有Practical（實際的）、Application（應用）、Proof（證明）、Expert（經驗老道的）等意思[197]。知識界領袖胡適（1891-1962）提倡著名的「實驗主義」，指出實驗的態度便是將「真理」視為「應用的假設」，其真偽「全靠他能不能發生他所應該發生

---

194 John Forrester, *Thinking in Cases*, pp. 1-24.

195 孔恩（Thomas Kuhn）著，程樹德、傅大為、王道還、錢永祥譯，《科學革命的結構》（台北：遠流，1994），頁95-96、246。

196 Ian Hacking, "La stabilité des styles de pensée scientifique," Paper presented at the course titled "Raison et Véracité: Les Choses, les Gens, la Raison," Collège de France, May 9, 2006, p. 4.

197 顏惠慶主編，《英華大辭典》（上海：商務印書館，1908），頁91、1728、1772；商務印書館編譯所編，《商務印書館英華新字典》（上海：商務印書館，1913），頁188。

的效果」[198]。中國科學社創辦人任鴻雋（1886-1961）則主張：「今之科學，固不能廢推理，而大要本之實驗，有實驗而後有正確智識，而後有真正學術。」[199]而「實驗」甚至被提升到回應「人生問題」的層次。就讀廣東高師的禤參化在《學生雜誌》發表文章，認為實驗主義的人生觀即是「求實際經驗的成效」，而非「競尚新奇誕漫的思想」[200]。名僧釋善因在佛教刊物《海潮音》中，也將「事實上經驗界所獲」的「實驗的人生觀」對比於「理論的」人生觀[201]。總的來說，「實驗」的概念在當時與「成效」、「實際經驗」、「試誤」相關，有著反對理論或思想先行的意涵。由是觀之，催眠學會所鼓吹的實驗，如前面「遺精的實驗案例」一節所述，著重強調療效可被驗證，而非在學理上提出病因學解釋，可說真切地反映了這種普遍流行的實驗論述。「實驗」不必然得在實驗室中操作儀器、進行精確測量；光是要求大眾拋開盲從與口號，去親身經驗、反覆應用、加以證明，這本身在當時即具有科學啟蒙的意味了。

至於在「個案」的意義上，不同於精神分析著名的創始者的五篇個案研究[202]，催眠學會的報告很難找到能夠比擬的經典

---

198 胡適，〈實驗主義〉，《新青年》，第6卷第4期（1919），頁344。

199 任鴻雋，〈吾國學術思想之未來〉，《科學》，第2卷第12期（1916），頁1295。

200 禤參化，〈基於實驗主義之青年的人生觀〉，《學生雜誌》，第11卷第3期（1924），頁45。

201 笠居眾生，〈實驗的人生觀〉，《海潮音》，第2卷第1期（1921），頁5-10。

202 即佛洛伊德的朵拉（Dora, 1900）、小漢斯（Little Hans, 1909）、鼠人（Rat Man, 1909）、史瑞伯（Schreber, 1911）、狼人（Wolf Man, 1918）。

案例，絕大多數都是分散式地由各實驗者執筆，回報他們多
方嘗試的成果。這些嘗試有時反覆印證既有病症的療效，有
時則開拓出一般較少被提及的適應症，如各式外病（潰瘡、
腫塊等）[203]。但與其說意圖要歸納出一組通則，這些個案報告更
像是一個又一個的應用實例，扮演引導功能、傳達實作知識
（practical wisdom），與學會發行的教材相輔相成，提供催眠學
習者施術的參考，將前人的經驗應用到自己的實驗。尤其在一
些詳盡的個案報告中，施術當下的環境布置、施術者與受術者
的對話、每一個步驟的操作流程和持續時間都被記錄了下來，
形成其他新進者得以借鑑、模仿的資源。可以說在近代中國，
民間的動力精神科學反而是透過這種「去中心化」的個案閱
讀，達到擴展實作網絡的目標。

　　合而觀之，在既偏離又結合「實驗」與「個案」兩種典型
論證風格的情境下，大眾透過操作催眠實驗、撰寫個案報告，
醞釀出新的主體經驗。對施術的一方而言，實驗報告要求制式
的書寫格式，撰寫者在書寫的過程中有紀律地融入一個科學群
體，學習遵循規則，繼而被規訓為科學活動的主體。從控制實
驗環境、評估實驗對象、選定實驗方法，到最後遞交出一份公
開的證據，這可能是許多常民第一次被捲入集體事實生產的現
代科學體系。對被術的一方而言，其中的許多人無疑正經歷著
現代性的受苦經驗，不論是煙癮、遺精或移民者的處境，都在
社會轉型的象徵意義下加劇了個人的煎熬。催眠實驗為他們帶
來了過去所未聞的無意識歷程，在入神狀態下，被術者體現為

---

203　中國精神研究會編，《催眠術》（1917），頁77-81。

具心理深度的主體，並逐漸從惡癖痼疾纏身的東亞病夫，蛻變
為符合時代所需的新人。

第四章

# 心理知識的分化
## 催眠學會、靈學會與學院心理學

## 一、前言

從日常生活中大眾對催眠術的好奇與恐懼，到民間自組學會從事催眠術活動，一幅近代中國的大眾科學圖像已大致勾勒出來。而如今引發我們進一步思索的，是如何從更大的心理知識發展脈絡釐清「大眾科學」與「學院科學」之間的動態關係。在思維的慣性上，我們經常傾向將「大眾科學」視為派生自「學院科學」的次級科學活動，是菁英知識「普及化」（popularized）後的通俗版本。換言之，人們會說：「學院科學」影響了「大眾科學」的形貌。然而，本章將提出一個倒轉的論題，試圖回答：「大眾科學」如何影響了「學院科學」的樣態？「大眾科學」和「學院科學」如何從早期未分的狀態中分化，並成為建構彼此差異的他者？本章關注 19 世紀末、20 世紀初中國的心理知識的分化問題，催眠術在此好比一枚透鏡，折射出學院與民間的不同知識立場與科學觀點。而折射的交界面，則是一個深具爭議的主題——靈學。

要為「靈學」這一概念給予明確的定義，是一項極為困難的工作。許多人將這個詞彙當成 "psychical research" 的對譯詞，根據牛津英語辭典的定義，它意指「對超正常（paranormal），尤其是超心理學（parapsychological）現象的研究或調查」[1]。然而，這種翻譯上的直接對應卻忽略了概念與實作在跨文化轉譯過程中的曲折。在晚清及民初，「靈學」一詞不只被拿來翻譯

---

1 "Psychical, adj.," OED Online, Oxford University Press, http://www.oed.com/view/Entry/153858（accessed April 11, 2018）

"psychical research"；在更早的時期，它也是 "mental philosophy" 的對譯詞，例如晚清的一本佚名出版物《靈學略論》即以「靈學」來翻譯 "mental philosophy"[2]。此外，「靈學」又經常與「精神學」、「靈魂學」、「心靈學」等詞彙彼此混雜交互使用，特別是「心靈學」一詞更頻繁作為 "mental philosophy" 和 "psychology" 的譯詞，其中包括顏永京（1838-1898）翻譯海文（Joseph Haven）的《心靈學》（*Mental Philosophy: Including the Intellect, Sensibilities, and Will*）[3]，以及顏惠慶《英華大辭典》中將「心靈學的」與「靈魂論的」、「心理學的」並列為 "psychological" 的對應中文詞彙[4]。

　　詞彙的多重指涉與概念的歧義說明了靈學歷史的複雜性，語言的選擇具體而微地顯示了不同歷史行動者在知識與實作上的立場差異。在一本以催眠術為主題的著作中，處理靈學的議題是一個無法迴避的選項。從18世紀的歐洲，到19世紀末、20世紀初的中國，催眠術、靈學與心理學不斷處於交互影響、共同演化的狀態，催眠現象為靈魂論（spiritualism）和變態心理學（abnormal psychology）提供重要的經驗根據和研究條件；若欲了解其中一者，便不能忽視它與其他二者之間的親近／對抗關係。尤其在近代中國，不論在知識層面或社會層面皆

---

2　佚名，《靈學略論》，年代不詳。這本著作可從澳大利亞國家圖書館的數位化館藏中取得：http://nla.gov.au/nla.obj-46610057。

3　原書由美國阿墨斯特學院（Amherst College）的「心智與道德哲學」（Intellectual and Moral Philosophy）教授海文（1816-1874）寫於1857年，由顏永京於1889年譯出。

4　顏惠慶主編，《英華大辭典》（上海：商務印書館，1908），頁1788。

面臨劇烈轉型，發展科學儼然是救亡圖存的關鍵理念；在此脈
絡下，科學的功能與界限成為眾人爭執的焦點，催眠術、靈學
與心理學三者之間的依附、張力及其動態發展樣貌，不啻反映
出不同科學觀點間的衝突，以及在學科專業化過程中發生的分
化與排除。

　　本章的重點即希望釐清環繞著靈學研究而來的各種路線選
擇與爭議，並藉此刻畫心理知識在近代中國的分化軌跡。在行
文安排上，我首先將介紹催眠學會的靈學觀點，這群精神科學
研究者試圖建立統合催眠術與靈學的解釋架構，有人採取生機
論的語言，也有人採取機械論的進路。他們建構精神科學的同
時，也批判「普通人」對靈學的迷信認知。其次，我將比較催
眠學會與其他民間學會在靈學研究立場上的差異，透過對照
「上海靈學會」這個經典個案，呈現「扶乩」與「催眠」的方
法之爭及其所涉及的科學／宗教意涵。接著，我將回溯心理知
識發展的歷史脈絡，考察催眠術、靈學、心理學三者關係的歷
時性變遷。1890年代的早期心靈學書籍除了向中國讀者傳播催
眠術及無意識等心理知識，也同時挾帶了大腦、靈魂、鬼神等
觀念，催眠術、靈學和心理學三者在當時並未有明確隔閡。要
到了1910年代以後，隨著實驗心理學在學院中興起，心理知
識的領域才開始產生激烈分化。最後，我將參照在思想史上有
著深刻意義的「科玄論戰」，探討「精神」與「科學」二者在
近代中國的緊張關係，並藉此烘托出催眠學會的「精神科學」
主張在知識史中的特殊位置。

## 二、催眠學會的靈學主張：「生機論」與「機械論」的思維

如果想要了解催眠學會到底意圖研究哪些靈學內容，或許再也沒有其他人講得比中國心靈研究會的創辦人余萍客更清楚了。他曾經做出如下歸類：（一）心理方面：研究潛在意識、二重人格、暗示、變態心理；（二）精神系方面：癲狂、痴呆、神狐鬼祟；（三）疾病方面：癲癇與離奇怪症；（四）靈能方面：千里眼、透視、讀心術等；（五）身體方面：肉體生死、靈魂存在、睡眠夢象等[5]。這五個方面大致囊括了催眠學會所關注的靈學課題。從機構出版物所收錄的內容不難察覺，學會不僅呼籲會員撰寫催眠治療的實驗報告，也鼓勵他們從事靈學的探討，其中以千里眼、預知、透視、念動、念寫、皮膚感識、思想傳遞等實驗最為廣泛施作。

靈學實驗的報告格式基本上比照治療報告，附有實驗者的資訊，有時亦附上見證者的姓名。舉例來說，浙江寧波的袁叔基發表了一篇〈透視物體之實驗報告〉，他催眠15歲中學生蔡仁俊，暗示道：「今君之手能見物，與眼無異。」接著命蔡仁俊以手觸摸他腕上的錶面，而蔡仁俊在閉目催眠狀態下，成功用手讀出正確的時間[6]。另一名新加坡南進公司的周獻瑞，則報告自己催眠27歲青年王三輝，讓他連續數次成功讀出置於火

---

5　余萍客，〈今日的靈魂地位〉，《心靈文化》，二十周年紀念專號（1931），頁112。

6　袁叔基，〈透視物體之實驗報告〉，《心靈》，25期（1922），成功鐵證，頁14。

柴盒和鐵盒內的字。對此，王三輝解釋自己在催眠狀態下隱約看到盒上浮出銅絲般的字跡[7]。

　　從上述兩份報告可以發現，催眠術無疑是學會從事靈學研究相當關鍵的實驗方法。如同余萍客在一場演說中提到的：「提倡心靈學的第一步工作，應先從研究催眠術入手。……學習了催眠術後，自己的精神堅固，即使看見了什麼神鬼現象，也不當是一件魔物而敢樂於接近，如此，便有進入研究心靈學門徑的機會。」[8]在另一篇文章中，余也寫道：「用催眠術來證實心靈力的偉大，最容易給人了解，也最容易使人體驗。催眠術可以說是一個最適宜於發揚心靈作用的一種方法。」[9]然而，看到這樣的說法，我們卻不免納悶：作為治療之用的催眠術，為什麼能夠拿來研究靈能與靈象？這難道只是一種恣意、偶然的嘗試，還是背後有什麼樣的學理根據？

　　事實上，翻閱催眠學會的教材，可以發現有兩種主要的說法試圖統合催眠術與靈學。首先是一種具「生機論」色彩的觀點。從1910年代至1920年代初期，催眠學會受到日本靈術界的深遠影響，包括大靈道靈子術、神祕會心力波及術、呼吸式感應法、靈明法、精神統一法、精神靈動術、啊吽術等日本靈理方法紛紛介紹進入中國，它們不僅提供中國催眠治療者施術

---

7　中國精神研究會編，《催眠術》（1917），頁41-42。

8　余萍客，〈從心靈學講到催眠術〉，《心靈文化》，二十周年紀念專號（1931），頁3。

9　余萍客，〈給與置疑心靈學的人〉，《心靈文化》，二十周年紀念專號（1931），頁72。

的選項，也為靈學研究提供理論上的參考[10]。在這些派別裡，又以古屋鐵石的學說在中國最為盛行，在其著作《高等催眠學講義錄》中，古屋將催眠術的基本原理建立於「一元二面論」的哲學預設上[11]。所謂「一元二面論」，意指宇宙的實在既非單純物質，也非單純心靈，而是同時蘊含兩者；這個主張等同於否定了「唯物論」與「唯心論」。但另一方面，「一元二面論」也不同於「二元論」，「二元論」主張物質與心靈可以彼此獨立存在、互不隸屬；相反地，「一元二面論」主張物質與心靈雖無因果關係，但兩者必定相伴而起，互為對方的「過程之緣」。換言之，「一元二面論」觀點下的實在者，不是心靈，也不是物質，而是「兩者兼有之具體的存在之物」[12]。正是在此哲學基礎上，催眠學家得以主張利用催眠術的生理之緣，探測心靈現象的奧祕，並聲稱精神力量能反向影響物質世界。

　　古屋鐵石的「一元二面論」主張影響中國催眠界甚深，無論在余萍客或鮑芳洲的著作中，都或隱或顯蘊含這層哲學預設。不過值得注意的是，「一元二面論」並非古屋鐵石的獨自

---

10 心雨，〈東洋之靈理學界〉，《心靈》，29 期（1924），頁 23-27。

11 值得注意的是，「一元二面論」應非古屋鐵石有能力獨創，很可能繼受自同時代的其他靈學研究者。在日本催眠術史上，古屋雖是民間靈術的代表人物之一，卻也經常被評價為江湖郎中，根據一柳廣孝的研究，他最初可能只是個在淺草公園以戲法聚集人群、販賣催眠術書刊的人。見一柳廣孝，《無意識という物語：近代日本と「心」の行方》（名古屋：名古屋大學出版会，2014），頁 42-43。

12 古屋鐵石，《高等催眠學講義錄》，第 2 卷（東京：東京精神研究會，1912），頁 52。中文翻譯另見鮑芳洲，《催眠學函授講義》（上海：中國精神研究會，1917），頁 25。

發想，也非純粹中日之間的知識繼受，而是混融了西方生機論
（vitalism）的身影。這或許足以印證理論在全球旅行的混種足
跡。生機論思想在西方可以一路溯源到亞里斯多德（Aristotle,
384-322 B.C.）的「隱特萊希」（entelechy）概念，並且經過19
世紀解剖學家比夏（Xavier Bichat, 1771-1802）、生物學家拉馬
克（Jean Baptiste Lamarck, 1744-1829）等人，到20世紀初杜里
舒（Hans Driesch, 1867-1941）的胚胎學研究中再度復甦。生
機論者主張，生命體在物質的機械運動之外，其內在尚有一股
非物質性的力量驅動生命的變化[13]。套用科學史家岡居朗
（Georges Canguilhem）的話：「生機論的重生──或許是以一
種不連續的方式──轉達出生命對生命機械化的永恆不信
任。」[14]在這個意義上，靈學研究者傾向以生機論來對抗機械論
式的物質科學也就不足為奇，甚至生機論更幫助他們奪回被科
學家揚棄的靈魂觀念。如鮑芳洲在〈宣言〉中提到：「所謂生
命者，乃有機之精神，與無機之物質，綜合而成。……否則，
一塊然之身軀，一微小之種子，如純為物質，又安能發生顯動
與潛動耶？由是延之，精神雖附麗於物質，其為生命之本源，
殆毫無疑義。」[15]

---

13　William Bechtel and Robert C. Richardson, "Vitalism," in *Routledge Encyclopedia of Philosophy*（Taylor and Francis, 1998）, https://www.rep.routledge.com/articles/thematic/vitalism/v-1, doi:10.4324/9780415249126-Q109-1.（accessed February 7, 2018）.

14　Georges Canguilhem, *Knowledge of Life*（New York: Fordham University Press, 2008）, p. 73.

15　鮑芳洲、徐鼎銘，《催眠學家的正則養成》，頁179。

此外，生機論通常預設的哲學上的一元論（monism）[16]，也同樣符合「一元二面論」反對「心物二元論」的基本觀點。我們會看到催眠學會的文章有時亦直接引介西方的生機論思想，如《心靈》上曾有一篇文章介紹哲學家萊布尼茲（Gottfried Wilhelm Leibniz, 1646-1716）的單子論（monadology），並將monad翻譯為「靈子」。該文指出，宇宙間一切事物皆由靈子集合而成，不同階級的靈子會創造不同程度的意識，以此分別出無機物、草木苔蘚、昆蟲鳥獸與最高等的動物及人類[17]。「靈」這個字幾乎成為催眠學會表達生機論思想的主要語彙，像余萍客即認為生物的生長變化來自於物質之外的「靈氣化合」，他寫道：「我們可相信眼中察看不見的『靈』，與地上的物質結合起來，就成顯為現著我們目前的實在物體。」[18]

更進一步，個別生命體的「靈」也被認為聯繫到整體的「宇宙大靈」[19]。余萍客曾作出如下比喻：「各人的心靈，猶如千個萬個盆子所盛著的清水——都含有太陽的影子，但逐盆水一一傾注到一個大缸裡面，可是太陽的影子和太陽的實體只是一個；心靈和宇宙靈的容含分析為一而二，二而一，用這比譬得

---

16 Scott Lash, "Life（Vitalism）" *Theory, Culture & Society*, 23（2006）, p. 324.

17 江懷北，〈奈不力茲靈子論〉，《心靈》，25期（1922），頁8-10。

18 余萍客，〈自然科學的靈化〉，《心靈文化》，二十周年紀念專號（1931），頁23。

19「宇宙大靈」（宇宙の大靈）一詞在日本的靈術界也經常被使用，例如：高橋卯三郎，〈自序〉，《精神治療法——附信仰問題と潛在意識》（東京：靈潮社，1913），頁5。

不差的。」[20]鮑芳洲也曾經以「杯水」與「水缸」的比喻來說明個體跟宇宙的關係：「杯如人體，水即靈魂也，及其死也，還水於缸。」[21]就此觀之，催眠術之所以能夠用來研究靈學，不外乎由於個體的精神變化與宇宙整體的變動相感相應，因而能夠跨越出個體身心的治療範圍，延伸到瀰漫在宇宙間的靈能與靈象。而值得再加以補充的是，支撐著靈學研究的「生機論」思維，不僅借取自日本與西方學說，背後也不乏與明清心學的匯通。上述鮑芳洲在說明「杯水—水缸」比喻時，便於行文間使用了「天人相感」、「盈天地間皆靈也」等字句，這顯然脫胎自明儒劉宗周的著名命題：「盈天地間一氣而已矣」[22]，以及黃宗羲進一步闡發的「心即氣之靈處」[23]。

第二種試圖統合催眠術與靈學的嘗試是一套「機械論」式的理論思維。大約從1920年代以後，催眠學會對日本這個知識代理者的依賴愈來愈少[24]，而與歐美的靈學研究機構有更多直

---

20 余萍客，《催眠術函授講義》，第2卷（上海：中國心靈研究會，1931），頁46。

21 鮑芳洲、徐鼎銘，《催眠學家的正則養成》，頁77。

22 劉宗周，〈原旨〉，收入戴璉璋、吳光主編，鍾彩鈞編審，《劉宗周全集》，第2冊（台北：中央研究院中國文哲研究所籌備處，1997[1642]），頁328-329。

23 黃宗羲，〈孟子師說〉，收入戴璉璋、吳光主編，鍾彩鈞編審，《劉宗周全集》，第4冊（台北：中央研究院中國文哲研究所籌備處，1997），頁641。

24 不過這不代表中日催眠學界的交流就此停止，事實上，在1930年代後期中日戰爭爆發以前，鮑芳洲、徐鼎銘等人都仍有計畫地安排訪日，考察日本精神學在軍事上的應用。此外，學會雜誌也不時會刊登日本靈學機構的最近發展，例如日本心靈研究會獲得財團資助、日本政府對靈學機關的新政策等消息。見徐鼎銘，〈日本精神學訓練的透視及其對華野心〉，《國防

接交流，其中又以中國心靈研究會與西方靈學機構的接觸最為
積極。在二十周年紀念專刊《心靈文化》裡，學會曾經利用數
頁篇幅向會員介紹位於巴黎的國際心靈研究院（Institut
Metapsychique International）的歷史、組織、人事和實驗內
容[25]。這兩個機構還曾互相贈送、翻譯各自學會的書籍和刊物[26]。
除此之外，美國心靈學院、倫敦理學院、英國心靈研究協會也
都在中國心靈研究會的引介之列[27]，而中國心靈研究會亦曾擷取
倫敦理學院教材的部分內容，出版為《倫敦理學院催眠術講義
譯本》[28]。

　　如果說日本的催眠學界經過吸納、轉化西方學說後，傳遞
給中國催眠學界的主要是哲學、心理學，乃至少許生理學上的
知識啟發，那麼歐美直接影響中國催眠學界的就主要是當時盛
行的物理學、化學觀念及實驗方法。在19世紀末、20世紀初
的西方，從自然科學中借用概念或術語、乃至使用科學隱喻，

---

　　線〉，第5期（1938），頁26-30；〈日本心靈研究會得財團的助力〉、〈日本
　　扶植靈學機關的新規則〉，《心靈文化》，二十周年紀念專號（1931），頁
　　12。

25 〈國際心靈研究院（巴黎）〉，《心靈文化》，二十周年紀念專號（1931），心
　　靈國際消息，頁2-5。

26 〈法國國際心靈研究會贈送本會書籍〉、〈法國將翻譯本會出版群書〉，《心
　　靈文化》，二十周年紀念專號（1931），本會消息，頁6-7。

27 〈多大貢獻於心靈界之英國心靈研究協會第二次會長夫列多里克・馬伊雅資
　　先生事略〉，《心靈》，30期（1925），頁31-32。

28 中國心靈研究會編輯部，《倫敦理學院催眠術講義譯本》（上海：中國心靈
　　研究會，1927）。依內容來看，這本書很可能選譯自 Elmer E. Knowles,
　　*Complete System of Personal Influence and Healing* (London: National Institute
　　of Sciences, 1891)，原作者之生平已幾不可考。

是許多其他學科的共同特徵[29]。就這點來看，靈學研究也不例外。

雖說早在1920年代初期，《心靈》就已經陸續刊登各種以「化學」、「力學」、「內分泌」、「血液循環」為標題的文章，將過往物質科學的觀念應用到精神領域，包括探討心理狀態對血液成分的影響、如何以精神力調整內分泌，以及提出以「『心』的耶捏路〔按：エーテル，ether〕」為研究對象，觀察精神力的客觀力學表現等[30]。但真正充分發揮「機械論」思維的重要人物，是留法學習電學工程的中國心靈研究會會員李海濤。他肩負跟法國靈學機構交流的任務，學會亦曾委託他打樣製造訂購自法國的實驗儀器[31]。

李海濤撰寫過數篇文章，試圖借用自然科學原理來闡釋催眠術與靈學。這些文章顯現出有別於過往的思維風格，不再使用「宇宙大靈」、「靈子」等生機論詞彙，而是透過大量示意

---

29 例如，經濟學與社會學借用了「平衡」的概念，並以「社會物理學」、「社會統計學」形容自己的學科，而精神分析也借用「液壓模型」（hydraulic model）來理解人類的情感。參考：Peter Burke, *A Social History of Knowledge II: From the Encyclopaédie to Wikipedia* (Cambridge: Polity Press, 2012), p. 76.

30 例如：參吐司，〈心理化學〉，《心靈》，25期（1922），雜俎，頁59-60；平情，〈心靈力學之研究〉，《心靈》，29期（1924），頁8-11；余萍客，〈內分泌與精神作用〉，《心靈文化》，二十周年紀念專號（1931），頁147-148；余萍客，〈血液循環與精神營養〉，《心靈文化》，二十周年紀念專號（1931），頁157-158。

31 〈採辦實驗儀器〉，《心靈文化》，二十周年紀念專號（1931），本會消息，頁7。

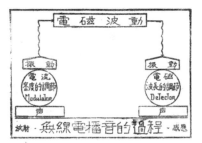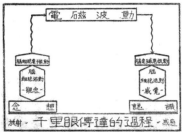

圖17　李海濤所繪製的無線電與千里眼類比圖示。

圖、公式來讓一切不可見的過程得以如機械運作般具體展示
（圖17）。換言之，他重新用科學的語彙框構了一種新的感
知、解釋心靈現象的方式。在〈催眠治療原理〉一文裡，李海
濤透過腦部的解剖示意圖，告訴讀者人腦分為前頭葉、顱頂
葉、顳顬葉、後頭葉、小腦、脊髓神經幹等部位，並以線條圖
呈現腦與隨意筋、不隨意筋的聯繫關係。他將「顯在意識」與
「潛在意識」放進神經解剖學的架構中，將「潛在意識」定義
為「直接由腦筋中樞的活動」，在「適宜條件之下，自動或被
動的受誘導而產生」，而「顯在意識」則是中樞外圍大腦體的
活動[32]。

　　除了使用解剖學圖示，電磁學的語言也帶動靈學知識的轉
變，將原本生機論式的「氣」的思維，帶向機械論式的「物」
的思維。在〈人類腦筋電動現象之研究〉一文裡，李海濤將人
腦的精神活動類比為電磁儀器的運作：「人的大腦是一個發電

---

32 李海濤，〈催眠治療原理〉，《心靈文化》，二十周年紀念專號（1931），頁
　32。

台（Emittor），精神活動等電磁波動對象的人或物等於無線電
收音及收影的接受機（Receiver）。」在此電磁學架構下，電子
運動被分為無機體電動和有機體電動，前者包含各式電信設
備，後者則可再細分為電魚、電鰻等生物所發出的「電子流
動」，以及情意、思想、乃至催眠所產生的「電磁波動」。李
海濤認為，有機體的電磁波動比起機械的無線電，其功能和效
果更加特異、驚人，且具有進化的意義：「我們研究這人體電
動力，為的是要將這自然能力，由薄弱而加強；由散漫而集
中；由偶然的活動，變成有方法有計畫的精神注射；由紛亂的
片段的，整理成為有統系的有規律的實用科學。」[33]

33 李海濤，〈人類腦筋電動現象之研究〉，《心靈文化》，二十周年紀念專號
（1931），頁41。值得注意的是，李海濤強調「集中」、「加強」、「有計畫」
運用精神力，背後是一套關於進化與退化的演化思考。演化的語言在20世
紀前期毋寧是極具說服力的，且於世界上許多地區盛行，人們憂慮種族退
化，並關心如何強健種族體質的問題。心靈運動、催眠術運動因此也被塑
造為優生運動的一環。有別於生機論將物種階序訴諸不同意識程度的「靈
子」，機械論則把演化描述為「腦筋構造」與「腦電能力」的差異，類似於
機器在結構與功能上的精密度與效能差異。李海濤指出，在天演物競中，
「人類與較下層生物最大的比較，是在腦筋的構造與活用上，一為複雜與靈
敏，一為簡單與呆笨而已」。精神科學對於促進人類精神裝置進化的可能貢
獻，在於「用科學方法，尋求這腦筋能力的實在內容與活動規律」，將「人
類的『靈能』培養，發顯較大的作用」。催眠學會的優生學論述還可以參
考：〈優生學和催眠術〉，《心靈文化》，二十周年紀念專號（1931），頁
111。演化理論在19、20世紀的影響，可以參考：Daniel Pick, *Faces of
Degeneration: A European Disorder, c. 1848-c. 1918*（Cambridge: Cambridge
University Press, 1996）; Ian Hacking, "Degeneracy, Criminal Behavior, and
Looping," in David Wasserman and Robert Samuel Wachbroit, eds., *Genetics
and Criminal Behavior*（Cambridge: Cambridge University Press, 2001）, pp.

　　李海濤也對屬於退化的病態現象做出解釋，機械在結構或功能上的耗損替病因學提供可資利用的譬喻。「神經錯亂」的成因被他歸諸於神經細胞接收強烈刺激，導致過度劇烈震動，進而波及附近其他神經細胞，使其發生位移，甚至改變連結形式，如同地震對電信網絡的破壞。而「機能衰弱」的成因則是因為細胞缺乏必需養料以維持化學功能，或細胞受到過量摩擦而造成破壞[34]。他甚至仿照物理學公式，提出一套評估疾病程度的算式：

$$M = (\frac{C+R}{F+A}) \times T$$

其中 C 是病素的破壞力、R 是細胞阻力、F 是白血球戰鬥力、A 是人體機能活動力、T 則為罹病時間。至於催眠治療的機制，則在於透過意識發動的變化，盡可能提高 F+A 之和，讓疾病程度 M 趨近於零[35]。

　　李海濤的學說一方面替疾病與催眠治療建立科學說明，另一方面也解釋了千里眼和透視等靈學問題。他寫道：

141-168; Michael Ruse, "Introduction," in Michael Ruse, ed., *Philosophy After Darwin* (Princeton, NJ: Princeton University Press, 2009), pp. 1-11; 黃克武，〈何謂天演？嚴復「天演之學」的內涵與意義〉，《中央研究院近代史研究所集刊》，第85期（2014），頁129-187；王汎森，〈時間感、歷史觀、思想與社會——進化思想在近代中國〉，收入氏著《思想是生活的一種方式》（台北：聯經，2017），頁251-275。

34　李海濤，〈催眠治療原理〉，頁34-35。

35　李海濤，〈催眠治療原理〉，頁35-36。

精神現象中的千里眼及透視（clairvoyance）等，只是生物靈感作用（Sensibilité électrique vitale）之一部分，又與意想傳通（La transmission de pénsse）為稍異形式的同類事件。因為由靈感作用的活動，可以不用視覺或聽覺的官能，而可以由腦筋直接感覺當時某種事物及動作，或某種意志的實況，無論距離的遠近，及形式如何，但其效果的由來，都是由靈感作用出發。[36]

從這段話可發現，"Sensibilité électrique vitale" 被李海濤翻譯為「生物靈感作用」，「靈」因而與「電」（électrique）畫上了等號。就此而論，千里眼、透視等靈能和無線電並沒有本質上的差別，而超心理層次的靈學與心理層次的催眠術也就只是程度上的區分。

綜合這一套機械論的思維模式，結論也就很清楚了：藉由催眠術的訓練，人們有機會開發出超感官精神力，原理在於當人們處於意念集中的狀態下，「顯在意識」受到抑制，「大腦中樞得有安靜而不受神經末梢騷擾的機會」並啟動「潛在意識」，此時，人們便能接收到另一人腦筋發出的電磁波動，並且將波動的「振動週率」還原回「同樣意識的感覺」[37]。千里眼這類的靈能，不外就是接收遠方他人大腦的電磁波動後所進行的知覺還原，無關乎宗教神通，也沒有神祕可言。

---

36 李海濤，〈無線電與千里眼〉，《心靈文化》，二十周年紀念專號（1931），頁25。

37 李海濤，〈無線電與千里眼〉，頁28-29。

## 三、靈學領域的競爭者們

### （一）靈異或病態的現象之爭：催眠學會與普通人的劃界

　　李海濤曾經這樣標定他研究的心靈現象：「這是一個純粹科學的內容，並無所謂『神人會合，妖精附身……』的連篇鬼話！」[38]這句話清楚地傳達他的立場，以及所要批判的對象。從他的口氣看來，這彷彿是一場靈學中的啟蒙者對抗靈學中的蒙昧者的戰爭──「科學」不相容於「神鬼」、「附身」。還有什麼比起貶抑迷信更能襯托精神科學的現代性呢？

　　顯然，若要打造靈學的現代形象，使其成為一門專治心靈現象的科學，最重要的就是對現象進行評估，糾舉出那些錯誤的靈異說法，並引入合理的科學解釋。在20世紀的中國，催眠學會可沒有19世紀西方同類型科學組織（如顱相學會、催眠學會）或在華醫療傳教士的宗教包袱，他們無須顧慮宗教情感與教會意識形態[39]。為了賦予鬼神之說一個合理的解釋，催眠學會展開了對民間傳說的蒐集工作，《心靈文化》曾刊出了這

---

38　李海濤，〈無線電與千里眼〉，頁25。

39　在19世紀前期的科學文化中，是否符合正統宗教慣例無疑約束著顱相學會、催眠學會的言行作為。參考：Roger Cooter, *The Cultural Meaning of Popular Science: Phrenology and the Organization of Consent in Nineteenth-Century Britain* (Cambridge: Cambridge University Press, 1984), p. 80。而在華醫療傳教士也不例外，他們必須避免對著魔現象的質疑淪為否認靈魂存在的唯物主義。參考：李尚仁，〈驅魔傳教──倪維思論中國人被鬼附身的現象〉，收入林富士主編，《中國史新論・宗教史分冊》（台北：聯經，2010），頁465-510。

麼一則招募消息：

> 本會認為考察民間靈異的現象，以為心靈學研究資料的
> 必要，故有組織遠足考察靈象團，所有川資，均係自備，
> 已有同志八人自願加入，本年八月中旬，分向內地有名地
> 方出發。[40]

　　大多數民間靈異傳說的下場就是在學會刊物中一一遭受破
解。例如《心靈》上的一篇文章專門探討中國和日本民間流行
的「狐憑病」。罹患狐憑的人會發出與原來不同的聲音，口出
特異言語，民間往往視之為狐狸或犬的附身。該篇文章反駁附
身的說法，並特別強調此病主要發生在「愚魯蒙昧」、「心信
確有神鬼狐犬憑降人身」的人身上[41]。作者先是提到精神專家的
說法，指出狐憑症由精神衰弱或憂鬱病所構成，患者一旦思慮
缺失，失去主宰力，使得原本積於腦中的「夢的一種思想」調
節無度，便產生此類症狀。繼而作者又提出一套他個人的腦生
理解釋，宣稱狐憑來自於「腦之作用與常人有異」，因為「腦
半球各行獨立，且同時各發其機能」，造成「病者有時發狐
語，有時又發本來的言語」[42]。
　　不幸的是，催眠學會看似有力的科學宣稱在拆解大眾的迷
信時，卻注定面臨一個難題：對靈異現象的否定要到達什麼程

---

40 〈本會組織遠足考察靈象團〉，《心靈文化》，二十周年紀念專號（1931），
　　頁7。
41 秋星，〈狐憑病說〉，《心靈》，27期（1923），頁40。
42 秋星，〈狐憑病說〉，頁41。

度？「科學」跟「神鬼」、「附身」的不相容難道沒有例外嗎？它們的知識立場恰好讓它們處於一個進退失據的尷尬位置。倘若它們斷然否定超越界的事物，並將靈象歸於變態心理，最終的後果豈不就只剩催眠術而不再有靈學研究的餘地？不令人意外地，學會必須有條件接受鬼神的可能，並在某些情況下放棄科學與宗教之間的對立，允許科學深入對方的領地。此時，尋找適當條件作為現象之真假判斷的依據，決定哪些靈異體驗值得人們嚴肅對待，就成為靈學研究的重要課題。

　　那麼催眠學會到底設定了什麼樣的判斷條件呢？答案是：普通人的靈異體驗必須被排除，特別是顯現於女性身上的。「降神」的真偽判斷最為典型。催眠學會沒有徹底否定降神，但區分出了「純粹的靈媒」與「普通人」兩種類別，對於前者，他們認為尚需更進一步的研究：

> 　關於降神一事，在現代心靈學上正待研究，這也不能遽定牠是虛無，也不能判定牠是真確；因為對於這種純粹的靈媒上考究神降，能得到許多真實的成績，即使以科學的眼光批評起來，也不能判定牠是虛假的。[43]

　　但普通人身上的降神現象便不被認為有任何鬼神附身的可能，而是被視為在內、外因共同作用且受偶然動機促發下的「變態病」。有若干種人特別容易罹患「變態病」，其中女性因具感情過敏的特性而格外容易發作；而環境與遺傳也貢獻不

---

[43] 心燈，〈降神〉，《心靈文化》，二十周年紀念專號（1931），頁110。

少，那些生活過多刺激、遭逢家庭不幸、惡劣環境、身體多病、神經精神病不良遺傳之人的體驗都很可能只是病態經驗。《心靈文化》上的一篇文章特別提醒讀者不要相信女巫的降神術，因「其原理與催眠術相同，決不是真要神鬼降臨，才能發生效用」[44]。催眠學會的觀點無疑凸顯出跟傳統信仰全然相反的立場；在過去，靈媒經常是女性，且出身艱困環境，在經歷病痛的過程（shamanic illness）後才獲得交通鬼神的稟賦[45]。

　　普通人對「靈魂」的經驗同樣不可靠，尤其當他們採用傳統的方法。在一篇名為〈關亡新解〉的文章中，作者試圖拆解這套流傳於民間，用於召請死人靈魂的技術。在關亡過程中，施術者先是將被術者帶往鄰近土地公廟拈香祝禱，並以白布覆於臉上；接著，施術者持香揮舞並口念咒語；最終，被術者渾身顫動，口出亡者的言語。但顯然，作者不同意這種如狐憑般透過語言變換來驗證靈魂存在的作法：「驟然看起來，好像很有不可思議的神祕在裡頭，但是把他前後的手續用心理學和催眠術的方法去詳細的研究一番，卻是很明顯很簡單的一種理性。……受術的人他所說的話，乃是受施術的人的意志支配而發出來的。」[46]關亡被當成是一種未被大眾認識到的催眠現象，是意志臣服的展現，而無關乎靈魂。即使過陰者的言語有某種程度的靈驗，也只是「偶然湊巧」抑或「精誠所感」。

　　如果普通人因為不識催眠術而錯認靈象，那麼反過來說，

44　心燈，〈降神〉，頁111。

45　林富士，〈中國六朝時期的巫覡與醫療〉，《中央研究院歷史語言研究所集刊》，第70本第1分（1999），頁16。

46　江懷北，〈關亡新解〉，《心靈》，25期（1922），雜組，頁61-62。

真正有資格研究靈學的不外乎是熟習催眠術的專家。中國心靈研究會成員湘君在〈靈魂再生與生前之記憶〉一文指出，「催眠術之記憶倒敘法」是驗證靈魂再生的「較為確實的、科學的」方法。訓練有素的施術者透過熟練的催眠技術，將被術者帶入「潛在意識之識域」，漸次將記憶倒敘喚起，直至前世的記憶浮現。實驗者經由「調查被術者所喚起歷史之記憶，以至於一木一石，亦勿遺漏」，獲得靈魂不滅而能轉生的證據[47]。

　　大體而言，催眠學會的成員幾乎都主張靈魂存在，也略帶保留地承認鬼神存在的可能性，不過他們作此主張的同時，卻也指責普通人容易將病態現象誤認為靈象。一道從事靈學研究的專業界線被劃了出來：對於催眠知識的掌握成為裁決一個事件能否成為證據的關鍵。在這個以催眠術為方法的劃分過程裡，不僅普通人在靈學領域的發言權遭到剝奪，連帶地，那些過去通靈者所體現的非凡天賦與苦難試煉也不再具有神聖意涵，取而代之的是經學習而來的操控心靈的技術。傳統儀式中通靈者的主動性不再，特異的聲音被病理化，催眠學會提倡的現代精神科學，讓一切靈異現象必須置於實驗者的目光之下。

## （二）扶乩或催眠的方法之爭：靈學會與催眠學會的劃界

　　到目前為止，我已經介紹了催眠學會統合催眠術與靈學的兩種主張——生機論式與機械論式的觀點，也處理了催眠學會跟普通人之間的現象之爭。但靈學研究和催眠術卻未必是一組在方法上毫無爭議的配對。接下來，我將對此提出進一步討論。

---

47 湘君，〈靈魂再生與生前之記憶〉，《心靈》，26期（1923），頁12。

　　催眠學會對普通人和傳統儀式提出質疑，毋寧證明了一件事，那就是從古至今的人們始終對靈魂的奧祕懷抱好奇，不曾放棄探索。但差別之處就在於，有組織地讓靈學研究成為一項集體事業、成為一門特定的學問，是晚近才開始的現象。催眠學會代表了近代中國一股標榜以科學研究靈學的風潮，但「中國心靈研究會」、「中國精神研究會」卻不是當時唯二的機構。在民國初年還有相當多靈學研究團體，包括「上海靈學會」、「悟善社」、「福州靈學會」、「靈學研究社」、「預知研究會」、「神州靈學會」、「中華神靈哲學會」、「宗教哲學研究社」、The Shanghai Society for Psychical Research 等。而當時許多重要人士也都曾對靈學有深淺不一的涉入，像是北京大學首任校長嚴復（1854-1921）曾寫信支持上海靈學會，外交部長伍廷芳（1842-1922）和著名文化人士狄葆賢（1873-1941）也都對以照相機記錄逝者靈魂的「靈魂攝影」甚感著迷[48]。參與創建中國地質學會、中國礦冶工程師學會的礦冶學家王寵佑（1879-1958），甚至是「美國心靈學會」（American Society for Psychical Research）的會員[49]，而其胞弟法學家暨中研院院士王寵惠（1881-1958）亦醉心於此道。

---

48 胡學丞，〈伍廷芳的通神學與靈學生涯〉，《政大史粹》，第22期（2012），頁1-22；鄭雅尹，〈清末民初的「鬼」與「照相術」──狄葆賢《平等閣筆記》中的現代性魅影〉，《清華中文學報》，第13期（2015），頁229-281；王宏超，〈鬼形神影：靈魂照相術（Spirit photography）在近代中國的引介和實踐〉，收入王見川主編，《歷史、藝術與台灣人文論叢（十）》（新北：博揚文化，2016），頁221-272。

49 J. Gordon Melton, ed., *Encyclopedia of Occultism & Parapsychology*, Volume 2 (Farmington Hills, MI: Gale Group, 2001), 5th edition, p. 1650.

　　不過並不是所有號稱研究靈學的機構都以催眠術為方法，也不是所有催眠學會都對靈學有濃厚興趣。事實上，不同機構、人物的理念與方法往往有不少差異。舉例來說，位於浙江嘉興的「精神治療研究社」所發行的《精神治療》，內容即著重催眠術的醫療應用，並否定「人鬼交通」、「靈魂攝影」的真實性[50]。由劉鈺墀、陳延祥於江蘇南通創立的「精神月刊社」，其刊物主題則混合了催眠術、畚箕降神法、神咒符等新舊並陳的靈學方法[51]。而在各個靈學研究機構中，跟催眠學會形成最鮮明對照的，莫過於「上海靈學會」。黃克武發表的關於此機構的系列研究，提供了催眠史與靈學史相當重要且深入的參考[52]。

　　上海靈學會成立於1917年，主要發起人為俞復（1856-1943）、陸費逵（1886-1941）、丁福保（1874-1952）、楊璿等人。這些成員大多出身世家，幼通經史，如俞復為清末舉人，丁福保是無錫秀才，陸費逵的曾祖父為翰林院編修陸費墀、母為李鴻章侄女。其中，楊璿曾於1916年秋天透過催眠學會接觸了西方精神學、靈魂原理及催眠術，體驗各種不可思議的現象，並與其弟楊真如協助鮑芳洲創設中國精神研究會的無錫分部[53]。但在短暫學習西方精神科學後，楊璿漸生不滿，感到其非

---

50 張蝶魂，〈陰兵過境〉，《精神治療》，第2卷第8期（1934），頁1-4。

51 〈目錄〉，《精神月刊》，第2期（1918），目錄頁。

52 黃克武，〈民國初年上海的靈學研究：以「上海靈學會」為例〉，《中央研究院近代史研究所集刊》，第55期（2007），頁99-136；黃克武，〈靈學與近代中國的知識轉型：民初知識分子對科學、宗教與迷信的再思考〉，《思想史》，第2卷（2014），頁121-196。

53 楊光熙，〈盛德壇緣起〉，《靈學叢誌》，第1卷第1期（1918），發刊辭，頁6。

「上乘之義」，並認為傳統的「聖賢經傳，仙佛典乘」不僅道理更加完備、體系更加恢弘，且用途也更加廣泛、功效更加普遍[54]。他轉而回歸「固有之道術」，與友人成立聖德壇，以扶乩為方法探究靈學，並在學理上融合佛教、道教思想的教誨。在靈學會月刊《靈學叢誌》第一期的文章〈扶乩學說〉裡，楊璿稱頌扶乩方法的偉大，並將催眠術貶為「方術」、「糞土」、「草芥」[55]。

　　換言之，催眠學會基於科學理由希望去除的宗教儀式色彩，反而成為靈學會發起人經過反省後意圖恢復的研究途徑；相反地，催眠術則被靈學會視為是狹隘的旁門左道。而根據黃克武的研究，聖德壇的扶乩活動並不完全相同於傳統宗教儀式，他們降壇的神靈尚包括外國神仙、聖哲，且更多涉及公領域和知識分子關注的學術性、道德性議題（如鬼神是否存在、鬼與靈魂是否有區別、導正社會風氣之方法）。此外，他們也使用「潛精神」、「下意識」（subconsciousness）等詞彙來解釋扶乩[56]。在靈學會簡章中，他們亦規定「無關學理或幾近遊戲者，恕不答覆」[57]，對學理的重視確實異於尋常的宮廟問事。但

---

54　從楊璿在1917年夏天發表於《精神》上的文章，即可窺知他在思想上的過渡徵兆，他既談及試驗催眠術的經驗，又寫道：「即如仙壇內之扶乩、鄉間之請仙姑，亦原屬精神之潛在意識。」見楊瑞麟，〈潛伏精神之靈動〉，《精神》，夏號（1917），頁10-12。

55　楊璿，〈扶乩學說〉，《靈學叢誌》，第1卷第1期（1918），著作，頁2。

56　黃克武，〈民國初年上海的靈學研究：以「上海靈學會」為例〉，頁118-119。

57　〈靈學會簡章〉，《靈學叢誌》，第1卷第1期（1918），無頁碼。

即使有這些差異，「鬼神之道」仍明顯是靈學會聖德壇的探究核心，有別於催眠學會對宗教有所保留的態度，扶乩提供靈學會成員與「聖賢仙佛神祇」接觸的機會，並以此「叩問學理、研究人生問題」[58]。

至此，我們清楚看見兩條靈學研究路線的分岔，而這也反映了不同靈學陣營在科學與宗教、傳統與現代之間的分寸拿捏、揉合與拒斥。就上海靈學會而言，其成員更傾向於宗教勸化的主因來自於目睹社會變動下人心的頹放，他們將道德基礎的瓦解歸咎於打破迷信、物質至上的意識形態，如俞復即認為提倡無鬼無神的後果最終造成「戕賊不仁，毀義滅性」[59]。由是觀之，靈學會從事靈學研究的動機無非是倫理性的，他們儘管動用了若干西方的學術語彙，但最終之目的是要重申傳統思想、傳統文化的價值，並以此達到移風易俗、經世濟民的理想。相對地，就催眠學會而言，其成員明確地以「精神科學」一詞來定位靈學研究，選擇以催眠術作為探觸心靈現象的直接途徑，並對民間靈異傳說與宗教儀式多有質疑。研究者透過催眠術達到的眼見為憑取代了鬼神的諭示。雖然他們同樣有感於社會問題，但他們的目光更多朝向未來，期望尋求精神的客觀公理，而非回歸聖賢的主觀教訓[60]。

---

58 陸費逵，〈靈學叢誌緣起〉，《靈學叢誌》，第1卷第1期（1918），緣起，頁3。

59 俞復，〈答吳稚暉書〉，《靈學叢誌》，第1卷第1期（1918），雜纂，頁4。

60 例如中國精神研究會宣言：「廿一世紀後之世界學術，其將由物質而進於精神矣乎。」就明顯是一種「朝向未來」的觀點。見鮑芳洲、徐鼎銘，《催眠學家的正則養成》，頁127。

在方法上採取扶乩或催眠術的路線選擇，不僅岔開了不同機構的研究主軸，也讓它們走向不同命運，招來程度不等的攻擊。上海靈學會幾乎集中了知識界的炮火，包含魯迅、陳獨秀、胡適、劉半農等五四知識分子都嚴屬批判其中充斥的鬼神色彩[61]。在北京大學哲學系主授心理學的教授陳大齊，更在1918年的《新青年》上發表〈闢靈學〉一文，點名上海靈學會發行的《靈學叢誌》內容「荒誕離奇」、「以初民社會極不合理之思想愚人」，所謂扶乩的自動作用實乃出於「下意識」[62]。相對看來，中國精神研究會、中國心靈研究會等催眠學會就甚少被人直接點名攻擊，即使它們的規模可能更為龐大。這當然不代表批判上海靈學會的知識分子認同催眠學會的靈學觀點，而是催眠術在科學與迷信的對抗間提供了一層緩衝，許多知識分子尚且願意接納催眠術。

以蔡元培（1868-1940）與陳大齊（1886-1983）這兩位在民國初年參與中國心理學制度化的先驅為例，他們在20世紀初期都曾接觸、學習過催眠術。蔡元培曾經在1905年參與陶成章在中國教育會通學所開設的催眠術課程[63]。而在1905年留學日本期間，陶成章也曾以「國人中於迷信最深」的理由，囑咐陳大齊學習催眠術[64]。毫無疑問，陳大齊相信催眠術有其科學

61 吳光，〈論《新青年》反對鬼神迷信的鬥爭〉，《近代史研究》，第2期（1981），頁190-203。

62 陳大齊，〈闢靈學〉，《新青年》，第4卷第5期（1918），頁370-385。

63 柳亞子，〈紀念蔡元培先生〉，收入文明國編，《柳亞子自述：續編，1887-1958》（北京：人民日報出版社，2012），頁190。

64 張篁溪，〈光復會領袖陶成章革命史〉，收入中國史學會主編，《辛亥革

根據，而催眠狀態也非無稽之談。1918年，在他出版的中國第一本大學心理學教科書《心理學大綱》中，陳大齊將變態心理學研究的異常狀態，界定為「如精神病者之精神作用、催眠時之精神作用」[65]。他指出，錯覺、幻覺等異常狀態，除了自然發生的原因之外，也能由人為的催眠引發：

> 近時催眠術（Hypnotsim〔原文誤拼〕）供吾人以豐富之例。當催眠之際，術者施行暗示（Suggestion），可以指白為黑，指輕為重，被催者之知覺一如其暗示。此種錯覺，猶屬催眠未深時之現象；及催眠益深，則術者可以自由喚起種種幻覺；以無為有；以虛為實矣。亦有不信術者之力，自己催眠用以喚起幻覺者，西洋之所謂透明體幻影（Crystal vision），其一例也。[66]

行文中陳大齊列舉的「指白為黑」、「指輕為重」、「喚起種種幻覺」等催眠反應，與催眠學會教材照片示範的「紅茶變為葡萄酒」、「片葉如百來斤移不動」、「神遊萬里」等錯覺催眠、幻覺催眠，可以說幾乎沒有差別[67]。不過，陳大齊對催眠術在心理學意義上的接受也就僅止於此了。接下來，學院心理學家與靈學研究者間出現最關鍵的分歧，那就是：能否將催眠術

　　命》，第1冊（上海：上海人民出版社，1957），頁523。

65　陳大齊，《心理學大綱》（上海：商務印書館，1918），頁12。

66　陳大齊，《心理學大綱》，頁106-107。

67　余萍客，《十日成功催眠秘書》（上海：中國心靈研究會，1929）；上海神州催眠學會編，《催眠實驗寫真集》（上海：神州催眠學會，1918）。

從變態心理的領域，延伸為一種科學研究的方法？以及，精神、心靈、靈魂、鬼神是否歸屬於精神科學的領域，而不能以物質科學為解釋？

顯然，心理學家否定了這兩個問句。

## 四、回到早年 Psychological 與 Psychical 的孿生關係

從催眠術與扶乩的方法之爭，到靈學研究者與學院心理學家之間的分歧，引導出另一個接下來要處理的知識史的重要課題，即在19、20世紀之交的前後10年間，心理知識產生了什麼樣的轉變？經歷了什麼樣的專業分化過程，使得催眠術面臨在「變態心理」和「靈學方法」之間取捨的爭議？

為了要釐清這組問題，我們必須回到現代西方心理知識進入中國的早期時刻。以往的歷史撰著傾向於強調靈學與心理學無法相容的戰爭；然而，從心理知識的演變觀之，與其說它們是天生的敵人，不如說它們是一對鬩牆的孿生兄弟，曾經相似且依附，最終卻成為必須排除的他者。至少在19世紀末到20世紀的最初10年，我們還無法真正將「心理學」與「靈學」區分為兩個獨立的概念，「心靈學」反而是更常見的詞彙。現在我們所熟悉的「心理學」一詞，主要是因蘭學家西周的翻譯在明治時期成為日本的標準用語，並在20世紀初期透過梁啟超、服部宇之吉、王國維等人的使用而逐漸蔚為中文主流[68]。

---

68　Federico Masini, *The Formation of Modern Chinese Lexicon and Its Evolution Toward a National Language: The Period from 1840 to 1898*（Berkeley: Journal

　　早期的心靈學雖然富有啟蒙大眾、破除民間迷信的意圖，但這些心理知識的傳播者卻不是一開始就斷然否定鬼神、靈魂或超感官能力的存在。換言之，破除迷信不等於否定宗教。誠如心理學史家理德（Edward Reed）所言，西方心理學在19世紀前半葉「因作為靈魂的科學而在知識界占據重要的位置」，即使最先進、基進的科學家也贊同使用科學來支持上帝是宇宙主宰的觀念[69]。19世紀後半葉由西方人引入中國的心理知識也無法避免地具有基督教色彩。

　　長年在江南製造局擔任翻譯的英人傅蘭雅（John Fryer, 1839-1928），於1896年翻譯美國新思想運動（New Thought Movement）提倡者亨利烏特（Henry Wood, 1834-1909）所著的《治心免病法》，是一個具有指標性的例子[70]。新思想運動是19世紀盛行於美國的基督宗教運動，強調疾病的心靈成因，以及正向心靈的醫治能力，而它的第一代領導者昆比即是一名眾所周知的催眠師[71]。這本書雖然被傅蘭雅歸入書目中的「保身衛

of Chinese Linguistics Monograph Series No. 6, 1993），p. 209；彭小妍，〈一個旅行的疾病：「心的疾病」、科學術語與新感覺派〉，《中國文哲研究集刊》，第34期（2008），頁213-218；閻書昌，《中國近代心理學史（1872-1949）》（上海：上海教育出版社，2015），頁40-51。

69 Edward S. Reed, *From Soul to Mind: The Emergence of Psychology, from Erasmus Darwin to William James*（New Haven: Yale University Press, 1997），p. 2.

70 原書為 Henry Wood, *Ideal Suggestion Through Mental Photography: A Restorative System for Home and Private Use*（Boston: Lee & Shepard, 1893）.

71 相關歷史可參考：Horatio W. Dresser, *A History of the New Thought Movement*（New York: Thomas Y. Crowell Company, 1917）.

生部」（Temperance Physiology Series）[72]，但它無庸置疑是晚清第一本兼具心理治療與心理動力學說的代表性著作，並對維新知識分子如譚嗣同、宋恕、黎祖健、英斂之等人產生過不小影響[73]。

《治心免病法》的下半卷講述的是自我催眠的應用技術，烏特稱之為「藉心靈攝影達成的理想暗示」（ideal suggestion through mental photography）；上半卷則以理論為主，揭示出「心」是一種具有層次及深度的實體，包括使用「心藏之力」

---

[72] 戴吉禮（Ferdinand Dagenais）主編，弘俠譯，《傅蘭雅檔案》，第2卷（桂林：廣西師範大學出版社，2010），頁643。

[73]「重經上海，訪傅蘭雅，欲與講明此理，適值其回國，惟獲其所譯治心免病法一卷，讀之不覺其喜。」見譚嗣同，〈上歐陽瓣薑師書〉，《譚嗣同全集》（北京：生活·讀書·新知三聯書店，1954），頁285-338，特別是頁320。「別後得異書一種，曰《治心免病法》可向格致書室買，美人烏特亨利所著，英人傅蘭雅所譯，為白種極新心性學家之論，微妙不可思議，直是《楞嚴外傳》，案頭不可不置一部。」見宋恕，〈與俞恪士書〉，收入邱濤編，《中國近代思想家文庫：宋恕卷》（北京：中國人民大學出版社，2014），頁401-402。「美士烏特亨利之言曰：是故子孫者，祖宗幾千萬年心向之念變成有形之體也，故本身之高下、粗細、靈蠢、強弱，原為前古無窮代祖宗所傳心念，及後數分則恃本人心所存念成之，斯非計倪內經所謂慧種生聖、痴種生狂之義耶。」見黎祖健，〈弱為六極之一說總論〉，收入甘韓編，《皇朝經世文新編續集》，中研院近代史全文資料庫。「予意終爾必成此症，因受病已深，腦久受損，前購治心免病法，謂如用此法治腦氣病最妙，予試之，亦似有效，但不能驟得力爾。」見英斂之著，方豪編錄，《英斂之先生日記遺稿：自光緒廿四年（戊戌）至廿七年（辛丑）》（台北縣：文海出版社，1974），頁39；「西洋講養生的書多的狠，我狠信服治心免病法這一部，到底世上人整天名韁利鎖，意為心猿的，不能領會這書的滋味。」見英斂之，〈講衛生學當知〉，《敝帚千金》，第2期（1904），頁21-22。

（mental reservoir）、「心陰力」（deeper or trans-conscious mind）等詞彙[74]。同時，這本書也展現了19世紀對於物種演化和人類發展的想法，將萬物分為七個層級，依序是「原質層」（elementary）、「化學層」（chemical）、「植物層」（vegetal）、「動物」（animal）及「人層」（man），而在人層之上則是「不用目而能見、不用耳而能聽、不用手而能摸也」的「靈心層」（consciousness），以及如耶穌基督般人心與天心合一的「天心層」（devine）[75]。在這個基督教心理學的架構下，外在的物質世界與內在的超越世界構成了演化上的連續體，「人」的地位銜接了「形而下的科學」與「形而上的神學」兩個領域，而「靈心」則代表了意識所具備的超感官能力。透過「理想暗示」達成的自我催眠，其意義便在於開顯「心力」，讓人能夠「自質體通至神靈之知覺層」[76]。醫療與宗教在此毋寧是彼此重疊的。

　　第二個具指標性的例子是美國長老教會傳教士丁韙良（William Alexander Parsons Martin, 1827-1916）於1898年出版的《性學舉隅》（*Christian Psychology*），這本書堪稱是中國第一部有系統介紹西方心理知識的著作。丁韙良在書中以問答體的形式介紹了「夢」與「行夢」，「行夢」即是後來我們認知的「催眠」。在〈論夢行與行夢〉一章中，丁認為，自從催眠術成為醫學理性的一部分後，許多本應屬催眠現象的過往迷信觀念便紛紛克服：

---

74　烏特亨利著，傅蘭雅譯，《治心免病法》（上海：格致書室，1896），頁30-31。

75　烏特亨利著，傅蘭雅譯，《治心免病法》，頁39。

76　烏特亨利著，傅蘭雅譯，《治心免病法》，頁63。

問：行夢之術，由何而始？

答：古來各國偶有之，其能者，亦不自解其理。見者視為奇異，每斥為回邪，蓋少見多怪也。行者，每恃以愚人，如肚仙腹鬼，及百般障眼法，多屬此類。<u>百餘年前，德國醫士美斯美以此法作為醫道之一門，人乃不復視為邪術，蓋習之行之者眾也。</u>二十餘年前，法國巴黎城大醫院之名醫沙爾格，更將此術廣為究察，發其密奧，並進而精之焉。[77]（底線為筆者所加）

　　儘管丁韙良肯定近世催眠術的發展以其學理驅逐了裝神弄鬼的把戲，但值得注意的是，就如同催眠學會認為降神一事「不能遽定牠是虛無」，丁韙良在另一章〈論夢〉中，也對「神靈託夢」抱持了一種不可知的態度，坦言「不敢謂無也」。不過，丁韙良跟催眠學會倒也極其一致地表達對普通人的不信任，認為民間對神靈的認知並不可靠，丁韙良甚至主張此事「偽者多，真者少，故不如置諸不論耳」[78]。

　　另一方面，「靈魂」也是《性學舉隅》積極談論的重要主題，丁韙良將之比擬為將軍，「以腦為帳幕，借筋絡出令，而百體聽其調動」[79]。他指出，「腦」雖然取代傳統醫學的「心」，但充其量只是靈魂的其中一處居所[80]，尚不足作為一切心靈活動

---

77　丁韙良，《性學舉隅》，收入丁韙良著，傅德元、王曉青編注，《天道溯原：丁韙良基督教作品選粹》（新北：橄欖出版社，2013），頁427。

78　丁韙良，《性學舉隅》，頁424。

79　丁韙良，《性學舉隅》，頁377。

80　這種「靈魂遍在全身」的觀點有相當長的神學傳統，早在17世紀耶穌會士

的最終解釋：「謂腦為靈之正位，固無不可；謂靈只居於腦，殆屬不合。蓋靈充滿百體，猶神遍處兩間也」[81]。他特別獨立出一章〈論靈魂諸說〉，澄清三種靈魂學說：第一種認為靈魂是「藉氣之融結而能覺能悟者」，會隨身體的衰亡而消散；第二種認為靈魂是「先於身而居於體內者」，具有前生與來生；第三種認為靈魂「與身同生」，卻不會與身同滅[82]。丁韙良進而主張，唯一符合心理學要求的是第三種靈魂學說，它既不像第一種學說將「身」與「魂」視為一體而忽略兩者本質上的不同，也不像第二種學說無法解釋今生與前世為何缺乏人格同一性。身為一名傳教士，丁韙良倡導的第三種學說不啻是基督教永生觀的展現：基督徒此世的德行決定身後的禍福。

除了基督教心理學的著作外，早期心靈學也受到來自日本宗教哲學的影響。第三個指標性的例子是蔡元培在1901年翻譯的《妖怪學講義》[83]。該書作者井上圓了是畢業於東京帝國大學的哲學家，畢生致力於宣揚宗教與哲學，並力圖破除社會的迷信。從井上圓了的〈序〉可得知，《妖怪學講義》是他蒐集

---

利類思（Lodovico Buglio, 1606-1682）的《超性學要》裡就有類似說法。而這種說法很可能跟亞里斯多德哲學將靈魂視為不可分割的形式因有關。參考：祝平一，〈方寸之間——天主教與清代的心、腦之爭〉，《漢學研究》，第34卷第3期（2016），頁119-159。

81 丁韙良，《性學舉隅》，頁387。

82 丁韙良，《性學舉隅》，頁482-484。

83 《妖怪學講義》全書共8卷，蔡元培譯了其中6卷於1901年由亞泉學館購印。然因學館失火，其中五冊遭焚，只餘〈總論〉一卷，該卷於1906年由商務印書館重新發行。參考：王世儒編，《蔡元培日記》，上冊（北京：北京大學出版社，2010），頁186。

四百餘種書類，漫遊全國六十餘州實地取材後，所整理出的關於四百餘種妖怪的研究成果[84]。這本書不僅是蔡元培赴德修習實驗心理學以前接觸心理知識最主要的著作，在其後也深受催眠學會的重視，中國心靈研究會組織靈象考察團的決定不無可能便是受到它的啟發。

　　所謂「妖怪」，意指異常、不可思議的事物，未必局限於具有實際形體的怪物。井上圓了寫道：「妖怪之為物，實無一定之標準，妖怪之標準，即人之知識思想是也。」[85]呼應丁韙良對普通人的看法，他認為，未受教育的「愚民」容易對許多現象感到不可思議，進而認定為妖怪；反之，有智識的「學者」則能探究大多數事物背後的道理，將異常現象予以理性化。井上圓了將愚民因論理謬誤造成的迷誤稱為「假怪」，包含物理原因與心理上的妄覺、變智、變情、變意，而催眠狀態無疑是一種可能的變態心理解釋[86]。但另一方面，他仍然承認「超理的妖怪」──即「真怪」──的存在。這種「真怪」是開顯天地與萬物的本體，是在物界與心象上所呈現的真相，屬於絕對世界的無限者[87]。研究「真怪」能夠讓人領悟「神佛之奇相妙體」，並獲知「人物幽靈之機密」[88]。井上批評懷疑論者將一切妖怪都化約為神經作用，卻無法在所有狀況中說明為何神經系

---

84 井上圓了著，蔡元培譯，《妖怪學講義》，收入孫常煒編，《蔡元培先生全集》（台北：臺灣商務印書館，1968[1906]），頁301。

85 井上圓了著，蔡元培譯，《妖怪學講義》，頁313。

86 井上圓了著，蔡元培譯，《妖怪學講義》，頁434。

87 井上圓了著，蔡元培譯，《妖怪學講義》，頁432-433。

88 井上圓了著，蔡元培譯，《妖怪學講義》，頁436。

統會起這般作用[89]。

我們不難發現，從《治心免病法》、《性學舉隅》到《妖怪學講義》，這些書寫及翻譯行動一再呈現早期心理知識的若干特徵：它們既創造了與常民信念之間的斷裂，卻又為自身留下談論超越界事物的空間；「靈學」與「變態心理」可以同時存在於一套知識體系下。而這也顯示早期心理知識作為一門科學，無非蘊含於哲學之中，並與宗教緊密相依。不過，這些特徵在20世紀第一個10年之後旋即受到挑戰，儘管催眠學會的精神科學延續了這些特徵，但心理學的學院建制化和實驗心理學的興起，卻帶來經驗與超驗、科學與哲學的分裂。

## 五、學院心理學與靈學的衝突

1907年5月，蔡元培負笈德國求學。在萊比錫大學求學期間他修習多門心理學課程，甚至聽了三遍實驗心理學之父馮特的「心理實驗課」[90]。返國後，蔡元培積極推動心理學教育，並在1917年擔任北京大學校長期間，支持同事陳大齊創立中國第一個心理學實驗室。留德的經驗讓他重新界定現代心理學的特徵：「精神現象之學，如心理學者，近已用實驗之法，組織為科學」[91]。換言之，對此刻的蔡元培而言，心理學已不再附屬

---

89　井上圓了著，蔡元培譯，《妖怪學講義》，頁370-371。

90　康拉德・雷施格（Konrad Reschke），〈蔡元培在萊比錫大學〉，《應用心理學》，第2卷第2期（1996），頁56-60。

91　蔡元培，〈哲學與科學〉，收入孫常煒編，《蔡元培先生全集》（台北：臺灣商務印書館，1968[1919]），頁490-493，特別是頁492。

於演繹的哲學，而是實驗的科學。與此同時，「迷信」這一概念也產生了意義的轉變，不再只是指稱普通人的愚見，還包括宗教的歸因。在為華工學校師資班編寫的《華工學校講義》中，蔡元培論及「迷信」和「理信」的差別，指出前者「歸其一切之因於神」，後者「所見為因果相關者，常積無數之實驗，而歸納以得之」[92]。

到了這個階段，科學與哲學開始產生分裂，並強調出一個在心理知識早期階段未被提出的要求，那就是：「〔現代的形上學（玄學）〕所求出的理論，若演繹到實證界的對象，還是要與科學家所得的公理，不相衝突的」[93]。言下之意，「精神科學」與「精神哲學」不再是理所當然的一體，哲學理論必須依賴實證經驗賦予其存在的合理性。從這個角度來看，催眠學會遭遇到了早期心靈學不會被挑戰的問題，即「一元二面論」的實證依據為何？蔡元培曾經對此有所批評，在《簡易哲學綱要》中，他提到「一元二面論」在形上學界近來特別盛行，但他卻對該理論的精神物理學解釋不以為然：

　　……近來最通行的精神物理的並行論。這一派的見解，是說心物二界，並不互相影響，而兩界的事變，無論何等階段，常有一義而並行的關係。由同一根本實在，而一致的分現於兩界。於是所謂精神物理的因果關係，不過此界

92 蔡元培，《華工學校講義》，收入孫常煒編，《蔡元培先生全集》（台北：臺灣商務印書館，1968[1916]），頁205。

93 蔡元培，《簡易哲學綱要》，收入孫常煒編，《蔡元培先生全集（續編）》（台北：臺灣商務印書館，1991[1924]），頁127-128。

狀態與彼界常相對應罷了。

說明這個並行論的，以「能力恆存則」〔按：即現今所謂「能量守恆定律」〕為最廣。然照科學上「能力恆存則」考合起來，仍不能說明精神物理的因果關係。因為照「能力恆存則」的原理，在物的實在之全體上自成統一；由運動能力與位置能力的分配而定運動的方向與強度，是用機械的法則支配的。若說物理的運動，還別有一種精神的能力作主動，就是破壞物理界「能力恆存則」了。於是應用「能力恆存則」於物理精神學的，變而為意識界有一種特別的能力，感覺神經運動為意識，就是心意的能力；最後由意向而再變為運動，正如物界之運動變熱而熱又變為運動相對應。但是這種解說，在「能力」一詞上，又添了幾種非科學的意義；心的機能，與科學上「能力恆存則」的能力，並不能一致。所以精神物理的因果關係，尚不過得到幾種幼稚的假定罷了。[94]

簡言之，蔡元培透過指出精神物理學對「能力恆存則」的誤用，質疑「一元二面論」的合理性。不過他終究還是沒有徹底否定「一元二面論」的可能性，並承認物理過程與精神過程之間的差別，以及連結兩者的困難點：「物的事變與心的事變之間，常相違異；欲得兩方結合的可能性，而互相推移，是一個至難的問題」[95]。

---

94　蔡元培，《簡易哲學綱要》，頁172。
95　蔡元培，《簡易哲學綱要》，頁171。蔡元培對此問題的態度與他的老師馮

　　在學院心理學家中，蔡元培算是對靈學研究態度最開放的
其中一人。儘管他強調心理學必須有實證基礎，並批判性地檢
視靈學的形上學假設，但他並不排斥以科學來研究靈學。在替
數學家王季同的著作《佛法與科學之比較研究》寫的序言裡[96]，
他提出以科學方法證明輪迴的三種途徑：通靈術、借屍還魂、
前生記憶。而催眠術正好被舉出來當作為靈學辯護的例子，佐
證在過去被視為無稽之談的事物，在日後仍有可能得到充足的
驗證。序言內容摘錄如下：

　　一、通靈術的證明。此為現代靈學家的工作，但結果尚
未圓滿。
　　二、借屍還魂的證明。此為筆記上常有的事，然真偽甚
不易判定。若於此等事發見之初，即經科學家詳密考證，
認為確有其事，則所謂超物質的精神，得一強證。……現

---

特或多或少是相近的。而馮特主張的心物平行論（psychophysischen
Parallelismus）是認識論與方法論上的經驗性假定，並不涉及形上學或靈魂
存有論。馮特曾表示，心理現象與物理現象彼此不同，且無法互相轉換，
它們之間的聯繫僅在於某些心理過程會規律地與某些物理過程相對應。參
考：Wilhelm Wundt, *Grundzüge der physiologischen Psychologie*, Vol. 3
（Leipzig: Engelmann, 1903），pp. 769-770。

96 王季同（1875-1948），號小徐，蘇州人。他曾於1911年在《愛爾蘭皇家學
　會會刊》上發表〈四元函數的微分法〉，是近代中國於國際重要期刊發表數
　學論文的第一人。其後在中國主持多項電機科學發展工作，並擔任中央研
　究院籌備委員與工程所研究員。1920年代晚期開始書寫多篇文章探討佛學
　與科學的關係。參考：郭金海，〈華爾與胡德關於螺旋彈簧新公式的研究及
　王季同的回應〉，《自然科學史研究》，第24卷第4期（2005），頁330-344。

在報紙上亦偶有借屍還魂的記載，若於發見的機會，為科
學的探討，不輕放過；積少成多，便可為有力的證據。

三、前生記憶的證明。……苟其事果確，則靈魂的能經
甲體而流入乙體，殆無可疑。若遇此等事實，而以科學方
法探核之，也可為有力證據的一種。

至於六種神通，則其事尚在科學與玄學交錯的限際。例
如愛克司光的透照，無線電的播音，催眠術的療病，在未
曾普及以前，涉學稍淺的，何嘗不斥為妄談？亦惟於事實
發現時，嚴密檢驗，始可斷定有無。[97]

相較於蔡元培願意等待有力證據的累積來證實靈魂，陳大
齊代表了立場更強硬的心理學界。他在1909年進入東京帝國
大學文科大學哲學門就讀，受到當時日本心理學權威元良勇次
郎（1858-1912）的影響[98]，選擇主修心理學。根據回憶錄，他
之所以選擇心理學為主科，是「因為當時的心理學已漸漸擺脫
哲學的羈絆而步入了科學的範疇」[99]。他的老師元良畢生致力於

---

[97] 蔡元培，〈序〉，收入王季同，《佛法與科學之比較研究》（上海：國光印書
　　局，1935），頁II-III。

[98] 元良勇次郎（1858-1912）是日本最早的心理學教授，1890年起擔任東京帝
　　國大學的全職教授。他曾經師從美國心理學家霍爾（G. Stanley Hall），並
　　取得約翰霍普金斯大學的博士學位。參考：Tadasu Oyama, Tatsuya Sato, and
　　Yuko Suzuki, "Shaping of Scientific Psychology in Japan" *International Journal
　　of Psychology*, 36:6（2001）, pp. 396-406.

[99] 陳大齊，〈八十二歲自述〉，收入中國人民政治協商會議浙江省海鹽縣委員
　　會文史資料工作委員會編，《陳大齊先生專輯》（海鹽：中國人民政治協商
　　會議浙江省海鹽縣委員會文史資料工作委員會，1988），頁8。

心理學科學化的學術工作，曾經進行過睡眠腦波、視覺、聽覺、皮膚壓力敏感度、兒童專注力等實驗計畫[100]。同時，元良也主張科學應該在靈魂問題上避免作超出範圍的判斷：

> 假設某人主攻心理學研究。他可以探究存在於心靈和身體之間的關連，存在於神經系統與意識之間的關連，以及他可以斷言特定意識狀態是伴隨於還是繼起自相應的器質或神經狀態；或者，他也可以去預測，當大腦被某種方式影響後，會產生何種意識狀態。但是，一旦他試圖對「我們的意識是否在物質身體消解後仍持續活躍」這個問題進行積極性地判定，他將逾越出他的研究領域。研究身心關係的心理學家很自然地傾向於認為：沒有神經系統，精神活動是不可能的。然而，他作為一個科學家，他並沒有權利，或者說他並沒有任何實證性的事實，去支持他對「存在沒有大腦活動的精神活動」做出不適格的否定。[101]

從這段話可以發現，一方面，元良勇次郎心目中的科學心理學，是以實證作為其真理基礎，亦即擺脫陳大齊所謂的「哲學的羈絆」；但另一方面，他也表明科學心理學必須自我設限，不應對外於它的領域——即超越界——給出絕對肯定或否定的答案。

100 Brian J. McVeigh, *The History of Japanese Psychology: Global Perspectives, 1875-1950* (London: Bloomsbury Publishing, 2016), p. 81.

101 Yujiro Motora, "Conflict of Religion and Science: From a Japanese Point of View" *Monist*, 15 (1905), pp. 399-400.

陳大齊繼承了他的老師的實證立場，主張研究者必須「專以確實的經驗為基礎，從事實裡尋出一條法則來」，並且對前人的法則「取一種批評的態度，批評他的真偽」[102]。然而與元良勇次郎相比，陳大齊除了支持實證主義，更不避諱採取反對靈魂論的立場。在〈現代心理學〉一文中，他如此界定「新心理學」的三大特色：（一）新心理學是科學的，而非哲學的一部分；（二）「詮釋心理作用時，加以生理學的說明」；（三）採用實驗研究法[103]。對他而言，精神現象必定有其生理學的依據，與神經系統不可分離，鬼神靈魂之說不只是科學不應談論的對象，更是科學應該否定的對象。此刻，宗教被推離科學更遠，卻與普通人的愚昧走得更近。陳大齊在《心理學大綱》中開宗明義寫道：「靈魂為宗教家語，意義曖昧，非科學家所宜言；故近今心理學家咸擯棄是說，不復用之。」[104]在〈現代心理學〉中他亦寫道：

> 通俗之謬見以為靈魂可以脫離身體，夢中所見，即是靈魂出游之境。人當生時醒時，靈魂居於肉體之中，人死，則靈魂脫離肉體，肉體雖死而靈魂不死。於是有靈魂不滅、靈魂輪迴等說，此皆宗教家欺人之談，雖為愚夫愚婦

---

102 陳大齊，〈序〉，收入氏著《迷信與心理》（北京：北京大學出版部，1920），頁2。

103 陳大齊，〈現代心理學〉，收入氏著《迷信與心理》（北京：北京大學出版部，1920），頁127-128。

104 陳大齊，《心理學大綱》，頁3。

　　所歡迎，甚非科學所宜許也。[105]

　　1918年針對「上海靈學會」寫作的〈闢靈學〉最能明白表達陳大齊的立場。在他眼中，中國本是一個科學落後、迷信發達的地方，如今卻有一群知識分子提倡鬼神，在在令他無法容忍。他指出扶乩降神背後的原理是變態心理現象，如同施行催眠術時出於下意識的自動現象（automatic action）或歇斯底里病患的發作，並且指責靈學會的成員「有意作偽，是奸民也，無意作偽，是愚民也」[106]，譏笑他們自以為創造「靈學」這一全新科學領域，殊不知是「以夢時及精神病者之經驗為基礎」的虛假事實[107]。

　　隔年發表的〈心靈現象論〉則更進一步回應精神科學研究者宣稱的超心理現象。這篇連載於《北京大學日刊》的文章雖然仍是以批評「上海靈學會」的《靈學叢誌》為開頭，也未點明「中國心靈研究會」或其他催眠機構，但它討論的課題無非是這些機構所醉心的。整篇文章陳大齊花費近80頁篇幅引用外國學者的調查，逐一反駁自動現象（automatic action）、遠隔知覺／精神感應（telepathy）、遠隔移動（telekinesis）等超心理現象的真實性。但值得注意的是，陳大齊在反駁這些現象前，先是針對當時居先驅地位的靈學研究機構展開一段評論：「研究心靈現象之先，不可不把英國的心靈研究會（The Society

---

105　陳大齊，〈現代心理學〉，頁132。

106　陳大齊，〈闢靈學〉，《新青年》，第4卷第5期（1918），頁371。

107　陳大齊，〈闢靈學〉，頁384-385。

for Psychical Research）來介紹一番。」[108]這個創立於1882年，由劍橋大學學者為主要發起者的研究機構，宗旨是以科學方法研究盛行於維多利亞文化下的各種超感官知覺及念力。研究會成立之初的成員包括劍橋大學哲學教授西季威克（Henry Sidgwick）、歐文學院〔即現今的曼徹斯特大學〕物理學教授斯圖爾特（Balfour Stewart）、哈佛大學心理學教授詹姆士（William James）、發現元素「鉈」的化學家克魯克斯（William Crookes）、法蘭西學院院士柏格森（Henri Bergson）、諾貝爾生理醫學獎得主里歇（Charles Richet）等人[109]。相較於對中國靈學研究不留情面的抨擊，陳大齊對「英國心靈研究會」的評論毋寧溫和許多。儘管他批評「英國心靈研究會」的實驗方法「略欠精密」，以致所下論斷「不免和迷信同一結果」，但他卻認為「英國心靈研究會」的實驗報告是研究心靈現象時唯一有參考價值的。即使中國研究者和英國研究者在鬼神靈魂上的見解一致，但前者「沒有常識」，後者則使用「嚴密的方法，幾經研究，幾經實驗，方纔敢下斷定」。陳大齊直言：「不是我

---

108 陳大齊，〈心靈現象論〉，收入氏著，《迷信與心理》（北京：北京大學出版部，1920），頁35。

109 Drew Christie, "Societies for Psychical Research," in Michael Shermer, ed., *The Skeptic Encyclopedia of Pseudoscience* (Santa Barbara: ABC-CLIO, 2002), pp. 217-219；更多關於「英國心靈研究會」早年歷史的介紹，可參考 Janet Oppenheim, *The Other World: Spiritualism and Psychical Research in England, 1850-1914* (Cambridge: Cambridge University Press, 1988), pp. 123-141; Renée Haynes, *The Society for Psychical Research, 1882-1982: A History* (London: Macdonald, 1982)。目前該研究會仍持續運作，網站為：http://www.spr.ac.uk。

鄙棄中國的鬼，不願把他做材料，實在因為中國的材料太不可
靠。」[110]

究竟「英國心靈研究會」使用什麼「嚴密的方法」，讓實
驗報告具備科學的可信度？陳大齊列舉四項他認為能防止錯誤
的蒐集材料方法：

> （一）須經驗者本人直接之報告；他人代述的間接報
> 告，一概不取。（二）要本人詳細敘述，並且簽字以負責
> 任。（三）恐本人的報告書中尚有錯誤，須派委員面晤報
> 告者，詳細質問，以定真偽。（四）本人的記憶甚難全
> 信，所以要報告之時距經驗之時不甚久遠，並且要一種客
> 觀的證據，證明這報告是真。[111]

其中第四點所謂「客觀的證據」，指的是在揭曉結果前即
已記錄下來的文字書信，或是擁有「親見親聞」的證人[112]。

令人玩味的是，這四項標準是否真的有效區隔出英國與中
國研究者的作法呢？倘若拿這幾項標準來檢視中國的催眠學會
的報告，似乎除了面晤報告者這項要求因函授的限制而無法落
實之外，其他三項卻不能說沒有做到，而催眠學會的報告上附
有實驗者地址供人追索，也間接彌補了無法面晤的缺失。歸根
結柢，陳大齊的反靈學主張並不單單出於報告本身的疏漏，而

---

110 陳大齊，〈心靈現象論〉，頁36。

111 陳大齊，〈心靈現象論〉，頁44。

112 陳大齊，〈心靈現象論〉，頁45。

是立基於兩個更根本的條件上。首先，他不信任當時中國人進行的「實驗」和「觀察」。原因並非民族性格的缺陷；也不只是因為中國的靈學研究來自民間，不若英國由學院菁英構成；而是中國的「科學沒有發達」，缺乏合適的實驗室生產實驗報告[113]。其次，作為一名物質主義者，他一直堅信神祕之說、鬼神之談是毫無根據的迷信，靈學實驗的證據就算再有力，也肯定還是有未被發現的破綻。他說道：「外國學者實驗這些現象，雖沒有完全發見靈媒們的詐術，然而他們破綻很多又經不起嚴密的實驗。照此看來，他們的現象一定是詐術，不過他們的詐術很巧妙，非精於此道者不能看破罷了。」[114]

陳大齊絕非心理學界少數對靈學研究持嚴厲意見的學者，與他一同在北大建立心理學實驗室的唐鉞立場也很相近。唐鉞（1891-1987）早期是英華書院與清華學校的學生，畢業後赴美於1920年取得哈佛大學的心理學博士學位，論文題目為《知覺中的情感要素》（*Affective Factors in Perception*）。根據《唐鉞文存》中的自述，他自稱「少喜神祕」而學習心理學，期望解決超自然問題，爾後領悟「此非學術精意所在」，遂「潛心於科學分析之術，以探討事實為的」[115]。在一篇回覆哲學家林宰平（1879-1960）的文章中[116]，唐鉞直言：「大多數的科學家都

---

113　陳大齊，〈心靈現象論〉，頁39。

114　陳大齊，〈心靈現象論〉，頁122。

115　唐鉞，〈引〉，收入氏著，《唐鉞文存》（上海：商務印書館，1925），頁1。

116　林宰平在科玄論戰中站在批判丁文江的一方，並質疑科學派將「科學等同於科學方法」。他舉出基督教科學、靈學與妖怪學三個例子反駁科學派，認為這些研究雖應用科學方法卻不是科學。由此看來，靈學作為一門精神

不承認靈學所用的方法是真正科學的方法，所以不稱他做科學。」[117] 此外，他也否定妖怪作為一種存有論上的實在，認為科學的目的就是要在結果上「證明『妖怪』不過是變態心理作用」[118]。這等於拒絕早期心靈學替「真怪」留下的探究餘地。在唐鉞眼中，學院新心理學的特徵就是「說明一切心理現象是受因果律支配的」[119]，無論這個因是行為學派認為的物質現象的因，或是構造學派和機能學派認為的與生理現象相關連的因[120]。

　　1920年代以郭任遠（1898-1970）為代表的行為主義心理學家，則是走上一條更基進的學術道路。郭任遠曾於加州大學柏克萊分校研讀心理學，深受以華生（John B. Watson）為首的行為主義心理學的洗禮。返國後，他創設復旦大學心理系，並先後擔任復旦大學和浙江大學的校長[121]。郭任遠主張，科學的心理學必定是一門「行為學」（science of behavior），也因此是

　　科學，時人對其科學正當性的評價未必能從科玄論戰的立場來劃定。參考：林宰平，〈讀丁在君先生的《玄學與科學》〉，收入亞東圖書館編，《科學與人生觀》（長沙：岳麓書社，2011），頁121。

117 唐鉞，〈科學的範圍〉，收入氏著《唐鉞文存》（上海：商務印書館，1925），頁186-187。

118 唐鉞，〈科學的範圍〉，頁188。

119 唐鉞，〈心理現象與因果律〉，收入氏著，《唐鉞文存》（上海：商務印書館，1925），頁139。

120 唐鉞，〈哲學者之眼中釘──心理學〉，收入氏著，《唐鉞文存》（上海：商務印書館，1925），頁213。

121 關於郭任遠之生平、學說、學術及政治生涯的糾纏關係，參考：Emily Baum, "Controlling Minds: Guo Renyuan, Behavioral Psychology, and Fascism in Republican China" *The Chinese Historical Review*, 22:2（2015）, pp. 141-159.

一門物理的科學，而非精神的科學。在一篇文章裡，他毫不客氣地指責「靈學會呀，精神研究會呀，催眠術呀，精神療病法呀，通靈術呀，佛洛特（Freud）的心的分析法（psychoanalysis）呀：這都是心理學家惑眾的口號。」[122] 在《心理學ABC》中，他更是將這些心理知識歸入「江湖派的心理學」，認為它們是「一般江湖客所偽造以欺騙民眾的假科學」[123]。不僅如此，他還批判當時的心理學家慣用「心靈」、「意識」等詞彙是「舊古董心理學」，跟「靈魂」的觀念沒有多大區別；而馮特的「內省法」因無法自外部觀察，亦不算是科學的方法[124]。如果說陳大齊已然否定了靈學的正當性，那麼郭任遠更是要將「不夠科學」的心理學詞彙也一併清除，甚至，他也不打算再在變態心理的領域中討論催眠術了。在他看來，變態心理即是變態行為，是社會標準的問題，而毋庸訴諸精神變化的解釋[125]。

學院心理學發展至此，儼然已經確立了基本方向。相對於催眠學會的精神科學選擇「混合─擴張」的科學方案，主張生理學、心理學、哲學應該「相互保持有機的關係」，唯有「收集各說而始得完全說明催眠現象」[126]；心理學家選擇擁護「純化─限縮」的科學方案，嚴格區分出「玄學」與「科學」，並讓演繹的哲學從屬於實驗的科學。對他們而言，現代心理學的

---

122 郭任遠著，黃維榮編，《郭任遠心理學論叢》（上海：開明書店，1928），頁3。

123 郭任遠，《心理學ABC》（上海：世界書局，1928），頁8。

124 郭任遠，《心理學ABC》，頁12、17。

125 郭任遠，《心理學ABC》，頁65-77。

126 鮑芳洲，《催眠學函授講義》（上海：中國精神研究會，1917），頁42。

任務是守護好科學的邊界，堅持以「經驗」、「觀察」為基礎的研究方法。折衷者如蔡元培主張以科學方法解決過去的玄學問題，激烈者如陳大齊、唐鉞，乃至郭任遠，則主張起身反對、掃除超越界的事物。

## 六、一場《新青年》上的直接對話

　　大多時候，學院科學家和靈學研究者總是在各自的出版物上發表意見、指陳對方的缺失，卻無意彼此交流。但自從陳大齊在《新青年》上發表〈闢靈學〉，並引發陳獨秀等人的呼應後，開始陸續出現幾篇來自靈學研究陣營的投書，雙方在這本五四運動的重要刊物上有了直接對話。對話的焦點不僅是先前反覆出現的爭議主題：靈魂、鬼神到底存不存在？應該以什麼來解釋心靈現象？更反映出靈學研究者跟學院派之間對於科學方案的根本歧見：究竟什麼是合理的科學研究方法？科學家的任務、心態又該如何？

　　首先而來的辯護出自於名叫易乙玄的讀者，他投書《新青年》支持有鬼論，並主張人鬼交通的難易與個人的靈力大小有關，而靈力即是哲學家所謂的本體。他強調：「此超自然之理，則終非科學所能解釋，亦如科學之不能詮哲學也。」[127] 這似乎代表了部分靈學研究者的想法，他們反駁學院派的方式便是運用大量形上學語言證明靈學的特殊性，並且主張科學家不

---

127 易乙玄，〈答陳獨秀先生「有鬼論質疑」〉，《新青年》，第5卷第2期（1918），頁131。

該妄加論斷靈魂的有無。

　　但真正有趣的是另一篇投書，跟易乙玄採取不同的論述策略，它試圖用科學的語言為靈學辯護。一位名叫莫等的讀者以短文〈鬼相之研究〉投書《新青年》，請教陳大齊與北大化學系教授王星拱（1887-1949）的意見。莫等聲稱自己是無鬼論者，但又認為靈魂攝影、念寫、透視等實驗並非詐術，應積極承認它們的科學價值。他的論點借自法國社會心理學家「魯滂」〔勒龐〕，勒龐在1905年出版一本自然科學著作，名為《物質的演化》（*L'Évolution de la Matière*）。在這本書中，勒龐率先提出「質能轉換」的構想，認為「物質」與「力」是一體的兩種形式，「物質」是「能量」的巨大儲存庫，亦即「原子內能量」（intra-atomic energy），在不穩定的狀態下，物質將「去物質化」為熱能、光能、電能等力量[128]。莫等藉此主張：物質不斷消散也不斷產生放射，而特殊物質會產生特殊放射。接著他以催眠術為例，說明當人處於精神凝集狀態下，能夠「任意變動身體之各部分及其發生物」，讓平時無法隨意運動的身體部位產生變異聲音與各種奇異現象。綜合這兩項命題，他推論：當人們將體內少量具特殊放射的「微細分子」凝集於身體

---

128 Gustave Le Bon, *The Evolution of Matter* (New York: Charles Scribner's Sons, 1907), pp. 8-9. 在物理學史上，勒龐確實曾經致信給愛因斯坦（Albert Einstein），表明在愛因斯坦提出相對論之前，自己早已在書中闡述「質能守恆」的觀點，卻沒有獲得應有的承認。他抱怨德國人習慣性忽略其他國家科學家的貢獻。參考：Max Jammer, *Concepts of Mass in Contemporary Physics and Philosophy* (Princeton, NJ: Princeton University Press, 2000), p. 72.

之外，便「可以使動光類放射物透過障礙，（此是有限度的）而集影於乾片」，形成靈魂攝影和念寫[129]。此外，針對陳大齊曾提出西方研究者透過實驗否證「魔擺自動」的說法[130]，莫等也提出反駁，認為放射力有距離限度，無法隔牆或在一定距離之外驅動魔擺。他聲稱已蒐集上百條事例，往後更欲以「歸納法」找出存於其中的法則。

在回覆中，王星拱罕見地稱讚了這位靈學研究者「以科學解釋吾人未能解釋之問題，討論歸於正軌，無任欽佩」[131]。但隨即話鋒一轉，批評投書者對「微細分子」一詞定義不明，讓人無法區辨究竟是分子（molecule）、原子（atom）或電子（electron），以及混淆了特殊原子疏解（atomic disintegration）產生的放射（radioactivity）與溫度、聲音的放射。接著，他質疑「所有物質都會產生放射」的宣稱沒有科學根據：「凡官肢所不能攷察，再以儀器輔助之而不能攷察，科學家決不承認為已定之事實。」[132]他認為在科學昌明的時代，經驗主義必須取代莫等這種已經站不住腳的「亞里斯多德哲學家所用之三理推論法」。最後，他直接就資格上批評勒龐不是放射化學家，他

---

129 莫等、王星拱、陳大齊，〈鬼相之研究〉，《新青年》，第 5 卷第 6 期（1918），頁 617。

130 例如陳大齊在〈心靈現象論〉就曾指出：「據 Barrett 說：把魔擺掛在不能動搖的物件上，例如氣煤燈的桿上，並且把門窗關緊，免得被風吹動，如此則靈媒等人雖心中念念要擺搖動，擺絲毫也不會動。」參考：陳大齊，〈心靈現象論〉，頁 55。

131 莫等、王星拱、陳大齊，〈鬼相之研究〉，頁 618。

132 莫等、王星拱、陳大齊，〈鬼相之研究〉，頁 619。

的「物質消滅之學說」（即「去物質化」）只是形而上的玄想，而非「證實」（positive）。

陳大齊接續於王星拱之後的回覆十分類似。他同意王星拱對物質放射的見解，並補充當時日本研究者藤及騰原、本田親二、佐藤富三郎等人對念寫的批評。此外，陳大齊更強調，鬼照、念寫等現象「一定要先證明了這些現象是千真萬確的事實，然後再立出一個假定來去解釋他們，方是正辦」[133]。言下之意，科學研究方法須先在經驗上確立事實，才能進行理論上的猜測與解釋。經驗優先於理論，觀察實驗則是假定推論的基礎。

數月之後，莫等再度投書《新青年》，向王、陳二人提出反問，並將問題從靈魂攝影、念寫延伸到他心通、天眼通，直言科學仍未對此提出令人滿意的解釋。似乎是回應陳大齊那種「事實先於假定」的科學觀，莫等批評當前科學家總是株守一隅從事分析，卻缺乏綜令匯通的能力探勘更前沿的領域。他寫道：「我既然缺乏精細的科學智識，本該不敢問津。然那些科學家又因小心過甚，不肯輕易來研究這新奇事理。」他這般定位自己從事的科學工作：「〔靈學〕這種遼遠事業，必要先有許多粗疏的人說個大概，然後可望到達於精細。你道沒有陸謨克〔拉馬克（Lamarck）〕等輩，怎有達爾文的功業呢？」[134]

並不令人意外，王星拱的回覆持續糾正莫等的科學觀念不

---

133 莫等、王星拱、陳大齊，〈鬼相之研究〉，頁621。

134 莫等、王星拱、陳大齊，〈鬼相與他心通〉，《新青年》，第6卷第4期（1919），頁434-435。

精確[135]。面對莫等對科學家的批評，他直言：「至於新奇現象，是科學眾最喜歡研究的，不過所根據之事實，須確切不謬耳。其頭腦並不冷靜也。」[136]陳大齊則是提醒在學問上「懷疑」遠比「信仰」更為重要。在兩個回合的辯論中，對於科學研究應該要「混合─擴張」、大膽開拓前沿，抑或是「純化─限縮」、以實證經驗為界，兩方陣營依然莫衷一是。

## 七、從科玄論戰思考「精神」與「科學」的關係

　　最後要說明的是：靈學研究者與心理學家之間的爭論絕不只是一個孤立的歷史事件，它毋寧反映了一個時代對科學的信仰與懷疑。作為近代中國科學史的篇章，它凸顯出了兩個看似衝突的關鍵概念──「精神」和「科學」。後者被認為承載了近世物質文明的巨大躍進，卻也帶來現代人的道德失序及精神破產，尤其一次世界大戰的爆發更在許多人心中催化了這層矛盾。在這本著作裡，我已用了不少篇幅處理催眠學家建構「精神科學」的努力，而他們的努力卻也面臨各種不同科學觀點的質疑與挑戰，究其核心，無非涉及到不同歷史行動者對「精神」和「科學」之意義及關連的相異詮釋。放到民初知識史的脈絡下，與靈學爭議平行呼應的另一個象徵性事件是1923年

---

135 王星拱主要補充了羅司佛（Ernest Rutherford）與蘇底（Frederick Soddy）的說法，指出放射是罕見的原子現象，非所有原質皆如此，且物質的總數不會有任何消滅。

136 莫等、王星拱、陳大齊，〈鬼相與他心通〉，頁437。

爆發的「科玄論戰」。這場論戰被胡適稱為「空前的思想界大
筆戰」[137]，被梁啟超譽為「我國未曾有過的論戰」[138]，集結當時最
有名望的一流學者投入戰場，他們大部分曾留學歐美或旅日多
年，對中國的學術發展影響甚鉅。透過比較的視野回顧這場論
戰，將有助於我們在本章的最後，襯托出催眠學會所倡議的科
學方案的特點。

　　「科玄論戰」起於哲學家張君勱（1887-1969）在北京清華
大學的一場題為〈人生觀〉的演講。在這場演講中，張君勱區
分出「科學」和「人生觀」的差別：前者是客觀的、分析的、
具統一性，且受論理方法和因果律支配；後者是主觀的、綜合
的、具單一性，並起於直覺且具自由意志。張君勱曾師從德國
唯心論哲學家倭鏗（Rudolf Eucken, 1846-1926）與法國哲學家
柏格森（1859-1941），他的這組區分相當具有康德主義的色
彩，凸顯出「事實」與「價值」是兩個相對自主的領域[139]。「科
學」面對的是「事實」，有原理、原則等公例可依循；而「人
生觀」則是「價值」的選擇，沒有客觀標準，端視觀點之取

---

137 胡適，〈序〉，收入亞東圖書館編，《科學與人生觀》（長沙：岳麓書社，
　　2011），頁8。

138 梁啟超，〈關於玄學科學論戰之「戰時國際公法」〉，收入亞東圖書館編，
　　《科學與人生觀》（長沙：岳麓書社，2011），頁83。

139 張君勱深受康德哲學的影響，他曾寫道：「古往今來之哲學家，自成一系
　　統，包舉一切現象，而其說足饜人心者，無如康德。」他將康德的「純粹
　　理性」等同於「學問」，「實踐理性」等同於「人生」。參考：張君勱，
　　〈再論人生觀與科學並答丁在君〉，收入亞東圖書館編，《科學與人生觀》
　　（長沙：岳麓書社，2011），頁57。

捨。張君勱想藉此提醒大學生，倘若一心嚮往物質科學的昌明，以科學的標準作為人生的態度，汲汲於「務外逐物」，那麼人生終將如機械一般，無法求得精神上的安身立命[140]。

張君勱的演講旋即受到留英地質學家丁文江（1887-1936）毫不留情的攻擊。對丁文江來說，主觀、直覺、自由意志、不受因果律拘束的人生觀，無非是玄學的鬼魂在作祟，是徹底反科學的。他用極其尖酸的語氣寫道：「玄學真是個無賴鬼──在歐洲鬼混了二千多年，到近來漸漸沒有地方混飯吃，忽然裝起假幌子，掛起新招牌，大搖大擺的跑到中國來招搖撞騙。」他接著說：「玄學的鬼附在張君勱身上，我們學科學的人不能不去打他。」[141]丁文江所謂的「玄學」，指的就是「形上學」（Metaphysics），一個對他而言逐漸被科學搶去其地盤，卻仍在中國苟延殘喘的殘餘領域[142]。對立於張君勱認為科學無法決定人生觀，丁文江則主張人生觀無法「同科學真正分家」；人生觀縱使現階段無法統一，不代表未來在科學方法下不能統一。換言之，丁文江認為人生觀終將受到科學的支配，科學的論理方法會指引人們遵循正確的價值。

---

140 張君勱，〈人生觀〉，收入亞東圖書館編，《科學與人生觀》（長沙：岳麓書社，2011），頁1-7。

141 丁文江，〈玄學與科學：評張君勱的《人生觀》〉，收入亞東圖書館編，《科學與人生觀》（長沙：岳麓書社，2011），頁8。

142 不過就如葉其忠注意到的，張君勱時而將哲學等同於玄學，時而又將哲學與玄學（包括宗教）分開。這種不統一，在民國初年十分常見，例如張東蓀和羅家倫習慣將二者等同，孫伏園則傾向將二者分開來談。參考：葉其忠，〈1923年「科玄論戰」：評價之評價〉，《中央研究院近代史研究所集刊》，第26期（1996），頁217。

　　許多學者的意見雖未必與丁文江完全一致，卻都對張君勱的人生觀看法有所批判。陳大齊在一場哲學系的演講裡提到：「事實的統一與否是一個問題，而人生觀之有無遍效性是另一個問題。」[143] 他主張人生觀即使未能統一，也不代表是主觀的，「價值」毋寧像科學一樣，要求一種遍效性。中國科學社的發起人任鴻雋則認為人生觀是「一個籠統的觀念」，但「若分析起來，有一大部分或全部分，都可以用科學方法去變更或解決」[144]。王星拱則表示，科學由「因果」（Causality）和「齊一」（Uniformity）兩個原理所構成，人生問題也「都不能逃出這兩個原理的金剛圈，所以科學可以解決人生問題」[145]。

　　這場起於「科學」和「人生觀」的論戰，因參與者眾，衍生出各種論題的戰場，自是難免。但「精神科學」無疑是辯論中的一個焦點。張君勱在〈人生觀〉一文中將科學區分為「物質科學」和「精神科學」兩類，「物質科學，如物理、化學等；精神科學，如政治學、生計學、心理學、哲學之類」[146]。這個區分基本上延續了德國學科傳統中「自然科學」與「文化科學」的區別，而張君勱也承認他的區分取材自德國哲學家馮特的「確實科學」（Exakte Wissenschaft）和「精神科學」（Geiste

---

143 陳大齊講、金公亮記，〈略評人生觀和科學的論爭〉，《東方雜誌》，第20卷第24期（1923），頁24。

144 任鴻雋，〈人生觀的科學或科學的人生觀〉，收入亞東圖書館編，《科學與人生觀》（長沙：岳麓書社，2011），頁93。

145 王星拱，〈科學與人生觀〉，收入亞東圖書館編，《科學與人生觀》（長沙：岳麓書社，2011），頁236。

146 張君勱，〈人生觀〉，頁3。

Wissenschaft）二分法，並為了呈現精神與物質的相對性，將「確實」改為「物質」[147]。張君勱認為物質科學的客觀效力最為圓滿，精神科學的公例則受到限制[148]。他有時將精神科學等同於社會科學[149]，但更多時候他將這個概念限縮到心理學，如他說：「精神科學之所研究者為人類心理與心理所生之結果。」[150]雖然精神科學探究人的心理，但它卻不同於人生觀，因為它仍包含物質的成分；以心理學為例，這個學科包含生理心理學，故受制於因果律而不自由[151]。不過一旦心理學轉向關注「純粹之心理現象」，那麼它就屬於自由意志的人生觀，不受科學方法支配。張君勱表明他的觀點取自柏格森在1889年的作品《時間與自由意志》（ Essai sur les données immédiates de la conscience），這本書談論意識中具連續性的綿延時間，它的強度無法用物理學的數量測量進行描述，而是一種自由、獨一無二、無法重複的精神狀態（psychic state）[152]，張君勱將之詮釋為充滿「主張」、「希望」、「要求」的人生觀[153]。概括來說，張君

---

147 張君勱，〈再論人生觀與科學並答丁在君〉，頁30。

148 然而，張君勱對精神科學的說法不乏矛盾之處。胡適批評他一下子說「精神科學之公例，為限於已過之事，而未來之事，則不能推算」；一下子又說「然據既往以測將來」。參考：胡適，〈孫行者與張君勱〉，收入亞東圖書館編，《科學與人生觀》（長沙：岳麓書社，2011），頁87。

149 張君勱，〈再論人生觀與科學並答丁在君〉，頁44。

150 張君勱，〈再論人生觀與科學並答丁在君〉，頁47。

151 張君勱，〈人生觀〉，頁5。

152 Henri Bergson, *Time and Free Will: An Essay on the Immediate Data of Consciousness* (Charleston, SC: Nabu Press, 2010), p. 239.

153 在論及柏格森的《時間與自由意志》段落中，張君勱作了這個推論：「心

勘綜合了馮特和柏格森的學說，劃分出三塊領域：物質科學、精神科學、人生觀。唯有最後一者屬於純粹且自由的「精神」領域，不受「科學」的束縛和局限；而「精神科學」雖然給予心理現象部分解釋，卻不足以回答人生的問題。

相反地，丁文江一點也不贊成「物質科學」和「精神科學」的區分，這與他信奉英國數學家皮耳生（Karl Pearson, 1857-1936）和德國物理學家馬哈（Ernst Mach, 1838-1916）的知識論哲學密切相關[154]。對他來說，「我們所曉得的物質，本不過是心理上的覺官感觸，由知覺而成概念，由概念而生推論。」[155]丁文江把他的這種科學知識論稱為「存疑的唯心論」（skeptical idealism），這是相當經驗主義的科學立場，將人們的感官知覺當作認識事物的基礎，無分物質或精神。他借用馬哈的說法：

> 感覺是知識的原質：聲、色、溫度、壓力、空間、時間等等聯想起來成功許多複雜體。其中比較永久的現象深印

---

理變遷為自由行為，而人生之自由亦在其中。」他所謂的人生觀，則可見此定義：「我對於我以外之物與人，常有所觀察也，主張也，希望也，要求也，是之謂人生觀。」見張君勱，〈再論人生觀與科學並答丁在君〉，頁37、44。

154 從德國心理學史的脈絡來看，受張君勱援引的馮特，與受丁文江援引的馬哈，恰好也處於兩種科學哲學的競爭關係，前者將心理因果性獨立於物理因果性，而後者則認為心理因果性是多餘的添加、形上學的殘餘。參考：Kurt Danziger, "The Positivist Repudiation of Wundt" *Journal of the History of the Behavioral Sciences*, 15:3（1979）, pp. 205-230。

155 丁文江，〈玄學與科學：評張君勱的《人生觀》〉，頁13。

於記憶，發表於語言，成功了我們所謂的「物」。記憶與
同情感所成功的複雜體，聯合到一個特別的物——我們的
身體上面，就成功了「我」。[156]

乍看之下，丁文江藉由將外在物質還原到心理過程，取消
物質和精神的對立；但事實上，這種唯心論最終卻被化約到神
經生物學。感官知覺在他看來，不外是神經系統的運作，「受
過訓練的腦經，能從甲種的感觸經驗飛到乙種，分析他們，聯
想他們，從直接的知覺，走到間接的概念。」[157]他借用皮耳生
慣用的譬喻，將神經系統的運作比擬為電話接線生的工作，只
能在線路的圈子中繞來繞去，無須了解打電話的人是什麼樣
子，一如科學無須探究物的本體為何[158]。也無怪乎這種「存疑
的唯心論」被張君勱當成是唯物主義[159]。在丁文江一方，「精神
科學」終究遵照「物質科學」的運作原則，而無須為其騰出一
席之地。

　20世紀的中國已鮮少有人會否認科學的重要性，但科學究
竟同精神或心靈處於什麼樣的關係，張君勱和丁文江可以說凸

<hr/>

156 丁文江，〈玄學與科學：答張君勱〉，收入亞東圖書館編，《科學與人生
　　觀》（長沙：岳麓書社，2011），頁158。
157 丁文江，〈玄學與科學：評張君勱的《人生觀》〉，頁13。
158 丁文江，〈玄學與科學：評張君勱的《人生觀》〉，頁16。關於皮耳生將大
　　腦當成中央接線室（central telephone exchange）的說法，見Karl Pearson,
　　*The Grammar of Science* (London: Adam and Charles Black, 1900), pp. 44-46。
159「在君如能棄其唯物主義或唯覺主義（如皮耳生是也）從我而學為唯心主
　　義者，則人生觀雖出於自由意志而不至於不可以一朝居者，其義自可豁然
　　貫通。」見張君勱，〈再論人生觀與科學並答丁在君〉，頁48。

顯了心理主義和物質主義、生機論和機械論的對峙，而在這背後則是整個中國思想界和科學界在兩條路線上的選擇[160]。余英時曾以「激進化」（radicalization）來形容近代中國的思想發展，知識界真切地感受到民族在世界中，以及知識分子在社會中的雙重邊緣化，使得他們更無保留地標舉各種西方最前沿的觀念，力求創造嶄新的時代[161]。而「激進化」也激發了劉笑敢所謂愛憎分明、無法容下第三種可能的「兩極化」傾向[162]，讓對立的雙方陣營走向更極端的看待科學的立場。好比丁文江片面拉攏詹姆士（1842-1910）的心理學說為其背書，卻只強調他的實驗心理學面向而避開他對形上學的重視[163]；又如張君勱、林宰平等人雖然不斷援引柏格森的思想，但為了強化「知識」

---

[160] 這種兩極化立場的區分，還可以有更多發揮。例如，羅家倫（1897-1969）將丁、張之戰歸結為「洛克經驗論、馬哈－皮耳生知識論、赫胥黎存疑論」與「康德二元論、杜里舒生機論、倭鏗精神論」的對抗；張東蓀（1886-1973）則對立出「論理主義、思想哲學、注重普遍形式、超驗主義、崇尚理知」和「心理主義、生活哲學、注重個別內容、經驗主義、反對理知」兩種哲學立場。參考：羅志希，《科學與玄學》（北京：商務印書館，1999），頁11；張東蓀，〈新實在論的論理主義〉，收入東方雜誌社編，《現代哲學一臠》（上海：商務印書館，1923），頁57-58。

[161] Ying-shih Yü, "The Radicalization of China in the Twentieth Century" *Daedalus*, 122:2 (1993), pp. 125-150.

[162] 劉笑敢，〈追不上的德先生與賽先生——五四以來的科學民主思潮〉，收入氏著，《兩極化與分寸感：近代中國精英思潮的病態心理分析》（台北：東大，1994），頁115-137。

[163] 張君勱，〈《人生觀之論戰》序〉，收入張岱年、敏澤主編，《回讀百年：20世紀中國社會人文論爭》，第2卷（鄭州：大象出版社，1999[1923]），頁575-576。

與「人生」的區別，他們忽略對柏格森來說，直覺（intuition）也是一種「深入物體內部」的知識補充、直覺也需要比較分析[164]。

在喧譁擾攘的兩極化傾向中，催眠學家口中的「精神科學」卻隱隱道出了第三種聲音。他們既不像張君勱一樣，將精神科學限定為文化科學，並讓純粹的精神與科學脫鉤，成為科學無法置喙的人生觀課題；他們也不像丁文江一樣，徹底消弭精神與物質的區分，將一切可觀察的知覺現象化約成為既有神經生物學的物質原則。催眠學家毋寧相信，現存的物質科學充滿局限，遠不足以解釋繁複深邃的心靈現象，但他們卻依舊對科學方法懷抱盼望，屢屢借用電磁學、化學、力學、內分泌學的知識來為心靈現象建立可能的科學解釋，並期待幾經研究的精神科學能落實為軍警的精神訓練與人民的精神教育，形塑一種新的人生倫理指引。

透過科玄論戰，我們更清楚看到了催眠學會科學方案的特徵。一方面，他們的「精神科學」與當時科學派的立場相左，科學派積極地切割科學與哲學，只願承認經驗事實而避談形上學推論；但催眠學家卻不願告別玄學，他們不避諱談論靈魂及一元二面論，並認為哲學與科學共同構成一個有機的整體。另一方面，玄學派也不會同意催眠學家的立場，因為催眠學家終究是一群科學主義者，相信「精神科學」有朝一日將提出宇宙

---

164 從張君勱等人與柏格森的訪談紀錄中，可以發現他們傾向將隸屬於人生觀的直覺，理解為潛修工夫、無須分析比較，但這卻非柏格森的立場。見張君勱，〈法國哲學家柏格森談話記〉，收入翁賀凱編，《中國近代思想家文庫：張君勱卷》（北京：中國人民大學出版社，2014），頁65。

及人生的解答。在科學派和玄學派的高亢音調中，非學院的精
神科學研究者以一種缺席辯論卻持續在場的姿態，指出了「精
神」與「科學」的第三種可能。

不過，從現在的眼光來看，這些不同立場的歷史行動者或
許都只道出科學的部分真相。丁文江等科學派成員雖然點出歸
納法與實驗在現代科學中的重要性，但他們對演繹法和哲學的
不安卻讓他們忽略科學活動總是依賴於理論（theory-laden），
而科學研究也蘊含特定的哲學觀，即使實證主義也無法擺脫形
上學預設[165]。張君勱等玄學派成員雖然點出科學萬能的迷思，
卻又過於武斷地用二分法將科學研究排除於道德、自由意志等
科學未必不能深入的主題，這些主題在當代成為跨領域神經科
學的焦點。至於催眠學家們，雖然他們經常不精確地使用科學
概念，且許多猜測與實驗都站不住腳，但不妨寬厚地說：他們
在心靈與意識的問題上走得比同時代人更前端也更有企圖心。

## 八、小結

有別於以往研究者將中國的靈學爭議聚焦在「上海靈學
會」與五四知識分子之間的反迷信鬥爭，本章從歷時性的角
度，透過催眠術、靈學、心理學三者關係的變動，考察19世
紀末期以降心理知識分化的軌跡。我希望表明的是，20世紀學

---

[165] 其他對科玄論戰中科學主義與歸納法的反省，可參考：林毓生，〈民初
「科學主義」的興起與含義——對民國十二年「科學與玄學」論爭的省
察〉，收入氏著，穆善培譯，《中國意識的危機》（貴州：貴州人民出版
社，1987），頁301-333。

院心理學特徵的確立並非僅僅來自少數科學菁英的正面表述（即心理學「是」什麼），而是在學院派與大眾科學、宗教的互動、劃分、否定、排除過程中才得以勾勒其形貌（即心理學「不是」什麼）。在此過程中，不同歷史行動者對催眠術的定位與詮釋成為分辨各自立場的關鍵，也反映出他們對科學的分歧主張及態度。大眾科學扮演了積極的角色，不但迫使學院菁英必須生產區隔化的論述，也對實證知識發出了異議之聲。

知識移動的路徑與科學從事者的結構轉變，影響了這個分化的過程。1890 年代中期以降，早期心靈學書籍將催眠術的相關知識引介進入中國，在啟蒙民智、破除迷信的同時，卻也挾帶了「靈魂」、「靈心」、「天心」、「真怪」等具超越色彩（transcendent）的觀念。傳教士與翻譯者是這個階段的關鍵行動者，而這也使得哲學、宗教、科學三者在心理知識發軔之初並無明顯扦格。

20 世紀的催眠學會延續了早期心靈學對超越界事物的關心，但淡化了其宗教意涵，並否定了普通人的宗教及靈異經驗。學會的主要參與者曾留學日本，亦有少部分留學歐洲。他們將靈學研究納為「精神科學」的一環，採取「混合—擴張」的科學立場，試圖綜合哲學、科學等各方學說，建構一套探索心靈現象的前沿典範，以逼近那所謂的「不可思議」的領域。催眠術在精神科學的理論架構下，成為靈學研究的主要方法。

相對地，「上海靈學會」的主導人物大多出身世家，幼通經史，他們重新復甦了宗教在科學中的地位。在楊璿眼中，催眠術作為一種西方科學，不過是低層次的方術，唯有中國固有之道術才能提供真正深刻的學術與道德解答。在重申宗教與哲

學的重要性的同時，靈學會亦對訴求破除鬼神之說的科學家抱持批判的立場。連帶地，扶乩取代了催眠術，成為靈學研究的理想方法。

而學院派心理學家受到歐美大學中實驗心理學的洗禮，在1910年代後紛紛擁抱了實證主義的立場。他們傾向「純化—限縮」的科學方案，切割哲學與科學，將心理學限定在可觀察、可實驗的範圍內，並反對靈學會的宗教迷信與催眠學會的江湖派心理學。超越界的事物在學院科學中不再有容身之所，催眠術被歸入了變態心理的領域，成為靈學的唯一解釋。

最後要指出的是，人們在這個世俗化、科學化的社會轉型過程中所作出的各種不同選擇，不僅決定了心理知識分化的軌跡，也影響了不同機構往後的發展路徑。在「精神科學」的口號下，催眠學會吸引了數以萬計的民眾加入，「中國心靈研究會」與「中國精神研究會」在上海持續活躍到1930年代後期；隨著中日戰爭烽火蔓延，兩學會輾轉遷移至四川、香港，後者並在戰後遷台發展直到1990年代。催眠術與靈學始終是它們引以為傲的招牌。反觀「上海靈學會」，儘管喧騰一時，但在成立的第二年度會員人數已不增反減，第三年度停止發行《靈學叢誌》。其後，靈學會近乎轉型為興學、救濟、收容的慈善組織，學術性的靈學研究就此中斷，只餘下求神問卜的傳統宗教活動[166]。扶乩作為一種研究方法，終究無法調和科學與宗教兩方面的期待，因而喪失對大部分民眾的吸引力。

---

166 黃克武，〈靈學與近代中國的知識轉型：民初知識分子對科學、宗教與迷信的再思考〉，頁146。

　　至於學院心理學的發展，繼陳大齊創立北大心理學實驗室後，1923年郭任遠受聘於復旦大學時，亦募集資金添置實驗儀器，完備程度堪稱前茅。唐鉞於1928年擔任清華大學心理系系主任期間，更建設了當時中國最先進的心理實驗室。1929年，在時任中央研究院院長蔡元培的支持下，中研院心理研究所成立，唐鉞為首任所長，初期的研究計畫包含習得行為、學習速度、神經發育與智力測驗等工作。隨著高等教育與研究機構日趨完備，心理學的實證科學取向大抵已經確立[167]。

---

167 相關發展參考：閻書昌，《中國近代心理學史（1872-1949）》。

第五章

# 結論

## 一、譜寫近代中國科學史的複調

　　本書從大眾科學的角度，架構了一段近代中國催眠術發展的複調歷史。這麼做的目的，是為了彌補過去中國科學史書寫習於關注上層知識菁英而遺留下的空缺；科學史應該嘗試關注更廣泛的「科學人口」（population of sciences），亦即分析哪些不同社會群體參與了科學活動，他們的群體動力、特性與正當性的消長。

　　回顧過往的作品，學者對近代「科學」的理解經常放在五四論述的脈絡底下。郭穎頤在1960年代出版的《中國現代思想中的科學主義》（ *Scientism in Chinese Thought, 1900-1950* ），是早期討論胡適、吳稚暉、陳獨秀等知識分子科學觀的開創性著作。其後，樊洪業、汪暉、金觀濤和劉青峰等人亦分別提出相關的思想史、概念史研究[1]。這些成果固然重要，但如艾爾曼（Benjamin Elman）所言，人們經常太過關注於五四運動以來科學宣傳者的政治修辭和哲學思想，卻忽略早期中國科學家對現代科學的發言[2]。話雖如此，相關研究並非真的匱乏，從1970

---

[1]　郭穎頤，《中國現代思想中的唯科學主義（1900-1950）》（南京：江蘇人民出版社，2010）；樊洪業，〈從「格致」到「科學」〉，《自然辯證法通訊》，第55期（1998），頁39-50；金觀濤、劉青峰，〈從「格物致知」到「科學」、「生產力」：知識體系和文化關係的思想史研究〉，《中央研究院近代史研究所集刊》，第46期（2004），頁105-157；汪暉，《現代中國思想的興起：科學話語共同體》（北京：生活・讀書・新知三聯書店，2015）。

[2]　Benjamin A. Elman, "New Directions in the History of Modern Science in China: Global Science and Comparative History" *Isis*, 98:3（2007）, pp. 517-523.

年代傅樂詩（Charlotte Furth）的《丁文江：科學和中國新文化》（*Ting Wen-chiang: Science and China's New Culture*）[3]，到1990年代張純如的《中國飛彈之父：錢學森之謎》（*Thread of the Silkworm*）[4]，都相當鮮明地呈現科學家與國族主義之間的聯繫。尤其1990年代以後，中國更出版一系列科學家傳記單行本，而機構史和學科史的研究也堪稱蓬勃發展[5]。這些研究毫無疑問在觀念和思想之外，拓展出理論、實作和制度的面向，更具體地處理科學發展的過程。晚近台灣的研究者則受到「科技與社會研究」（Science, Technology, and Society Studies，簡稱STS）的影響，對科學活動有更細緻的描繪，他們往往觸及知識的不確定性、實作中的協商、社會力量間的較勁，也更進一步處理到跨國流動、物質文化等主題[6]。

這些關於思想、學科、機構、科學家的研究，奠定了我們當前對近代中國科學的理解，它們大多都顯示科學在許多面向

---

3　Charlotte Furth, *Ting Wen-chiang: Science and China's New Culture*（Cambridge: Harvard University Press, 1970）.

4　Iris Chang, *Thread of the Silkworm*（New York: Basic Books, 1995）.

5　相關回顧可參考：王揚宗，〈中國當代科學的歷史研究芻議〉，《中國科技史雜誌》，第28卷第4期（2007），頁376-385；郭金海，〈1980年以來美國中國近現代科技史研究述要〉，《中國科技史雜誌》，第33卷第3期（2012），頁259-272。

6　例如，李尚仁處理英國海關醫官在中國的科學活動、雷祥麟處理現代中醫的誕生。參考：李尚仁，《帝國的醫師：萬巴德與英國熱帶醫學的創建》（台北：允晨文化，2012）；Sean Hsiang-lin Lei, *Neither Donkey nor Horse: Medicine in the Struggle over China's Modernity*（Chicago: University of Chicago Press, 2014）.

上同社會轉型、國族建構密切相關，亦是探問中國現代性的關鍵基礎。但不可諱言，拼圖仍缺了一塊。不論就幅員或人口而言，這些機構和學者的活動及其影響範圍，都無法代表中國科學發展的整體圖像。儘管難以否認這些在歷史上留名之人，左右了日後中國科學的走向，但以這些對象為中心的書寫不免又再度鞏固菁英決定的印象，而難以兼顧專業團體之外，民間一波又一波的科學潮流。

近年來，一些關照中、下層人民科學活動的學術作品陸續面世。范發迪針對毛澤東時代地震科學的研究，提供文革背景下「群眾科學」或「人民科學」的生動實例。人民在國家的動員下，參與了地震預測的集體工作，他們被要求觀測不尋常的自然現象，即時回報地方幹部。群眾的日常經驗通過這套計畫，轉化為國家的地震科學知識[7]。而舒喜樂撰寫的近代中國古人類學發展史，則呈現共產政權如何透過北京人化石的考古成果，對群眾進行馬克思主義教育。尤其在文革時期，在「勞動人民知識化，知識分子勞動化」的口號下，古生物學家被要求向群眾學習，在地民眾也透過化石展覽、雜誌、挖掘工作，參與了科學活動[8]。熊衛民則從較批判的立場，描述大躍進時期民眾如何受到鼓吹，集體投入製造號稱「超聲波」的各式儀器，應用在醫療、研究、日常生活和擴大生產力上，此浮誇的計畫

---

7　Fa-ti Fan, "'Collective Monitoring, Collective Defense': Science, Earthquakes, and Politics in Communist China" *Science in Context*, 25:1（2012）, pp. 127-154.

8　Sigrid Schmalzer, *The People's Peking Man: Popular Science and Human Identity in Twentieth-Century China*（Chicago: University of Chicago Press, 2008）.

最終為技術革新帶來不良後果[9]。

　　不難發現，無論是范發迪的地震科學、舒喜樂的古人類學、乃至熊衛民的超聲波科技，這些研究的主軸都放在共產政權下的中國。晚清至民初這段期間，目前大眾科學史書寫的重點幾乎仍集中在科學普及化、通俗化的面向上，例如陳平原的《點石齋畫報》研究[10]、王作躍的「中國科學社」研究[11]、王文基的《西風》雜誌研究[12]、以及黃相輔的《婦女雜誌》研究[13]。這些研究揭示了下層啟蒙的豐富內涵，有些也相當程度地呈現大眾吸收新知時的種種心態，但它們分析的焦點往往局限於報刊雜誌，且傾向將大眾的角色固著在「接受—回應」的向度上。儘管我們必須承認，知識分子與民眾之間的不對等始終存在，但我們仍應該嘗試探索清末民初的一般人民，是如何以更多元、主動的形式，去參與、組織、發展、創造科學文化和科學活動。他們的行動可能不見得獲得上層菁英的認同，甚至違反啟蒙理性的要求，但書寫他們的歷史，即是在開拓「五四論

---

9　熊衛民，〈1960年的超聲波化運動〉，《科學文化評論》，第11卷第3期（2014），頁41-64。

10　陳平原，《左圖右史與西學東漸：晚清畫報研究》（香港：三聯書局，2008）。

11　Zuoyue Wang, "Saving China Through Science: The Science Society of China, Scientific Nationalism, and Civil Society in Republican China" *Osiris*, 17 (2002), pp. 291-322.

12　王文基，〈心理的「下層工作」：《西風》與1930-1940年代大眾心理衛生論述〉，《科技、醫療與社會》，第13期（2011），頁15-88。

13　黃相輔，〈居家必備：《婦女雜誌》在五四前的通俗科學啟蒙（1915-1919）〉，《中央研究院近代史研究所集刊》，第100期（2018），頁85-128。

述」之外，另一種對當時「科學」的複調式理解。而這也有助於我們比較民國時期大眾科學和共產時期群眾路線的差異。

## 二、界限劃分、知識分化與自我的形塑

清末民初華人社會的催眠術歷史，是一部關於大眾的精神科學史。然而，「大眾」在此意謂的是，研究者必須拓寬所要考察的「科學人口」，而非表示這些活動必定專屬於下層人民。我們必須認識到，即使催眠術是常民生活逸樂的一部分，但參與催眠術的歷史行動者卻遠遠不限於此。與許多歐美大眾科學史的看法略有差異，本研究不擬將「大眾」限定為一種階級性格，也不將之視為對「高雅文化」（high culture）的反動，這些特徵並不符合我們對清末民初科學史的一般看法：在那段時期的中國，新舊的衝突往往凌駕於雅俗的區別，並呈現出各方跨國知識並存的多元性。爰此，我採取了一種更開放且更動態的觀點，將「大眾科學」的領域界定為「界限劃分的競技場」。在此意義下，所謂的「大眾」，便不再指向單一的、客觀的、在己的（being-in-itself），或由研究者所框定的社會群體範疇，而是不同歷史行動者依其意圖與社會經濟條件而達成的不同主觀建構[14]。這首先包含象徵界限（symbolic boundaries）

---

14 「大眾科學」究竟意指「大眾的科學文化」、「科學普及」，還是「對立於學院菁英的科學活動」？「大眾」又包含哪些人？其「科學性」何在？諸如此類的問題，一直以來都廣受爭辯，而「沒有明確指涉」似乎成為操作「大眾科學」此一概念的痛處。但換個角度，正因為這種游移的特性，此概念反而能幫助研究者帶出歷史的複雜性與異質性，將傳統菁英科學活動以外

的劃分，透過描繪大眾的特徵（群之染性、喜新誇大、迷信……），進行大眾內部的區隔（有無教養、人格高低、訓練與否……），以及動用與大眾相關的各種詞彙（普通人、群眾、江湖派、愚民……），來鞏固或排除某一群人參與科學的正當性；在此過程中，專業／業餘、菁英／大眾的分野不斷受到協商、更動。而這些修辭與製造出來的觀念，也進一步外化為具體的社會界限（social boundaries），形塑制度性的區隔，包括法令的管制、學科的規範等。要言之，大眾科學視角所希望呈現的是，在各種新科技、新事物自各方雜沓而至的時代，形形色色的人們迎向了催眠術，但他們並未擁有共同的動機或目的，也不見得接納彼此的作法，而是展露出不同立場，並迸生各種競合關係。

因此，讀者應可發現，貫穿本書的研究旨趣，不在於強調那些已經穩定下來的學科建制，或是既有制度中受到推崇的少數科學家。這份研究毋寧環繞於如下這些問題：是什麼樣的劃界工作促進了知識分化？哪些異質的歷史行動者在知識傳播、知識建構的過程中扮演角色？他們是如何被招募或被排除，以致科學成為如今的模樣？又是哪些跨越特定科學社群，由社會成員共享的信念、價值、思想、記憶，形構了人們觀看和感知

---

的種種現象放在「傘狀術語」（umbrella term）下一同並置分析。就本書而言，「大眾」作為書寫的對象，可以是第二章裡市井百姓的科學文化，也可以是第三章裡以中產階級男性為主體的科學活動，亦可以是第四章裡對立於學院派的民間靈學研究者提倡的科學議程。這些不同的「大眾」懷有不同動機和科學想像，也以各自的方式進行界限劃分或被劃分，從而交織成一幅催眠術在中國發展的整體圖像。

的方式？而現代性的自我經驗又如何在此過程中被創造出來？

科學活動中歷史行動者的異質性清楚顯現在近代中國催眠術的歷史圖像中。從19世紀末開始，作家、翻譯者、出版者帶動了催眠術的書面資訊在民間的傳播。20世紀的第一個10年，出現良莠不齊的催眠師透過展演和講習會，創造人們實際的催眠術體驗，被吸引的參與者從市井小民、讀書人到政府官員皆有，跨越了身分和階層的藩籬。其中，留學日本的鮑芳洲、余萍客等人，成立了結合診療所、學校和出版社等部門的催眠學會，在全盛時期分別有高達近十萬會員，身分主要包括學生、教師、警察、軍人、商人、職員，乃至海外華僑等具相當經濟能力的男性，他們的活動範圍跨越城市和國家的地理疆界。這些人都不是傳統意義下的科學家，但他們也不是被動的知識接收者；相反地，催眠學會的會員親身操演了學得的催眠技能，練習用相似的格式發表實驗報告，主動驗證催眠效用，並擴充應用範例。或許每一份個案報告都微不足道，但就如同成千上萬的珊瑚蟲聚積成礁，這類細微的科學實踐不斷強化其整體的說服力，根本地構築了中國的催眠學事業。換句話說，這些參與者並非居於「接受—回應」的知識位置，而是透過「遞交報告，換取承認」的交換迴路，獲得頭銜、傳習、設立支會的權利，進而成為擴張組織規模的教授者、治療者。

不過，在強調常民的主動性的同時，我們仍不能忽視上層知識傳播者的角色。晚清如丁韙良、傅蘭雅等西學教育者，以及民初如蔡元培、陳大齊等學院心理學家，都曾經透過書寫或翻譯，把催眠或暗示的觀念引介進入中國。這顯示出催眠術在當時的確被嚴肅看待，而非只是下層社會的遊藝。上層知識分

子在傳播催眠或暗示觀念時，經常帶有啟蒙的意圖，無論是破除迷信，或是矯正惡癖。但不可諱言，他們的影響力畢竟是局限的。我們無法用一種「擴散論」的觀點來解釋催眠術的發展，即認為催眠知識是由菁英傳播至群眾。事實上，催眠知識在中國的流動有多重來源和路徑，借取了不同國家的知識資源，並開展出不同的實作邏輯。大多數時候，人們無須透過上層的中介來認識催眠術。

正是由於多元的來源、路徑，以及異質的科學行動者，使得「界限劃分」成為必要的工作。與同時期其他西方科學相比，催眠術的價值不斷遭受各種挑戰，這些挑戰來自群體心理學對集體暗示的負面描述、新聞和文學對催眠犯罪的刻畫，以及民間信仰對失魂、附身的畏懼。在這種情況下，「大眾」的若干特徵成為劃分「利用」與「濫用」的依據，陌生人、外國人被當作嫌疑犯看待，講習所的集體活動則被視為危險。催眠學會為了消弭疑慮，對「大眾」這個範疇進行再次區分。學會成員雖然來自民間，但如同許多學院人士發起的科學社團，它們具有一套訓練、考核、發表的機制，透過這些機制的運作，被招募的常民搖身成為訓練有素的實驗者，其他的人則被貶抑為迷信的愚民。當國家的態度搖擺，學會制度搭配上精神教育的政治修辭，替催眠術傳習撐開一片免受政治打壓的空間，並成功開拓醫療市場的利基。中國精神研究會在1937年取得政府立案許可，正代表象徵界限和社會界限的劃分發揮了效果。

放到更大的知識脈絡下來看，催眠術的應用範圍則成為知識領域分化的爭議點，不同背景的行動者在此對抗。催眠學會受到歐美psychical research潮流的影響，除了宣傳催眠術的醫

療價值，也積極利用催眠術探索靈魂、超感官知覺等「不可思議」之現象，希望開展出有別於物質科學的精神科學領域。然而，像是上海靈學會的楊璿等人，儘管一度著迷於催眠術，後來仍決定以傳統的宗教扶乩驗證靈魂、鬼神的存在，主張中國固有的道術比西方精神科學更為博大精深。催眠或扶乩的方法之爭，反映出轉型時代的人們不同的價值選擇，他們對宗教與科學、傳統與現代有不同的劃分方式。這種劃分不是絕對地選邊站，而是決定要在多大程度上拒斥哪些元素。

另一方面，19世紀後期傳入中國的心靈學，混合了宗教、哲學、科學的成分，但其中蘊含的超驗內容在20世紀心理學建制化的過程中受到排除。以陳大齊為代表的學院心理學家，將催眠放入變態心理的範疇，並將超感官知覺解釋為催眠現象或騙術。相反地，延續早期心靈學對超驗事物的關心，催眠學會的精神科學研究者非但不把變態心理視為原因，反而認為催眠術提供特殊途徑，讓人有機會探查在平常狀態下受遮蔽的靈能、靈象。19世紀的心靈問題，在民國初年分化為靈學會、催眠學會、學院心理學三種知識立場，而學院心理學家向靈學發動的攻擊，不但與心理學專業化（或「去玄學化」）密切相關，也蘊含有破除民間迷信的社會改造理想。

但必須強調的是，有別於跟靈學會的衝突，學院心理學家和催眠學會之間的張力，並非來自傳統與現代的矛盾，而是兩套移植而來、難以妥協的現代性方案：一者循著物質科學的路線，期望深化現代科學的成就；一者另闢精神科學的道路，期望超越既有科學的限制。前者採取「純化—限縮」的策略，切割科學與形上學；後者則主張「混合—擴張」，提出結合生理

學、心理學、哲學的科學議程[15]。但雙方的共同點在於，他們都
認為應該將催眠術擺放在特定的知識秩序裡，排除普通人對催
眠術的無節制濫用，以確保科學的進步。他們的排除行動，恰
好顯示出科學與政治之間的「同構邏輯」（homology）：在一個
巨大變動的時代，科學家和國家分別以各自的方式，限制催眠
術的使用範圍，避免它成為知識和政體的危害。

　　除了劃界、排除與限制的種種面向，我們也必須認可這些
紛雜的催眠學說所孕育的創造性。催眠術在中國的發展標誌了
一個廣泛的時代意義，開啟人們對自我和身體的重新理解，而
它的重要性正來自於它不受上層思想局限的大眾科學特徵。如
同英國社會學家羅斯（Nikolas Rose）所言，從19世紀中期開
始，各種以psy為字首的學科（psy disciplines）紛紛興起，包
含心理學、精神醫學、心理治療、精神分析等。這些學科與當
時歐洲、北美自由民主社會的權力運作機制高度相關，同時也
轉變了現代人的自我理解方式[16]。這些理論與實作在19世紀晚
期以降陸續進入東亞，扮演東亞國家追求現代性的重要資源，
也發展出與歐美不盡相同的面貌。晚近的歷史研究者紛紛注意
到，這類心理知識是理解東亞社會變遷極為關鍵的一部分[17]。不

---

15　例如，鮑芳洲的傳人徐鼎銘即強調：「催眠術是精神學──由心理學、生理
　　學、哲學三科融合而成的科學。」見鮑芳洲、徐鼎銘，《催眠學家的正則養
　　成》（台北：中國精神學研究所，1996），頁225。

16　Nikolas Rose, *Inventing Our Selves: Psychology, Power, and Personhood*
　　（Cambridge: Cambridge University Press, 1996）, pp. 10-11.

17　這方面的回顧可參考：Harry Yi-Jui Wu and Wen-Ji Wang, "Making and
　　Mapping Psy Sciences in East and Southeast Asia" *East Asian Science, Technology
　　and Society*, 10:2（2016）, pp. 109-120.

過，假如我們認清即使到了1940年代，中國的神經精神科醫師和新式精神病院都相當稀少這一事實[18]，便應該可以了解，這些心理知識在中國發揮的影響力，很大一部分必須看向日常生活中的大眾實踐。

自晚清以來，人們已然認清救亡圖存的作為必須超越物質和制度層次的改革，如何塑造「新民」和「新人」成為一個重大的自我政治課題。心理知識為此提供思想資源，而「無意識」的觀念即是其中一個面向。在歐美的歷史脈絡下，無意識之自我觀的興起，相當程度是為了回應資本主義倫理中，「自制」要求所帶來的精神緊張[19]。然而，如一些學者所指出的，這樣的觀念進入中國後，引起相當不同的反應。林基成認為，民國初年知識分子對無意識、壓抑等精神分析學說的接收是「神話式」的，即基於對西方理論的熱情，但並未認真對待具體的科學細節和臨床使用[20]。王汎森進一步指出，當時中國青年重視的不是無意識的作用，而是主張「人」應該要由「無意識」提升到「有意識」的境界[21]。普遍而言，新知識分子們在論述的層次上對「無意識」沒有太正面的評價，往往是貶抑居多，視之

---

18 王文基，〈瘋狂、機構與民國社會〉，收入王文基、劉士永主編，《東亞醫療史：殖民、性別與現代性》（台北：聯經，2017），頁77-98。

19 Eli Zaretsky, *Secrets of the Soul: A Social and Cultural History of Psychoanalysis* (New York: Vintage, 2005), p. 38.

20 林基成，〈弗洛伊德學說在中國的傳播：1914－1925〉，《二十一世紀》，第4期（1991），頁20-31。

21 王汎森，《思想是生活的一種方式：中國近代思想史的再思考》（台北：聯經，2017），頁75。

為必須掙脫的狀態。如新文化運動的代表人物胡適（1891-
1962）便曾尖銳地說道：「凡事不問為什麼要這樣做，便是無
意識的習慣行為。那是下等動物的行為，是可恥的行為。」[22]高
覺敷在引介精神分析時，也將無意識的領域理解為「被遣逐的
私慾」「苟延生命」之所在，並評斷此類學說過於「玄虛」[23]。
而當時盛行的勒龐學說對群眾無意識的批判，前文已有著墨，
此處自不待多言。

　　在思想層次上，無意識的自我觀顯然無法符合時代青年們
對「覺醒」的強調。但本書希望指出，一旦我們將目光看向大
眾的日常科學實作，無意識的心理學說就絕非只是一種空泛的
熱情，也並非與「新人」相違背；相反地，它模塑著為數眾多
的人們，一種新的身體觀和自我感知方式。催眠術一直以來被
精神醫學史家描述為無意識學說的起源[24]，而中國的催眠術史案
例向我們顯示，催眠學會的函授教材屢屢提及「潛在精神」，
並將此「無念無想」的狀態歸結為不可思議現象的來源；相對
地，代表「意識」的「顯在精神」則被形容為充滿「雜念」[25]。
而這也影響了通俗文學的表現，好比一位作者曾經寫道：「發

---

22 胡適，〈我對於喪禮的態度〉，《新青年》，第6卷第6期（1919），頁577。

23 高覺敷，〈譯序〉，收入 S. Freud 著，高覺敷譯，《精神分析引論》（上海：
　　商務印書館，1933），頁18、21。

24 最具代表性的莫過於：Henri F. Ellenberger, *The Discovery of the Unconscious:
　　The History and Evolution of Dynamic Psychiatry*（London: Fontana Press,
　　1994）.

25 鮑芳洲，《催眠學函授講義》（上海：中國精神研究會，1917），頁33-35、
　　48。

動對方的潛在精神，好像那川竭了的電池，重又過上新電似的。」[26] 藉由報刊與函授教育的傳播，這個「無意識」的同義詞帶著煥然一新的色彩，被數以萬計的讀者接收。此外，催眠學會發行的刊物不只介紹催眠學流派，也對精神分析學派有所著墨[27]。另一些作者則試圖以電磁學來解釋潛在意識引發的催眠及千里眼現象[28]。從普及的程度來看，這些主要承襲自歐陸、日本的民間無意識學說，甚至要比 1930 年代後期戴秉衡（1899-1996）等臨床知識菁英引介自美國的精神動力學說，影響、形塑更多民眾的心理經驗[29]。

「無意識」作為一個概念，在普羅大眾思想上引發的共鳴許多時候是正向、甚至是偉大的[30]，這跟知識分子的戒慎恐懼形

---

26 葉勁風，〈一寸山河一寸血（111）〉，《申報》，1946年12月3日，第11版。

27 亦農，〈精神分析法之創始者 Sigmund Freud〉，《心靈》，29期（1924），頁 1-7。值得一提的是，該文雖然著重精神分析的發展，卻也認為佛洛伊德發明精神分析法是因為「不精於催眠術」的緣故。

28 見第四章提及的中國心靈研究會成員李海濤的文章。

29 一般認為，戴秉衡是中國首位接受短期正統精神分析訓練的治療師。在 1935-1939年間，他在北平協和醫學院神經精神科及北平市立精神病療養院服務，開設「心理分析」課程並提供臨床診療。關於戴秉衡所代表的美國精神分析在中國的種種發揮，參考：王文基，〈「當下為人之大任」：戴秉衡的俗人精神分析〉，《新史學》，第17卷第1期（2006），頁91-142。

30 在報紙上不乏以下描述：「自晚近新心理學家發見人人具有之潛意識後，其控制心身能力之偉大，更非常人意料所及。」見〈名醫李紹廣遷移診所〉，《申報》，1935年11月12日，第12版。「反之吾人每當克制情感慾望之後，其情感慾望中所涵有之良能（又曰本能）不致隨情慾以消散，必有幾許儲入吾人之潛在精神（此精神必於催眠時始能發現。佛學曰藏識，嚴侯官名之曰蟄覺，英文曰 Inspiration）而為人類最高尚之能力。」見克庵，〈道德叢

成鮮明反差。更進一步，不只在表述的層次，更在生活之中，人們真切地目睹、體驗到了無意識歷程帶來的轉化和改變。催眠術向人們許諾了埋藏在既有意識之下的潛能，能夠祛除積習惡疾與不良品行、強健國民的精神意志，乃至拓展人類的感官能力。如中國精神研究會的宣言所指出的，精神治療是因應時代需要的發明，「如催眠術、及精神分析法等，皆能起沉疴於垂斃，逐二豎於膏肓」[31]。學會的宣稱在民間獲得回響，翻閱一份又一份會員來函或實驗報告，我們不斷地看見人們回報他們在催眠實驗中的驚奇發現，以及流露從絕望中獲得解救的感激之情。投身催眠術的中國人，除了出於好奇的動機，也無非寄望身心能有所轉化，能擺脫孱弱的病體，保衛精神的衛生，並成為具有實驗精神的科學人。而催眠術的教育也同樣要求修習者培育人格上的修養，一名學員研讀鮑芳洲的講義後，不禁表示「恍然大悟而知五十一年之非，現已如示修練期滿，心身舒暢莫可名狀」[32]。另一名學員則聲稱「應用暗示而生出樂觀堅忍奮鬥及求新生活之偉大氣魄」[33]。更有擺脫宿疾的受術者直言：「所患均已痊癒，吾今已非故人，另成新人矣」[34]。

　　由此可知，心理知識一方面刺激了上層知識分子構造他們的「新人」理想，另一方面也確實在下層民眾身上發揮形塑自我的功能。這兩者間雖然分享了相似的用語和思想資源，但在

---

話：精神上之儲蓄談〉，《申報》，1921年6月3日，第16版。

31 鮑芳洲、徐鼎銘，《催眠學家的正則養成》，頁180。

32 鮑芳洲、徐鼎銘，《催眠學家的正則養成》，頁97。

33 鮑芳洲、徐鼎銘，《催眠學家的正則養成》，頁99。

34 董天錫，〈催眠術治癒各種奇難怪病〉，《精神》，秋號（1917），頁21。

理解和詮釋上卻呈現出不和諧的張力。對胡適等知識分子而言，集體層次的「國民」是他們意圖改造的對象：「無意識」是屬於群體的，是舊社會關係延續下來、想當然耳的陳規陋習，也是未經理性思考、由慾望主導的衝動行為。但追逐催眠術的普羅大眾卻看不到知識分子所看到並意圖批判的那個集體，因為他們之中的大多數人可能就處在那個被指涉的集體之內。他們關心的毋寧是更切身的個人困惑，而非整個社會：如何滿足自己的好奇心？如何解決自身的病痛？如何超越自身的限制？他們沒有高遠的理念充當改變的武器，也無法「有意識」地形成縝密的社會藍圖，而是遁入更不受羈束的想像空間，將現實的難題寄望於潛藏個人內在的「無意識」力量。透過個人此前與此後的變化，他們經驗到一個時代的「新」，並賦予自己價值。這些上層／下層歷史行動者殊異的生命歷程及所立足的不同社會位置，讓他們對於「無意識」、「暗示」等心理學概念帶有不同的道德評價。關於這些心理學概念在下層社會的開展，學界目前探討尚少，但無疑是一個饒富意義且值得繼續深究的課題。而讀者亦當注意，催眠學會成員所展現的只是其中一種下層社會打造自我的方式，同時期尚有許多不同的自我技術運作著。

　　在這本書中登場的歷史行動者，絕大多數的身世已不可考，縱使像余萍客、鮑芳洲等催眠學要角，關於他們的生平我們也所知無多。如今人們往往記得陳大齊、陳獨秀等五四知識分子對靈學的激烈批判，彷彿只有透過這種斷裂式的啟蒙，方能打造新時代的理想人類。然而，本書想要凸顯的是，「科學」除了作為一種思想的指導、一種學院的活動，它也滲透在尋常

人物生活的方方面面，讓他們在其中尋找自我和家國的新可能。

不過我們也不要忘記，催眠術之所以具有強大的滲透力量，並不全然因為它是全新的科學，而是它與某些傳統元素的親和性。錢穆（1895-1990）就曾回憶，自己二十多歲時觀察友人朱懷天練習鮑芳洲所授之自我催眠，發覺「其術頗似靜坐，只坐後自心內定歷四十五分鐘或一小時醒來，即能入睡眠狀態，到時果醒，則此術已成」[35]。靜坐、心學、氣論、叫魂、附身等元素，交織成一面意義之網，纏繞著外來的知識，牽動人們熟悉的記憶，引發內在各種正面或負面的情感。

## 三、過去與未來

最後，我們還可以在更大一點的時空尺度下，思考催眠術史的變與不變。從18世紀到21世紀，從歐美到東亞，歷史書寫者致力於闡明催眠術的各種變異及文化特殊性。但不變的是，人們始終沒有放棄他們對心靈能力的探索，一系列的嘗試也始終沒有擺脫科學的爭議。即使如羅斯所言，如今精神科學的真理技術（truth technologies），已經由個案式的思考逐漸讓位於藥物的隨機對照試驗（randomized controlled trial），而心理學的內在深度空間也逐漸平面化為腦科學的成像（mapping）[36]，然

---

35 錢穆，《八十憶雙親師友雜憶合刊》（台北：東大，1983），頁84。

36 Nikolas Rose, *The Politics of Life Itself: Biomedicine, Power, and Subjectivity in the Twenty-First Century*（Princeton, NJ: Princeton University Press, 2009），pp. 26, 191.

而，催眠術並沒有就此離開科學家的視線。1970年代，一位重要的心理學家希爾加德（Ernest Hilgard）宣稱，「現代實驗開始將催眠現象從偽科學的邊緣地帶解救出來，使之進入常態心理科學的領域」[37]。透過運用量表和統計學工具，催眠感受性的量化曲線被建立起來，取代早期的經驗性描述，但研究者仍持續爭辯著影響催眠感受性的種種變因。

此外，科學家也持續探究各種催眠術的臨床用途，從1970年代到目前為止，有將近一千篇的醫學論文，以隨機對照試驗、系統性回顧（systematic reviews）或統合分析（meta-analysis）的方法，來研究催眠術在疼痛、分娩、安寧照護、戒菸等健康問題上的應用，但大多數的研究都受限於病患樣本數，未有定於一尊的結論[38]。不過有時仍有令人目光為之一亮的消息，2018年頂尖醫學期刊《刺胳針》（The Lancet）的子期刊即刊登一篇研究，指出催眠治療能顯著減少大腸激躁症（irritable bowel syndrome）患者的症狀[39]。許多在主流醫療體制下的臨床醫師這才赫然意會到這套老舊的療法並非真的過時。而功能性磁振造影則提供另一種手段，幫助科學家了解在催眠狀態下不同腦區的活化程度及功能性連結。但一個19世紀即

---

37 Ernest R. Hilgard, "Hypnotic Phenomena: The Struggle for Scientific Acceptance" *American Scientist*, 59:5（1971）, pp. 567-577.

38 根據 PubMed 網站（https://www.ncbi.nlm.nih.gov/pubmed）的統計。

39 Carla E. Flik, et al., "Efficacy of Individual and Group Hypnotherapy in Irritable Bowel Syndrome（IMAGINE）: A Multicentre Randomised Controlled Trial" *The Lancet Gastroenterology & Hepatology*,（2018）, doi:10.1016/s2468-1253（18）30310-8.

廣受爭辯的老問題：「催眠暗示帶來的行為變化，是否必然要在入神狀態（hypnotic trance）下才能產生？」，仍沒有獲得滿意的解決。如同先前的人們提出各種不同的理論（潛在精神、暗示感應、聯想作用、豫期作用、腦少血）解釋催眠經驗，腦科學的影像證據如何用於釐清意識狀態及主觀經驗、行為間的因果關連，依然在心理學家之間爭論不休[40]。

另一方面，儘管靈學或超心理學研究在近代科學史上引發強烈爭議，但至今仍有一群研究者視之為嚴肅的科學事業。中國催眠學會所效仿的英國心靈研究會（The Society for Psychical Research），在19世紀末聚集了一批舉足輕重的科學家投入靈學領域。到了1930年代，實驗心理學蔚為主流，以萊因（J. B. Rhine）為代表的超心理學研究者，開始利用大學實驗室設備與心理學研究方法，繼續從事心靈現象（psi phenomenon）的研究，並發行具同儕審查機制的《超心理學期刊》（*Journal of Parapsychology*），一度得到數理統計學會（Institute of Mathematical Statistics）對其方法的認可[41]。

---

[40] Harutomo Hasegawa and Graham A. Jamieson, "Conceptual Issues in Hypnosis Research: Explanations, Definitions and the State/Non-State Debate" *Contemporary Hypnosis*, 19:3（2002）, pp. 103-117; Steven Jay Lynn and Irving Kirsch, et al., "Hypnosis and Neuroscience: Implications for the Altered State Debate," in Graham A. Jamieson, ed., *Hypnosis and Conscious States: The Cognitive Neuroscience Perspective*（Oxford: Oxford University Press, 2007）, pp. 145-165.

[41] Andreas Sommer, "Psychical Research in the History and Philosophy of Science: An Introduction and Review" *Studies in History and Philosophy of Biological and Biomedical Sciences*, 48（2014）, pp. 38-45.

　　到了1970年代，號稱擁有心電感應和念力的傳奇靈媒蓋勒（Uri Geller），再度吸引科學家的目光。蓋勒受邀至史丹佛國際研究院、倫敦大學伯貝克學院等學術機構接受科學家檢視，包括著名的物理學家玻姆（David Bohm）、巴斯汀（Ted Bastin）、泰勒（John Gerald Taylor），都曾參與或見證超心理學實驗，相關的報告和討論更刊登在《自然》（Nature）、《新科學人》（New Scientist）等知名刊物上[42]。一如過往的歷史，科學社群對這類研究的抨擊和嘲諷從沒少過，只不過此時有另一群專業人士——科學哲學家，開始在學術場域介入超心理學的評價工作[43]。1991年，理論心理學期刊《心理學新觀念》（New Ideas in Psychology）發行一輯探討超心理學的專號，由科學哲學家本黑（Mario Bunge）發表引文[44]，並邀集布東（Raymond

---

[42] 社會學家柯林斯（Harry Collins）和聘區（Trevor Pinch）曾經就1970年代的超心理學爭議，寫下一本在分析上甚具洞見的著作。參考：Harry Collins and Trevor Pinch, *Frames of Meaning: The Social Construction of Extraordinary Science* (London: Routledge, 1982).

[43] 20世紀前期的科學哲學家並非不關心超心理學，只是他們的評價多半發表於私下場合。如邏輯實證論者卡納普（Rudolf Carnap）曾在自傳中描述自己和維根斯坦（Ludwig Wittgenstein）的某一次會面，當他們聊到超心理學時，維根斯坦對之強烈反對，但卡納普卻主張這些超心理學現象的存在與否及其解釋，都是重要的科學問題。參考：Rudolf Carnap, "Intellectual Autobiography," in Paul Arthur Schilpp, ed., *The Philosophy of Rudolf Carnap* (Illinois: Open Court, 1963), p. 26.

[44] 本黑主張超心理學是一門偽科學，其四個主要理由簡述如下：（一）超心理學和其他科學沒有連貫性，牴觸了理性主義；（二）超心理學假設思想可以不經物質媒介傳導，牴觸了物質主義；（三）超心理學違反了科學的基本原則，倘若超心理學為真，現今的科學原則都得被放棄，唯有反科學或偽科

Boudon）、費耶若本（Paul Feyerabend）、布利茲（David Blitz）、哈曼（Willis Harman）等重要學者予以回應。如同過去的每一場爭辯，超心理學雖然遭遇許多偽科學的指責，但它終究保有了少數的同情者和支持者[45]。

　　華人社會中的科學家也沒有在這個領域中缺席。雖說共產中國建立後，催眠學會的靈學活動就此停擺，而整個1950、60年代的報刊上也鮮少有關於催眠術的討論[46]。在蘇聯心理學家巴甫洛夫（Ivan Petrovich Pavlov, 1849-1936）的唯物主義典範影響下，催眠術僅僅被視為大腦皮質因「單調的刺激所發生的一

---

　　學的支持者才願意付出這種高昂代價；（四）科學的本質是系統性的，但超心理學卻孤立於其他學科，無法成為系統的一部分。參考：Mario Bunge, "A Skeptic's Beliefs and Disbeliefs" *New Ideas in Psychology*, 9:2（1991）, pp. 131-149.

45 例如，費耶若本便不贊成將超心理學排除於科學之外，他批評本黑提出的判準很可能會過度排除掉科學中許多重要的部分。而布利茲也不同意本黑基於物質主義原則排除超心理學。參考：Paul Feyerabend, "It's Not Easy to Exorcize Ghosts" *New Ideas in Psychology*, 9:2（1991）, pp. 181-186; David Blitz, "The Line of Demarcation Between Science and Nonscience: The Case of Psychoanalysis and Parapsychology" *New Ideas in Psychology*, 9:2（1991）, pp. 163-170.

46 當時在《人民日報》、《光明日報》等全國性大報上，催眠術甚少報導，偶有提及，大多也跟巴甫洛夫學說脫離不了關係。如「條件反射性睡眠療法是根據巴甫洛夫學說，運用催眠暗示法，並輔以適當的藥劑，促使患者睡眠。」見〈南京精神病防治院推行條件反射性睡眠療法效果良好〉，《光明日報》，1954年11月27日，第2版。或「一直為迷信和宗教所困擾著的『睡眠與催眠問題』（第八章），也由於巴甫洛夫的神經抑制過程的學說而得到了唯物主義的解釋。」見丁瓚，〈讀《巴甫洛夫選集》中譯本〉，《人民日報》，1955年12月2日，第3版。

種反射性的抑制」，用以理解動物實驗中的睡眠現象[47]。但歷經文革時期的沉寂，1980年代前後開始，特異功能熱潮在中國復甦，陳守良、溫璋文等科學家，陸續針對耳朵認字、透視展開研究[48]。約莫也是在1980年代後期，台灣的物理學家李嗣涔、陳建德，與心理學家唐大崙等人，也開始研究起手指識字的特異功能，甚至發現受試者觸摸到佛道相關的字詞，會看見亮光或宗教圖像。據此，他們提出「信息場」的物理學假設，並宣稱「這個實驗已為傳統佛教的世界觀開始建立科學的基礎，也為『信息場』研究領域開啟了一嶄新的研究方向」[49]。面對奧祕的心靈結構，李嗣涔再度回到催眠現象，主張催眠減少了「大腦紛亂的量子場不斷產生及崩潰過程」，在精神鬆懈下來後，被術者的無意識會逐漸顯露，那是一種「帶有前世的記憶」的「複雜的自旋幾何結構」[50]。翻看論文的參考資料，我們將發現八十多年前余萍客寫下的催眠著作赫然在列[51]。

---

47 巴甫洛夫著，吳生林、賈耕、趙璧如、劉本鑑譯，《巴甫洛夫選集》（北京：科學出版社，1955），頁242。

48 盧國慶，〈現代超心理學「功能人眼」科學研究〉，《國防大學通識教育學報》，第5期（2015），頁52-67。

49 李嗣涔、陳建德、唐大崙，〈由手指識字實驗辨識特殊關鍵字所觀察到的異象〉，《佛學與科學》，第1卷第1期（2000），頁8-17。如同本黑對歐美超心理學的批判，台灣的科學哲學家也參與在本土的超心理學爭議中，例如：陳瑞麟，〈特異功能研究是科學嗎？〉，收入氏著，《科學與世界之間：科學哲學論文集》（台北：學富，2003），頁321-331。

50 李嗣涔，〈心靈的結構與物理〉，《佛學與科學》，第17卷第1期（2016），頁6-16。

51 李嗣涔參考的版本是2011年品冠文化出版的《催眠術與催眠療法》，該書的內容出自余萍客在1931年出版的《催眠術函授講義》。

　　就此看來，五四知識分子的反迷信鬥爭，並未真的斷定了日後科學的走向，即使學科的畛域不斷分化，在某些知名科學家（哪怕只是少數）的研究生涯裡，科學與宗教依然緊密相倚，並同時讓他們的名聲添上爭議。此外，「玄學鬼」也沒有真的被驅逐。近二、三十年來，心智哲學家和神經科學家建立起新的合作模式，在不同層次和論域中一同探索心智的問題。儘管心靈的物質主義解釋當道，但當年鮑芳洲、余萍客所提倡的「一元二面論」卻沒有就此成為過時的無稽之談，哲學家們仍持續在此形上學立場上與科學進行對話[52]。

---

52 以下茲舉幾例：Kenneth M. Sayre, *Cybernetics and the Philosophy of Mind* (New Jersey: Humanities Press, 1976); Thomas Nagel, *Mind and Cosmos: Why the Materialist Neo-Darwinian Conception of Nature is Almost Certainly False* (Oxford: Oxford University Press, 2012); 洪裕宏，《誰是我？意識的哲學與科學》（台北：時報文化，2016）。

# 後記

　　25歲那年，我即將從醫學系畢業，面臨了何去何從的抉擇。進入醫院，完成專科訓練，人生的道路看似自然而然向前延伸；但我不免遲疑，是否要將青春的大好時光投擲於日復一日的醫療工作？在一場醫院忘年會結束後，幾個一同實習、喝得微醺的朋友仍意猶未盡，跑到醫院對面的超商繼續閒聊。我們人手一瓶啤酒，漫無目的地展開話題。忽然有人問我：「這真的是條你想走的路嗎？」聽到這句再普通不過的問句，我竟沒來由地開始啜泣，終至哭掉一整包面紙。誰知道這個令人詫異、尷尬的反應，竟改變了我接下來幾年的旅程。就像催眠術一樣，酒精在那個當下也催化了一場無意識之旅，讓我聽見內心的聲音。在成書之際，我必須要感謝那個令人尷尬的時刻、在場的友人，以及手中的啤酒，讓個性謹小慎微的我，決定做出不一樣的嘗試，最終孕育了這本作品。

　　本書改寫自我的碩士論文。2015年我離開醫院進入研究所，踏入我的指導老師王文基教授的研究室，跟他說我想學習怎麼做歷史研究。我在大學剛入學時曾修過他開設的「身體史」課程，懵懵懂懂地讀了Foucault、Elias、栗山茂久等人的名作，當時想不到八年後還能有一段師生緣分。從學於王文基教授的這些年，對我而言是彌足珍貴的回憶，我所獲得的不只

有知識上的累積，他更為我示範嚴謹、謙遜的治學態度。身為一個學術新手，我深感幸運他願意撥出許多時間、心力，逐字逐句閱讀我的論文，並提出深刻、鉅細靡遺的建議。如果沒有他的期待與付出，我無法一次又一次撐開自己的極限，讓自己走得更遠一點。我同樣感謝陽明大學科技與社會研究所的其他師長們，包括傅大為、林宜平、陳嘉新、楊弘任、郭文華、范玫芳幾位教授，他們總是能帶給我啟發與溫暖。而我對臺大社會系的賴曉黎教授也感念在心，大學時期他接受我旁聽他的幾門課程，當時打下的人文社會思想的基礎，至今依然受用。

兩位參與我學位考試的師長提拱我關鍵的幫助。黃克武教授過去關於上海靈學會的研究啟發我甚多，通過學位考後他更鼓勵我將論文改寫成專書出版，並將我的作品引介給聯經出版公司。若少了他的提點和鼓勵，我大概不敢奢想出書一途。巫毓荃教授跟我有著相似的求學背景，他的經驗很能支持我面對生涯抉擇時的徬徨。而他對日本催眠術史掌握精熟，一路以來不吝替我解惑，對本書建立東亞催眠術發展脈絡至為重要。

我也要感謝聯經學術叢書編輯委員會同意出版拙作，這個決議對於年輕研究者如我是莫大鼓舞。兩位匿名審查人的悉心評論我也銘記於內，一位幫助我修正若干缺失並強化書稿的可讀性，一位則給予我慷慨的肯定。而主編沙淑芬女士在編務上多有費心，我亦在此獻上誠摯的感謝。

從寫作論文到完成專書，我一路上承蒙許多善意的協助，謹在此一一致意。賴品好、蔡庭玉幾乎讀遍了我每一個版本的稿子，並每每直言不諱提供意見，陪我反覆琢磨寫作上的各種問題。李昕甯、鄒宗晏、楊文喬、趙子翔、陳俐伊、陳柏勳、

陳禹安、曾心民等朋友也曾經讀過書稿的部分章節，懇切地跟我分享他們的看法。本書部分史料得自於劉紀蕙教授和陳雅妮女士，尤其是透過王文基教授取得陳女士的收藏，讓研究增色不少。我也謝謝陳建守曾跟我分享他看到的相關研究資訊，Eom Young-Moon分享他對韓國催眠術發展的觀察，以及蕭育和、洪均燊、尹燕哲幫助我取得研究需要的文獻。研究所畢業後再度進入臨床工作，行醫與寫作經常讓我蠟燭兩頭燒，幸好醫院同事們（特別是謝秉儒、廖哲緯、陳秉暉、江宛霖）願意分擔和體諒，才讓這本書能夠如期完成。

　　如今回想，寫作這本書的過程猶如一場奇幻之旅。幾年之前，我還不曾想過自己會縱身跳入歷史的領域，我的史學訓練近乎闕如，對學術寫作也一知半解。我不禁思考，究竟是什麼樣的動力驅使我願意另闢跑道，夜以繼日地追趕，想盡辦法克服各種自我質疑，而有目前這些初步成果？此刻要給予一個全面的解釋對我而言仍顯得艱難而費解，但我想部分可能源自於我在醫學訓練中感受到的某些匱乏吧。比起死亡率、存活期、相對風險、生命品質、疾病負荷等以測量為導向的醫學概念，一直以來我更好奇個體怎麼與自身，與他所屬的群體、群體之外的他者，以及他所身處的環境、時代，建立有意義的生命連結。我固然承認以科學的手段解決肉體耗損、病痛的重要性，但我亦在意個人與集體是如何建立他們的身心靈和外在世界的秩序，或在失序中謀求療癒、共存、革新的安身立命之道。終究，我們的生命除了是生物性的，也是文化性的，它既立足於自然世界，也同時寓居於過去記憶與未來期待的交會之所。我的日常臨床工作崇尚專注於當下的冷靜與理性，但透過書寫過

去人們的諸多努力、嘗試、對理想或可欲事物的追尋，不論他們偉大或渺小、成功或失敗、脆弱或堅韌，很大程度上都讓我重新找回被壓抑的熱情與感性。這本書如果不是直接回應這些關切，也至少部分是在這樣的心態下編織出來的。

　　我要把這本書獻給我摯愛的家人。或許因為世代及教育背景的差異，使得我經常不知道如何向他們解釋自己在做些什麼，他們也困惑於為何我總是深鎖房門，足不出戶。但即使如此，他們仍然寬厚地支持我的每一個選擇。從過去到現在，我何其有幸能帶著他們的祝福及體諒，朝向未知而開放的將來。

2019 年 11 月，台北木柵

# 參考文獻

## 一、史料

《人民日報》

《三六九小報》

《大公報》（天津）

《大同報》（上海）

《大陸》（上海1902）

《工商晚報》（香港1925）

《中央日報》

《中國時報》

《天光報》

《天津商報每日畫刊》

《北平畫報》

《民生報》

《申報》

《光明日報》

《江南警務雜誌》

《京師教育報》

《東方畫刊》

《知新報》

《知識畫報》

《科學畫報》

《香港工商日報》

《香港華字日報》

《家庭良友》

《教育公報》

《教育世界》

《教育週報》（杭州）

《晨報》

《通海新報》

《晶報》

《華僑日報》（香港）

《新中華》

《新聞報》

《團務週刊》

《漢文臺灣日日新報》

《臺灣日日新報》

《廣州市市政公報》

《廣益叢報》

《衛生公報》

《興華》

《繁華雜誌》

《聯合報》

《時代日報》（朝鮮）

《朝鮮新聞》（朝鮮）

*New York Journal and Advertiser*

*The China Mail*

*The Guardian*

*The Hongkong Telegraph*

*The North-China Daily News*

*The Washington Post*

〈中國心靈研究會小史〉，《心靈》，4期，1916，頁48-50。

〈中國心靈研究會附設心靈學院章程〉，《心靈》，26期，1923，頁1-6。

〈中國心靈研究會附設心靈學院章程〉，《心靈》，29期，1924，頁1-4。

〈心靈學院歷年學員人數比較〉，《心靈文化》，二十周年紀念專號，1931，圖片。

〈心靈療養院治療章程〉，《心靈》，25期，1922，頁13-14。

〈支會開幕之定期〉，《精神》，秋號，1917，頁67。

〈日本心靈研究會得財團的助力〉，《心靈文化》，二十周年紀念專號，1931，頁12。

〈日本扶植靈學機關的新規則〉，《心靈文化》，二十周年紀念專號，1931，頁12。

〈本會組織遠足考察靈象團〉，《心靈文化》，二十周年紀念專號，1931，頁7。

〈本會規則〉，《心靈》，4期，1916，頁58-62。

〈目錄〉，《精神月刊》，第2期，1918，目錄頁。

〈多大貢獻於心靈界之英國心靈研究協會第二次會長夫列爹里克‧馬伊雅資先生事略〉，《心靈》，30期，1925，頁31-32。

〈免費教授不用藥物心理戒洋煙法〉，《心靈文化》，二十周年紀念專號，1931，本會消息，頁3。

〈函授研究和購書自修的分別〉，《心靈運動》，44期，1934，頁1。

〈法國國際心靈研究會贈送本會書籍〉，《心靈文化》，二十周年紀念專號，1931，本會消息，頁6-7。

〈法國將翻譯本會出版群書〉，《心靈文化》，二十周年紀念專號，1931，本會消息，頁7。

〈宣言〉，《心靈》，25期，1922，無頁碼。

〈書器目錄〉，《心靈運動》，44期，1934，頁2。

〈神戶總會通學部直接教授科目〉，《精神》，秋號，1917，無頁碼。

〈國際心靈研究院（巴黎）〉，《心靈文化》，二十周年紀念專號，1931，心靈國際消息，頁2-5。

〈採辦實驗儀器〉，《心靈文化》，二十周年紀念專號，1931，本會消息，

頁7。

〈救國的妙術！〉，《心靈》，25期，1922，無頁碼。

〈欲學催眠術者須知〉，《精神》，秋號，1917，無頁碼。

〈習催眠術之諸問題〉，《心靈文化》，二十周年紀念徵求號，1931，無頁碼。

〈提防騙局〉，《精神》，秋號，1917，頁70。

〈最優等畢業會員試驗答案〉，《精神》，秋號，1917，頁58-62。

〈答會員質問不加入日本催眠術協會事〉，《精神》，秋號，1917，頁70。

〈黃文石侵占著作出版權〉，《心靈文化》，二十周年紀念專號，1931，本會消息，頁8。

〈新學期開始會員大募集〉，《心靈》，4期，1916，頁52-53。

〈實驗講演會當日會場之光景〉，《心靈》，4期，1916，圖片。

〈製送畢業考試答案卷〉，《心靈文化》，二十周年紀念專號，1931，本會消息，頁6。

〈廣告：健全哲學與催眠術〉，《精神》，秋號，1917，無頁碼。

〈優生學和催眠術〉，《心靈文化》，二十周年紀念專號，1931，頁111。

〈懸賞壹仟圓，儲款於上海商業儲蓄銀行以待！〉，《心靈文化》，二十周年紀念徵求號，1931，無頁碼。

〈靈學會簡章〉，《靈學叢誌》，第1卷第1期，1918，無頁碼。

Clement Fezandié著，敏芝譯，〈秘密博士：電氣催眠機〉，《民眾文學》，第9卷第10期，1925，頁1-10。

丁文江，〈玄學與科學：答張君勱〉，收入亞東圖書館編，《科學與人生觀》。長沙：岳麓書社，2011。

丁文江，〈玄學與科學：評張君勱的《人生觀》〉，收入亞東圖書館編，《科學與人生觀》。長沙：岳麓書社，2011。

丁韙良，《性學舉隅》，收入丁韙良著，傅德元、王曉青編注，《天道溯原：丁韙良基督教作品選粹》。新北：橄欖出版社，2013。

丁瓚、高君純、徐恩賜著，丁素因、丁守一、丁宗一譯，〈精神病人的思想〉，收入李心天、湯慈美編，《丁瓚心理學文選》。北京：人民

教育出版社，2009，頁1-18。

上海神州催眠學會編，《催眠實驗寫真集》。上海：神州催眠學會，1918。

大觀，〈五年來之回顧〉，《心靈》，4期，1916，會說，頁3-4。

中央研究院近代史研究所編，《教務教案檔》，第3輯。台北：中央研究院近代史研究所，1974。

中國之新民，〈論政治能力（新民說二十四）〉，《新民叢報》，第3卷第1期，1904，論說，頁1-12。

中國心靈研究會編輯部，《倫敦理學院催眠術講義譯本》。上海：中國心靈研究會，1927。

中國精神研究會編，《催眠術》。上海：中國精神研究會，1917。

中國精神研究會編，《催眠術》。上海：中國精神研究會，1935。

中國精神研究會編，《精神特刊》。上海：中國精神研究會，1936。

中國精神研究會，〈勸學催眠術〉，《精神》，秋號，1919，頁1-3。

井上圓了著，蔡元培譯，《妖怪學講義》，收入孫常煒編，《蔡元培先生全集》。台北：臺灣商務印書館，1968。

天下第一傷心人，《辟邪紀實》，1871。

巴甫洛夫著，吳生林、賈耕、趙璧如、劉本鑑譯，《巴甫洛夫選集》。北京：科學出版社，1955。

心雨，〈東洋之靈理學界〉，《心靈》，29期，1924，頁23-27。

心語，〈對於催眠術誤解之辨明〉，《心靈》，26期，1923，頁4-8。

心燈，〈降神〉，《心靈文化》，二十周年紀念專號，1931，頁110-111。

方慶周譯，我佛山人衍義，知新主人點評，〈寫情小說：電術奇談〉，《新小說》，第15號，1905，頁183-212。

方慶周譯，我佛山人衍義，知新主人點評，〈寫情小說：電術奇談〉，《新小說》，第8號，1903，頁89-113。

方慶周譯，我佛山人衍義，知新主人點評，〈寫情小說：電術奇談〉，《新小說》，第9號，1903，頁81-103。

毛森，〈往事追憶——毛森回憶錄（一）〉，《傳記文學》，第75卷第2期，1999，頁37-44。

王世儒編，《蔡元培日記》，上冊。北京：北京大學出版社，2010。

王我臧，〈動物與催眠術〉，《東方雜誌》，第8卷第7期，1911，頁19-20。

王星拱，〈科學與人生觀〉，收入亞東圖書館編，《科學與人生觀》。長沙：岳麓書社，2011。

王慶春，〈遺精症喘咳症立刻治癒之實驗報告〉，《心靈》，25期，1922，成功鐵證，頁10-11。

北京圖書館編，《民國時期總書目（哲學・心理學）》。北京：書目文獻出版社，1991。

古屋鐵石著，鮑輔洲譯述，《獨習自在自己催眠》。上海：中國精神研究會，1919。

古道，〈跪在黃金偶像下的江湖催眠術者之種種色色〉，《心靈文化》，二十周年紀念專號，1931，頁67-68。

古道，〈精神療法與暗示〉，《心靈》，28期，1924，頁17-18。

平情，〈心靈力學之研究〉，《心靈》，29期，1924，頁8-11。

甘作霖，〈蛇與催眠〉，《東方雜誌》，第13卷第4期，1916，頁11。

包壽眉，〈談談群眾心理〉，《南大周刊》，第28期，1926，頁18-24。

亦農，〈精神分析法之創始者Sigmund Freud〉，《心靈》，29期，1924，頁1-7。

任鴻雋，〈人生觀的科學或科學的人生觀〉，收入亞東圖書館編，《科學與人生觀》。長沙：岳麓書社，2011。

任鴻雋，〈吾國學術思想之未來〉，《科學》，第2卷第12期，1916，頁1289-1296。

全國圖書館縮微文獻複製中心編，《民國珍稀短刊斷刊：江蘇卷》，第6冊。北京：全國圖書館縮微文獻複製中心，2006。

朱謙之，《革命哲學》。上海：泰東圖書局，1921。

江懷北，〈奈不力茲靈子論〉，《心靈》，25期，1922，頁8-10。

江懷北，〈關亡新解〉，《心靈》，25期，1922，雜俎，頁60-62。

李海濤，〈人類腦筋電動現象之研究〉，《心靈文化》，二十周年紀念專號，1931，頁38-43。

李海濤，〈無線電與千里眼〉，《心靈文化》，二十周年紀念專號，1931，頁24-30。

李海濤，〈催眠治療原理〉，《心靈文化》，二十周年紀念專號，1931，頁30-38。

李嗣涔，〈心靈的結構與物理〉，《佛學與科學》，第17卷第1期，2016，頁6-16。

李嗣涔、陳建德、唐大崙，〈由手指識字實驗辨識特殊關鍵字所觀察到的異象〉，《佛學與科學》，第1卷第1期，2000，頁8-17。

伯夔，〈革命之心理〉，《民報》，第24期，1908，頁29-40。

余萍客，〈今日的靈魂地位〉，《心靈文化》，二十周年紀念專號，1931，頁112-113。

余萍客，〈內分泌與精神作用〉，《心靈文化》，二十周年紀念專號，1931，頁147-148。

余萍客，〈自然科學的靈化〉，《心靈文化》，二十周年紀念專號，1931，頁22-24。

余萍客，〈血液循環與精神營養〉，《心靈文化》，二十周年紀念專號，1931，頁157-158。

余萍客，〈物質與心靈〉，《心靈文化》，二十周年紀念專號，1931，頁72。

余萍客，〈宣言〉，《心靈文化》，二十周年紀念專號，1931，頁5-6。

余萍客，〈從心靈學講到催眠術〉，《心靈文化》，二十周年紀念專號，1931，頁1-4。

余萍客，〈習催眠術者應有的認識〉，《心靈文化》，二十周年紀念專號，1931，頁81-82。

余萍客，〈給與置疑心靈學的人〉，《心靈文化》，二十周年紀念專號，1931，頁71-72。

余萍客，《十日成功催眠秘書》。上海：中國心靈研究會，1929。

余萍客，《催眠術函授講義》。上海：中國心靈研究會，1931。

余萍客，《催眠術與催眠療法》。台北：品冠文化，2011。

余萍客，《催眠學術問答》。上海：心靈科學書局，1934。

余萍客，《電鏡催眠法》。上海：中國心靈研究會，1933。

佚名，《靈學略論》，年代不詳。

吳浩然，〈立癒頭劇痛腰骨酸痛之實驗報告〉，《心靈》，25期，1922，
　　成功鐵證，頁9-10。

呂震東，〈不因受騙而灰心，明於區別為得計〉，《心靈》，27期，1923，
　　成功鐵證，頁6-7。

宋恕，〈與俞恪士書〉，收入邱濤編，《中國近代思想家文庫：宋恕卷》。
　　北京：中國人民大學出版社，2014。

汪于岡，〈戒煙時應用強力鎮靜催眠新藥奧斯凡尼（Osvanyl）之第一
　　聲〉，《新醫藥觀》，第1卷第8期，1929，頁7。

卓呆，〈科學小說：秘密室〉，《小說月報》，第3年第3期，1912，頁1-9。

居中州，〈精神療法之分類〉，《心靈》，29期，1924，頁49-50。

岳璋，〈催眠術於軍事上之應用〉，《兵事雜誌》，第32期，1916，論
　　說，頁25-29。

易乙玄，〈答陳獨秀先生「有鬼論質疑」〉，《新青年》，第5卷第2期，
　　1918，頁131-136。

東海覺我，〈小說林緣起〉，《小說林》，第1期，1907，頁1-4。

東海覺我，〈新法螺先生譚〉，收入于潤琦主編，《清末民初小說書系‧
　　科學卷》。北京：中國文聯出版社，1997。

林宰平，〈讀丁在君先生的《玄學與科學》〉，收入亞東圖書館編，《科
　　學與人生觀》。長沙：岳麓書社，2011。

林蔭祥，〈問催眠術授法住所〉，《紹興醫藥學報星期增刊》，第21號，
　　1920，學術研究，頁3。

俞子夷，〈回憶蔡元培先生和草創時的光復會〉，收入陳平原、鄭勇編，
　　《追憶蔡元培（增訂本）》。北京：生活‧讀書‧新知三聯書店，2009。

俞復，〈答吳稚暉書〉，《靈學叢誌》，第1卷第1期，1918，雜纂，頁2-4。

姚聖基，〈止他人之泄瀉導自己之便通之實驗報告〉，《心靈》，25期，
　　1922，成功鐵證，頁15。

柳亞子，〈紀念蔡元培先生〉，收入文明國編，《柳亞子自述：續編，

1887-1958》。北京：人民日報出版社，2012。

洪裕宏，《誰是我？意識的哲學與科學》。台北：時報文化，2016。

秋星，〈狐憑病說〉，《心靈》，27期，1923，頁39-42。

胡漢民，〈呂邦的群眾心理〉，《建設》，第1卷第1期，1919，頁77-101。

胡適，〈序〉，收入亞東圖書館編，《科學與人生觀》。長沙：岳麓書社，2011。

胡適，〈孫行者與張君勱〉，收入亞東圖書館編，《科學與人生觀》。長沙：岳麓書社，2011。

胡適，〈我對於喪禮的態度〉，《新青年》，第6卷第6期，1919，頁568-577。

胡適，〈實驗主義〉，《新青年》，第6卷第4期，1919，頁342-358。

胡耀政，〈假其術而諱其名乃科學之罪人也〉，《心靈》，28期，1924，頁42-44。

英斂之，〈講衛生學當知〉，《敝帚千金》，第2期，1904，頁21-22。

英斂之著，方豪編錄，《英斂之先生日記遺稿：自光緒廿四年（戊戌）至廿七年（辛丑）》。台北縣：文海出版社，1974。

韋廉臣（Alexander Williamson），〈格物探源：論腦第十九〉，《教會新報》。台北：華文書局，1968，頁2464-2468。

唐心雨，〈由心理研究神經弱本狀態之概略〉，《心靈》，27期，1923，頁15-17。

唐心雨，《最新實驗催眠術講義》。上海：心靈協會，1919。

唐鉞，《唐鉞文存》。上海：上海商務印書館，1925。

孫文，〈建國方略：孫文學說（心理建設）〉，收入秦孝儀編，《國父全集》，第1冊。台北：近代中國出版社，1989。

孫文，〈為中國心靈研究會題詞：革心為本（一九二二年十月十八日）〉，收入《中山墨寶》編委會編，《中山墨寶》，第10卷。北京：北京出版社，1996。

孫文，〈軍人精神教育〉，收入秦孝儀編，《國父全集》，第3冊。台北：近代中國出版社，1989。

徐鼎銘，〈日本精神學訓練的透視及其對華野心〉，《國防線》，第5期，
　　1938，頁26-30。

徐鼎銘，《徐氏超心理醫案》。台北：中國精神學研究所，1993。

徐遲等，《上海眾生相》。上海：新中國報社，1941。

恩格斯（Friedrich Engels），〈神靈世界中的自然科學〉，收入中共中央
　　編譯局編譯，《馬克思恩格斯全集》，第20卷。北京：人民出版
　　社，1973，頁389-400。

烏特亨利著，傅蘭雅譯，《治心免病法》。上海：格致書室，1896。

袁叔基，〈透視物體之實驗報告〉，《心靈》，25期，1922，成功鐵證，
　　頁14。

高覺敷，〈譯序〉，收入S. Freud著，高覺敷譯，《精神分析引論》。上
　　海：上海商務印書館，1933，頁1-43。

高覺敷，《群眾心理學》。上海：中華書局，1934。

參吐司，〈心理化學〉，《心靈》，25期，1922，雜俎，頁59-60。

商務印書館編譯所編，《上海指南（增訂十二版）》。上海：商務印書
　　館，1922。

商務印書館編譯所編，《商務印書館英華新字典》。上海：商務印書館，
　　1913。

張九如，《群眾心理與群眾領導》。上海：商務印書館，1934。

張九如講錄，周求是記述，《群眾心理》。南京：中央陸軍軍官學校政治
　　訓練處，1929。

張君勱，〈《人生觀之論戰》序〉，收入張岱年、敏澤主編，《回讀百年：
　　20世紀中國社會人文論爭》，第2卷。鄭州：大象出版社，1999。

張君勱，〈人生觀〉，收入亞東圖書館編，《科學與人生觀》。長沙：岳
　　麓書社，2011。

張君勱，〈再論人生觀與科學並答丁在君〉，收入亞東圖書館編，《科學
　　與人生觀》。長沙：岳麓書社，2011。

張君勱，〈法國哲學家柏格森談話記〉，收入翁賀凱編，《中國近代思想
　　家文庫：張君勱卷》。北京：中國人民大學出版社，2014。

張東蓀，〈新實在論的論理主義〉，收入東方雜誌社編，《現代哲學一臠》。上海：商務印書館，1923。

張篁溪，〈光復會領袖陶成章革命史〉，收入中國史學會主編，《辛亥革命》，第1冊。上海：上海人民出版社，1957。

張蝶魂，〈陰兵過境〉，《精神治療》，第2卷第8期，1934，頁1-4。

梁啟超，〈關於玄學科學論戰之「戰時國際公法」〉，收入亞東圖書館編，《科學與人生觀》。長沙：岳麓書社，2011。

章錫琛，〈群眾心理之特徵〉，《東方雜誌》，第10卷第4期，1913，頁4-7。

笠居眾生，〈實驗的人生觀〉，《海潮音》，第2卷第1期，1921，頁5-10。

莫等、王星拱、陳大齊，〈鬼相之研究〉，《新青年》，第5卷第6期，1918，頁616-624。

莫等、王星拱、陳大齊，〈鬼相與他心通〉，《新青年》，第6卷第4期，1919，頁432-438。

郭任遠，《心理學ABC》。上海：世界書局，1928。

郭任遠著，黃維榮編，《郭任遠心理學論叢》。上海：開明書店，1928。

陳大齊，〈八十二歲自述〉，收入中國人民政治協商會議浙江省海鹽縣委員會文史資料工作委員會編，《陳大齊先生專輯》。海鹽：中國人民政治協商會議浙江省海鹽縣委員會文史資料工作委員會，1988。

陳大齊，〈闢靈學〉，《新青年》，第4卷第5期，1918，頁370-385。

陳大齊，《心理學大綱》。上海：商務印書館，1918。

陳大齊，《迷信與心理》。北京：北京大學出版部，1920。

陳大齊講，金公亮記，〈略評人生觀和科學的論爭〉，《東方雜誌》，第20卷第24期，1923，頁19-25。

陳伯平，〈減腦痛之催眠〉，《心靈》，4期，1916，頁36-37。

陳東原，《群眾心理ABC》。上海：世界書局，1929。

陳爽秋，《催眠術速成法》。上海：經緯書局，1946。

陳瑞麟，〈特異功能研究是科學嗎？〉，收入氏著，《科學與世界之間：科學哲學論文集》。台北：學富，2003。

陳德浩，〈痙胃病之催眠〉，《心靈》，4期，1916，頁32-33。

陳獨秀，〈本志罪案之答辯書〉，《新青年》，第6卷第1期，1919，頁
　　10-11。

陶成章，《催眠術講義》，收入湯志鈞編，《陶成章集》。北京：中華書
　　局，1986。

陸費逵，〈靈學叢誌緣起〉，《靈學叢誌》，第1卷第1期（1918），緣起，
　　頁1-3。

富健康，《精神感應治療法》。天津：富健康精神治療所，1929。

曾琦，〈治腳痛之催眠〉，《心靈》，4期，1916，頁34。

湘君，〈靈魂再生與生前之記憶〉，《心靈》，26期，1923，頁11-12。

鈍根，〈催眠術者傳〉，《自由雜誌》，第2期，1913，頁24。

黃宗羲，〈孟子師說〉，收入戴璉璋、吳光主編，鍾彩鈞編審，《劉宗周
　　全集》，第4冊。台北：中央研究院中國文哲研究所籌備處，1997。

楊光熙，〈盛德壇緣起〉，《靈學叢誌》，第1卷第1期，1918，發刊辭，
　　頁4-6。

楊瑞麟，〈潛伏精神之靈動〉，《精神》，夏號，1917，頁10-12。

楊燧熙，〈答白湖后坂林問蔭祥催眠術授法住所〉，《紹興醫藥學報星期
　　增刊》，第33號，1920，學術研究，頁3-4。

楊璿，〈扶乩學說〉，《靈學叢誌》，第1卷第1期，1918，著作，頁1-10。

葉紹鈞，〈倪煥之〉，《教育雜誌》，第20卷第11期，1928，教育文藝，
　　頁1-16。

董天錫，〈催眠術治癒各種奇難怪病〉，《精神》，秋號，1917，頁19-21。

劉宗周，〈原旨〉，收入戴璉璋、吳光主編，鍾彩鈞編審，《劉宗周全
　　集》，第2冊。台北：中央研究院中國文哲研究所籌備處，1997。

劉鈺墀，〈處世哲學〉，《精神月刊》，2期，1918，頁17-20。

歐蔚文，〈癒發冷之催眠〉，《心靈》，4期，1916，頁27。

蔡元培，〈序〉，收入王季同，《佛法與科學之比較研究》。上海：國光
　　印書局，1935。

蔡元培，〈我在教育界的經驗〉，《宇宙風》，第55期，1937，頁247-249。

蔡元培，〈哲學與科學〉，收入孫常煒編，《蔡元培先生全集》。台北：臺灣商務印書館，1968。

蔡元培，《華工學校講義》，收入孫常煒編，《蔡元培先生全集》。台北：臺灣商務印書館，1968。

蔡元培，《簡易哲學綱要》，收入孫常煒編，《蔡元培先生全集（續編）》。台北：臺灣商務印書館，1991。

蔣中正，〈政治工作人員的責任與今後應有之努力〉，收入秦孝儀編，《總統蔣公思想言論總集》，第11卷。台北：中國國民黨黨史委員會，1983。

蔣中正，〈政訓工作與普通宣傳之要點〉，收入秦孝儀編，《總統蔣公思想言論總集》，第18卷。台北：中國國民黨黨史委員會，1983。

蔣中正，〈修養品德為救國之根本〉，收入秦孝儀編，《總統蔣公思想言論總集》，第13卷。台北：中國國民黨黨史委員會，1983。

蔣中正，〈推行新生活運動的方法〉，收入秦孝儀編，《總統蔣公思想言論總集》，第12卷。台北：中國國民黨黨史委員會，1983。

蔣中正，〈新生活運動發凡〉，收入秦孝儀編，《總統蔣公思想言論總集》，第12卷。台北：中國國民黨黨史委員會，1983。

鄧玉函口授，畢拱辰編輯，《泰西人身說概》，1621。

魯迅，〈為半農題記《何典》後，作〉，收入浙江人民出版社編，《新版魯迅雜文集（華蓋集）》。浙江：浙江人民出版社，2003。

魯湁著，鍾建閎譯，〈原群〉，《戊午》，第1卷第1期，1918，頁1-33。

黎朋（G. Le Bon）著，吳旭初、杜師業譯，《群體心理》。上海：商務印書館，1920。

黎祖健，〈弱為六極之一說總論〉，收入甘韓編，《皇朝經世文新編續集》。中研院近代史全文資料庫。

學周，〈催眠術是什麼學術〉，《心靈》，30期，1925，頁61-62。

盧可封，〈中國催眠術〉，《東方雜誌》，第14卷第2期，1917，頁91-96。

襧參化，〈基於實驗主義之青年的人生觀〉，《學生雜誌》，第11卷第3期，1924，頁42-45。

錢穆，《八十憶雙親師友雜憶合刊》。台北：東大，1983。

鮑芳洲，《催眠學函授講義》。上海：中國精神研究會，1917。

鮑芳洲，《簡易獨習催眠新法》。上海：中華書局，1921。

鮑芳洲、徐鼎銘，《催眠術獨習》。台北：中國精神學研究所，1995。

鮑芳洲、徐鼎銘，《催眠學家的正則養成》。台北：中國精神學研究所，
　　1996。

戴吉禮（Ferdinand Dagenais）主編，弘俠譯，《傅蘭雅檔案》，第2卷。
　　桂林：廣西師範大學出版社，2010。

鍾仁心，〈萬里省親暨毒瘡醫治之實驗報告〉，《心靈》，25期，1922，
　　成功鐵證，頁8-9。

瞿秋白，〈社會運動的犧牲者〉，《新社會》，第8號，1920，頁1-3。

闕名，〈格致淺理〉，收入麥仲華編，《皇朝經世文新編》，卷20上，
　　1898。

顏惠慶主編，《英華大辭典》。上海：商務印書館，1908。

魏斯（Brian L. Weiss）著，譚智華譯，《前世今生：生命輪迴的前世療
　　法》。台北：張老師，1992。

魏蘭，〈陶煥卿先生行述〉，收入湯志鈞編，《陶成章集》。北京：中華
　　書局，1986。

羅洒章，〈初次試驗立除煙癖〉，《心靈》，27期，1923，成功鐵證，頁
　　16-17。

譚延闓，《譚延闓日記》，中研院近代史數位資料庫。

羅志希，《科學與玄學》。北京：商務印書館，1999。

譚嗣同，〈上歐陽瓣薑師書〉，收入生活・讀書・新知三聯書店編，《譚
　　嗣同全集》。北京：生活・讀書・新知三聯書店，1954。

譚嗣同，〈仁學〉，收入生活・讀書・新知三聯書店編，《譚嗣同全集》。
　　北京：生活・讀書・新知三聯書店，1954。

龐靖，《實用催眠術》。上海：中華書局，1922。

嚴霽青，〈精神救國之我見〉，《心靈》，30期，1925，頁38-39。

觀雲，〈共同感情之必要論〉，《新民叢報》，第3卷第9期，1904，頁1-8。

觀雲，〈論中國人崇拜岳飛之心理（附社會待英雄之禮）〉，《新民叢報》，第3卷第24期，1905，頁82-100。

白順基筆記，《心理應用催眠學講義（鮮語）》，上卷。開城：帝國神祕會朝鮮支部，1918。

林弘基，《催眠術氣合術講義》。京城：心理學協會，1928。

林弘基著，東京精神研究會朝鮮支部編纂，《實地應用催眠術獨習（第五版）》。京城：東洋大學堂，1928。

姜熹一，〈（糸考課）催眠術講義〉，《朝鮮醫學界》，第5卷，1918，頁59-62。

清流壁子，〈催眠術의施法〉，《醫藥月報》，第1卷第4號，1914，頁66-68。

朝鮮總督寺內正毅，〈警察犯處罰規則〉，《朝鮮總督府官報》，第470號，1912，頁213。

古屋鐵石，《男女生殖器病獨療法》。東京：東京精神研究會，1919。

古屋鐵石，《高等催眠學講義錄》，第2卷。東京：東京精神研究會，1912。

古屋鐵石，《精神療法講義錄》，第2輯。東京：東京精神研究會，1921。

古屋鐵石，《精神療院長養成講義錄》，第2輯。東京：東京精神研究會，1922。

帝國神祕會編，《神祕流催眠術教授書》。大阪：帝國神祕會，1920。

高橋卯三郎，《精神治療法──附信仰問題と潛在意識》。東京：靈潮社，1913。

曹達散人，〈精神作用卜疾病〉，《臺灣醫學會雜誌》，127期12卷，1913，頁341-348。

筧繁，〈催眠術ノ應用ニヨリ治療シタル頑固ナル遺尿症ノ一例〉，《臺灣醫學會雜誌》，111期11卷，1912，頁45。

臺灣總督明石元二郎，〈臺灣違警例〉，《臺灣總督府府報》，第1595號，1918，頁78-83。

槻木瑞生編，《日本留學中國人名簿関係資料》。東京：龍溪書舍，2014。

"Boxers Under Hypnotic Spell." Yale Divinity Library, China Records Project Miscellaneous Personal Papers Collection, RG 8, Box 68.

Bergson, Henri. *Time and Free Will: An Essay on the Immediate Data of Consciousness*. Charleston, SC: Nabu Press, 2010.

Blitz, David. "The Line of Demarcation Between Science and Nonscience: The Case of Psychoanalysis and Parapsychology." *New Ideas in Psychology*, 9:2, 1991, pp. 163-170.

Bunge, Mario. "A Skeptic's Beliefs and Disbeliefs." *New Ideas in Psychology*, 9:2, 1991, pp. 131-149.

Carnap, Rudolf. "Intellectual Autobiography." in Paul Arthur Schilpp, ed., *The Philosophy of Rudolf Carnap*. Illinois: Open Court, 1963.

China Inland Mission. *The Occasional Papers of the "China Inland Mission"*, Vols. V. & VI. London: James Nisbet & co., 21, Berners Street, 1872.

Dods, John Bovee. *The Philosophy of Electrical Psychology*. New York: Fowlers and Wells, 1851.

Dresser, Horatio W. *A History of the New Thought Movement*. New York: Thomas Y. Crowell Company, 1917.

Esdaile, James. *Mesmerism in India, and Its Practical Application in Surgery and Medicine*. Hartford: Andrus and Son, 1851.

Feyerabend, Paul. "It's Not Easy to Exorcize Ghosts." *New Ideas in Psychology*, 9:2, 1991, pp. 181-186.

Flik, Carla E., et al. "Efficacy of Individual and Group Hypnotherapy in Irritable Bowel Syndrome (IMAGINE): A Multicentre Randomised Controlled Trial." *The Lancet Gastroenterology & Hepatology*, 2018, doi:10.1016/s2468-1253(18)30310-8.

Fournel, Jean François. *An Essay on Somnambulism, or Sleep-Walking, Produced by Animal Electricity and Magnetism, as well as by Sympathy, &c.* Translated by John Bell. Dublin: Printed for, and to be had of the Author, also of Mr. Butler, No. 2, Grafton-Street, and other booksellers, 1788.

Freud, Sigmund. "Two Encyclopaedia Articles." in James Strachey, ed., *The Standard Edition of the Complete Psychological Works of Sigmund Freud*, Vol. 18. London: Hogarth Press, 1955[1923], pp. 233-259.

Hilgard, Ernest R. "Hypnotic Phenomena: The Struggle for Scientific Acceptance." *American Scientist*, 59:5, 1971, pp. 567-577.

Knowles, Elmer E. *Complete System of Personal Influence and Healing.* London: National Institute of Sciences, 1891.

Le Bon, Gustave. *The Psychology of Peoples.* New York: The Macmillan, 1898.

Le Bon, Gustave. *The Crowd: A Study of the Popular Mind.* New York: The Macmillan, 1896.

Le Bon, Gustave. *The Evolution of Matter.* New York: Charles Scribner's Sons, 1907.

Lee, Sing. "Chinese Hypnosis Can Cause Qigong Induced Mental Disorders." *BMJ: British Medical Journal* 320:7237, 2000, p. 803.

Motora, Yujiro. "Conflict of Religion and Science: From a Japanese Point of View." *Monist*, 15, 1905, pp. 398-408.

Nagel, Thomas. *Mind and Cosmos: Why the Materialist Neo-Darwinian Conception of Nature is Almost Certainly False.* Oxford: Oxford University Press, 2012.

Pearson, Karl. *The Grammar of Science.* London: Adam and Charles Black, 1900.

Sayre, Kenneth M. *Cybernetics and the Philosophy of Mind.* New Jersey: Humanities Press, 1976.

Smith, Arthur H. *China in Convulsion*, Vol. 2. New York: Fleming H. Revell Company, 1901.

The China Bookman, "Hypnotism in China." *The China Medical Journal*, 33, 1919, pp. 80-81.

Wood, Henry. *Ideal Suggestion Through Mental Photography: A Restorative System for Home and Private Use.* Boston: Lee & Shepard, 1893.

Woodbridge, Samuel I. "Newspapers, Chinese." in Samuel Couling, ed., *The Encyclopaedia Sinica*. London: Oxford University Press, 1917, pp. 397-398.

Huard, Pierre, Jacqueline Sonolet et M. Wong. "Mesmer en Chine: Trois Lettres Médicales du R.P. Amiot, Rédigées à Pékin de 1783 à 1790." *Revue de Synthèse*, 81, 1960, pp. 61-98.

Mesmer, Franz A. *Mémoire Sur la Découverte du Magnétisme Animal*. Paris: P. Fr. Didot le jeune, 1779.

Montmignon, Jean Baptiste. *Choix des Lettres Édifiantes, Écrites des Missions Étrangères*, Tome Premier. Paris: Maradan, 1808.

Wundt, Wilhelm. *Hypnotismus und Suggestion*. Leipzig: Engelmann, 1892.

Wundt, Wilhelm. *Grundzüge der physiologischen Psychologie*, Vol. 3. Leipzig: Engelmann, 1903.

## 二、論文

子安宣邦著，賴例欣、林鍵鱗譯，〈「亞洲」這條抵抗線的可能性：省思東亞的近代〉，《文化研究》，第6期增刊，2008，頁58-77。

王文基，〈「當下為人之大任」：戴秉衡的俗人精神分析〉，《新史學》，第17卷第1期，2006，頁91-142。

王文基，〈心理的「下層工作」：《西風》與1930-1940年代大眾心理衛生論述〉，《科技、醫療與社會》，第13期，2011，頁15-88。

王文基，〈瘋狂、機構與民國社會〉，收入王文基、劉士永主編，《東亞醫療史：殖民、性別與現代性》。台北：聯經，2017，頁77-98。

王宏超，〈鬼形神影：靈魂照相術（Spirit photography）在近代中國的引介和實踐〉，收入王見川主編，《歷史、藝術與台灣人文論叢（十）》。新北：博揚文化，2016，頁221-272。

王揚宗，〈中國當代科學的歷史研究芻議〉，《中國科技史雜誌》，第28卷第4期，2007，頁376-385。

何姣、胡清芬，〈出版視閾中的民國時期中國心理學發展史考察——基

於民國時期心理學圖書的計量分析〉,《心理學探新》,第34期,2014,頁117-123。

吳方正,〈二十世紀初中國醫療廣告圖像與身體描繪〉,《藝術學研究》,第4期,2009,頁87-151。

吳光,〈論《新青年》反對鬼神迷信的鬥爭〉,《近代史研究》,第2期,1981,頁190-203。

巫仁恕、康豹、林美莉主編,《從城市看中國的現代性》。台北:中央研究院近代史研究所,2010。

李仁淵,〈思想轉型時期的傳播媒介:清末民初的報刊與新式出版業〉,收入王汎森編,《中國近代思想史的轉型時代——張灝院士七秩祝壽論文集》。台北:聯經,2007,頁3-49。

李尚仁,〈驅魔傳教——倪維思論中國人被鬼附身的現象〉,收入林富士主編,《中國史新論・宗教史分冊》。台北:聯經,2010,頁465-510。

李欣,〈中國靈學活動中的催眠術〉,《自然科學史研究》,第28卷第1期,2009,頁12-23。

杜正勝,〈另類醫療史研究20年——史家與醫家對話的臺灣經驗〉,《古今論衡》,第25期,2013,頁3-38。

汪暉,〈亞洲想像的譜系〉,收入氏著《現代中國思想的興起:科學話語共同體》。北京:生活・讀書・新知三聯書店,2015,頁1531-1608。

林基成,〈弗洛伊德學說在中國的傳播:1914-1925〉,《二十一世紀》,第4期,1991,頁20-31。

林富士,〈中國六朝時期的巫覡與醫療〉,《中央研究院歷史語言研究所集刊》,第70本第1分,1999,頁1-48。

邱德亮,〈亦毒亦藥與鴉片政權〉,《新史學》,第20卷第3期,2009,頁127-153。

金觀濤、劉青峰,〈從「格物致知」到「科學」、「生產力」:知識體系和文化關係的思想史研究〉,《中央研究院近代史研究所集刊》,第46期,2004,頁105-157。

姜小凌,〈明治與晚清小說轉譯中的文化反思:從《新聞賣子》(菊池幽

芳）到《電術奇談》（吳趼人）〉，收入陶東風等編，《文化研究》，第5輯。桂林：廣西師範大學出版社，2005，頁193-207。

胡學丞，〈伍廷芳的通神學與靈學生涯〉，《政大史粹》，第22期，2012，頁1-22。

祝平一，〈方寸之間──天主教與清代的心、腦之爭〉，《漢學研究》，第34卷第3期，2016，頁119-159。

郝先中，〈孫中山病逝之前的一場中西醫之爭〉，《南京中醫藥大學學報（社會科學版）》，第7卷第1期，2006，頁35-37。

高翔宇，〈寰球中國學生會早期史事考述（1905-1919）〉，《蘭州學刊》，第8期，2015，頁81-90。

康拉德‧雷施格（Konrad Reschke），〈蔡元培在萊比錫大學〉，《應用心理學》，第2卷第2期，1996，頁56-60。

張朋園，〈勞著「清代教育及大眾識字能力」〉，《中央研究院近代史研究所集刊》，第9期，1980，頁455-462。

張哲嘉，〈逾淮為枳：語言條件制約下的漢譯解剖學名詞創造〉，收入沙培德、張哲嘉編，《近代中國新知識的建構》。台北：中央研究院，2013，頁21-52。

張寧，〈腦為一身之主：從「艾羅補腦汁」看近代中國身體觀的變化〉，《中央研究院近代史研究所集刊》，第74期，2011，頁1-40。

張灝，〈中國近代思想史的轉型時代〉，《二十一世紀》，52期，1999，頁29-39。

梁其姿，〈近代中國醫院的誕生〉，收入祝平一編，《健康與社會：華人衛生新史》。台北：聯經，2013，頁41-68。

郭金海，〈1980年以來美國中國近現代科技史研究述要〉，《中國科技史雜誌》，第33卷第3期，2012，頁259-272。

郭金海，〈華爾與胡德關於螺旋彈簧新公式的研究及王季同的回應〉，《自然科學史研究》，第24卷第4期，2005，頁330-344。

陳嘉新，〈消失的歇斯底里烙印〉，《科技、醫療與社會》，第13期，2011，頁89-118。

彭小妍,〈一個旅行的疾病:「心的疾病」、科學術語與新感覺派〉,《中國文哲研究集刊》,第34期,2008,頁205-248。

賀躍夫,〈清末廣東地方自治研究社初探〉,《中山大學學報:社會科學版》,第3期,1987,頁58-65。

黃克武,〈民國初年上海的靈學研究:以「上海靈學會」為例〉,《中央研究院近代史研究所集刊》,第55期,2007,頁99-136。

黃克武,〈何謂天演?嚴復「天演之學」的內涵與意義〉,《中央研究院近代史研究所集刊》,第85期,2014,頁129-187。

黃克武,〈迷信觀念的起源與演變:五四科學觀的再反省〉,《東亞觀念史集刊》,第9期,2015,頁153-226。

黃克武,〈從申報醫藥廣告看民初上海的醫療文化與社會生活〉,《中央研究院近代史研究所集刊》,第17期下冊,1988,頁141-194。

黃克武,〈靈學與近代中國的知識轉型:民初知識分子對科學、宗教與迷信的再思考〉,《思想史》,第2卷,2014,頁121-196。

黃美娥,〈二十世紀初期的「西洋」:《漢文臺灣日日新報》通俗小說中的文化地景、敘事倫理與知識想像〉,《臺灣文學研究集刊》,第5期,2009,頁1-40。

黃相輔,〈居家必備:《婦女雜誌》在五四前的通俗科學啟蒙(1915-1919)〉,《中央研究院近代史研究所集刊》,第100期,2018,頁85-128。

葉其忠,〈1923年「科玄論戰」:評價之評價〉,《中央研究院近代史研究所集刊》,第26期,1996,頁179-234。

熊衛民,〈1960年的超聲波化運動〉,《科學文化評論》,第11卷第3期,2014,頁41-64。

劉玄,〈醫學與商業:清末上海函授新醫學講習社研究〉,《南京中醫藥大學學報》,第17卷第3期,2016,頁168-172。

樊洪業,〈從「格致」到「科學」〉,《自然辯證法通訊》,第55期,1998,頁39-50。

鄭雅尹,〈清末民初的「鬼」與「照相術」──狄葆賢《平等閣筆記》中

的現代性魅影〉，《清華中文學報》，第13期，2015，頁229-281。

盧國慶，〈現代超心理學「功能人眼」科學研究〉，《國防大學通識教育學報》，第5期，2015，頁52-67。

天野郁夫，〈近代化と講義録：第一部序にかえて（第一部　講義録の世界，近代化過程における遠隔教育の初期的形態に関する研究）〉，《研究報告》，第67期，1994，頁6-7。

吉永進一，〈解說：民間精神療法の時代〉，收入氏編，《日本人の身・心・霊：近代民間精神療法叢書》，第8卷。東京：クレス出版，2004，頁1-21。

吉永進一，〈解說〉，收入氏編，《催眠術の黎明：近代日本臨床心理の誕生》，第7卷。東京：クレス出版，2006，頁1-9。

志賀市子，〈近代上海のスピリチュアリズム──靈學會とその時代〉，《アジア遊學》，第84號，2006，頁63-75。

兵頭晶子，〈大正期の「精神」概念：大本教と『変態心理』の相剋を通して〉，《宗教研究》，第79卷第1號，2005，頁97-120。

Allport, Gordon. "The Historical Background of Social Psychology." in Gardner Lindzey and Elliot Aronson, eds., *Handbook of Social Psychology*, Vol. I. New York: Random House, 1985, pp. 1-46.

Anderson, Warwick. "Postcolonial Technoscience." *Social Studies of Science*, 32, 2002, pp. 643-658.

Basalla, George. "The Spread of Western Science." *Science*, 156, 1967, pp. 611-622.

Baum, Emily. "Controlling Minds: Guo Renyuan, Behavioral Psychology, and Fascism in Republican China." *The Chinese Historical Review*, 22:2, 2015, pp. 141-159.

Bechtel, William and Robert C. Richardson. "Vitalism." in *Routledge Encyclopedia of Philosophy*. Taylor and Francis, 1998, doi:10.4324/9780 415249126-Q109-1.

Bensaude-Vincent, Bernadette. "A Historical Perspective on Science and Its

'Others'." *Isis*, 100, 2009, pp. 359-368.

Chang, Kwang-chih. "Introduction." in Kwang-chih Chang, ed., *Food in Chinese Culture: Anthropological and Historical Perspectives*. New Haven: Yale University Press, 1977, pp. 1-21.

Christie, Drew. "Societies for Psychical Research." in Michael Shermer, ed., *The Skeptic Encyclopedia of Pseudoscience*. Santa Barbara: ABC-CLIO, 2002, pp. 217-219.

Cooter, Roger. "Introduction: The Alternation of Past and Present." in Roger Cooter, ed., *Studies in The History of Alternative Medicine*. Oxford: Macmillan Press, 1988, pp. x-xx.

Cooter, Roger and Stephen Pumfrey. "Separate Spheres and Public Places: Reflections on the History of Science Popularization and Science in Popular Culture." *History of Science*, 32, 1994, pp. 237-267.

Danziger, Kurt. "The Positivist Repudiation of Wundt." *Journal of the History of the Behavioral Sciences*, 15:3, 1979, pp. 205-230.

Danziger, Kurt. "Wundt's Psychological Experiment in the Light of His Philosophy of Science." *Psychological Research*, 42, 1980, pp. 109-122.

Daston, Lorraine. "Preternatural Philosophy." in Lorraine Daston, ed., *Biographies of Scientific Objects*. Chicago: University of Chicago Press, 2000, pp. 15-41.

Daum, Andreas W. "Varieties of Popular Science and the Transformations of Public Knowledge: Some Historical Reflections." *Isis*, 100, 2009, pp. 319-332.

Delorme, Shannon. "Physiology or Psychic Powers? William Carpenter and the Debate over Spiritualism in Victorian Britain." *Studies in History and Philosophy of Biological and Biomedical Sciences*, 48, 2014, pp. 57-66.

Elman, Benjamin A. "The Great Reversal: The 'Rise of Japan' and the 'Fall of China' After 1895 Chinese." in Ho Yi Kai, ed., *Science in China, 1600–1900: Essays by Benjamin A. Elman*. Hackensack: World Scientific Publishing, 2015, pp. 173-214.

Elman, Benjamin A. "New Directions in the History of Modern Science in China: Global Science and Comparative History." *Isis*, 98:3, 2007, pp. 517-523.

Elvin, Mark. "Mandarins and Millenarians: Reflections on the Boxer Uprising of 1899-1900." *Journal of the Anthropological Society of Oxford*, 10:3, 1979, pp. 115-138.

Fan, Fa-ti. "The Global Turn in the History of Science." *East Asian Science, Technology and Society*, 6, 2012, pp. 249-258.

Fan, Fa-ti. "'Collective Monitoring, Collective Defense': Science, Earthquakes, and Politics in Communist China." *Science in Context*, 25:1, 2012, pp. 127-154.

Foster, Michael D. "Strange Games and Enchanted Science: The Mystery of Kokkuri." *The Journal of Asian Studies*, 65:2, 2006, pp. 251-275.

Fu, Daiwie. "How Far Can East Asian STS Go?" *East Asian Science, Technology and Society*, 1, 2007, pp. 1-14.

Furth, Charlotte, Judith T. Zeitlin, and Ping-chen Hsiung, eds., *Thinking with Cases: Specialist Knowledge in Chinese Cultural History*. Honolulu: University of Hawai'i Press, 2007.

Gieryn, Thomas. "Boundary-Work and the Demarcation of Science from Non-Science: Strains and Interests in Professional Ideologies of Scientists." *American Sociological Review*, 48, 1983, pp. 781-795.

Graus, Andrea. "Hypnosis in Spain (1888-1905): From Spectacle to Medical Treatment of Mediumship." *Studies in History and Philosophy of Biological and Biomedical Sciences*, 48, 2014, pp. 85-93.

Hacking, Ian. "The Disunities of the Sciences." in Peter Galison and David J. Stump, eds., *The Disunities of the Sciences: Boundaries, Contexts, and Power*. Stanford: Stanford University Press, 1996, pp. 37-74.

Hacking, Ian. "Degeneracy, Criminal Behavior, and Looping." in David Wasserman and Robert Samuel Wachbroit, eds., *Genetics and Criminal Behavior*. Cambridge: Cambridge University Press, 2001, pp. 141-168.

Hagstrom, Warren. "Gift Giving as an Organizing Principle in Science." in Barry Barnes and David O. Edge, eds., *Science in Context: Readings in the Sociology of Science*. Cambridge: MIT Press, 1982.

Harris, Ruth. "Murder Under Hypnosis." *Psychological Medicine*, 15:3, 1985, pp. 477-505.

Hasegawa, Harutomo and Graham A. Jamieson. "Conceptual Issues in Hypnosis Research: Explanations, Definitions and the State/Non-State Debate." *Contemporary Hypnosis*, 19:3, 2002, pp. 103-117.

Hilgartner, Stephen. "The Dominant View of Popularization: Conceptual Problems, Political Uses." *Social Studies of Science*, 20, 1990, pp. 519-539.

Huang, Hsuan-Ying. "From Psychotherapy to Psycho-Boom: A Historical Overview of Psychotherapy in China." in David E. Scharff, ed., *Psychoanalysis and Psychotherapy in China*, Volume 1. London: Karnac Books, 2015, pp. 1-30.

Hunt, Lynn. "Introduction: History, Culture, and Text." in Lynn Hunt and Aletta Biersack, eds., *The New Cultural History*. Berkeley and Los Angeles: University of California Press, 1989, pp. 1-22.

Jeong, Haeyoung. "Consideration of Indigenous Ethos in Psychotherapeutic Practices: Pungryu and Korean Psychotherapy." *Asia Pacific Journal of Counselling and Psychotherapy*, 5:1, 2014, pp. 10-20.

Kim, Wonsik. "Korean Shamanism and Hypnosis." *American Journal of Clinical Hypnosis*, 9:3, 1967, pp. 193-197.

Lamont, Michèle and Virág Molnár. "The Study of Boundaries in the Social Sciences." *Annual Review of Sociology*, 28, 2002, pp. 167-195.

Lash, Scott. "Life (Vitalism)." *Theory, Culture & Society*, 23, 2006, pp. 323-329.

Laudan, Larry. "The Demise of the Demarcation Problem." in R. S. Cohen and L. Laudan, eds., *Physics, Philosophy and Psychoanalysis*. Dordrecht: D. Reidel Publishing Company, 1983, pp. 111-127.

Lee, Leo Ou-fan. "In Search of Modernity: Some Reflections on a New Mode of Consciousness in Twentieth-Century Chinese History and Literature." in Paul A. Cohen and Merle Goldman, eds., *Ideas Across Cultures: Essays on Chinese Thought in Honor of Benjamin I. Schwartz*. Cambridge: Harvard East Asian Monographs, 1990, pp. 109-135.

Liu, Joyce Chi-hui. "Force of Psyche: Electricity or Void? Re-examination of the Hermeneutics of the Force of Psyche in Late Qing China." *Concentric: Literary and Cultural Studies*, 35:2, 2009, pp. 245-276.

Lynn, Steven Jay and Irving Kirsch, et al. "Hypnosis and Neuroscience: Implications for the Altered State Debate." in Graham A. Jamieson, ed., *Hypnosis and Conscious States: The Cognitive Neuroscience Perspective*. Oxford: Oxford University Press, 2007, pp. 145-165.

Merton, Robert K. "Priorities in Scientific Discovery: A Chapter in the Sociology of Science." *American Sociological Review*, 22:6, 1957, pp. 635-659.

Micale, Mark S. "Introduction: Henri F. Ellenberger and the Origins of European Psychiatric Historiography." in Mark S. Micale, ed., *Beyond the Unconscious: Essays of Henri F. Ellenberger in the History of Psychiatry*. Princeton, NJ: Princeton University Press, 1993, pp. 3-86.

Oyama, Tadasu, Tatsuya Sato, and Yuko Suzuki. "Shaping of Scientific Psychology in Japan." *International Journal of Psychology*, 36:6, 2001, pp. 396-406.

Pandora, Katherine. "Popular Science in National and Transnational Perspective: Suggestions from the American Context." *Isis*, 100, 2009, pp. 346-358.

Peter, Burkhard. "Gassner's Exorcism - Not Mesmer's Magnetism - Is the Real Predecessor of Modern Hypnosis." *International Journal of Clinical and Experimental Hypnosis*, 53:1, 2005, pp. 1-12.

Pigliucci, Massimo and Maarten Boudry, eds., *Philosophy of Pseudoscience: Reconsidering the Demarcation Problem*. Chicago: University of Chicago Press, 2013.

Porter, Roy. "The Language of Quackery in England, 1660-1800." in Peter

Burke and Roy Porter, eds., *The Social History of Language*. Cambridge: Cambridge University Press, 1987, pp. 73-103.

Porter, Roy. "Introduction." in Roy Porter, ed., *The Popularization of Medicine, 1650-1850*. London: Routledge, 1992, pp. 1-16.

Ruse, Michael. "Introduction." in Michael Ruse ed., *Philosophy After Darwin*. Princeton, NJ: Princeton University Press, 2009, pp. 1-11.

Rhi, Bou-Young. "The Phenomenology and Psychology of Korean Shamanism." in Guttorm Fløistad, ed., *Contemporary Philosophy: A New Survey*, Vol. 7, Asian Philosophy. Dordrecht: Springer, 1993, pp. 253-268.

Secord, James. "Knowledge in Transit." *Isis*, 95, 2004, pp. 654-672.

Shapin, Steven. "Phrenological Knowledge and the Social Structure of Early Nineteenth-Century Edinburgh." *Annals of Science*, 32:3, 1975, pp. 219-243.

Shapin, Steven. "The Politics of Observation: Cerebral Anatomy and Social Interests in the Edinburgh Phrenology Disputes." *The Sociological Review*, 27, 1979, pp. 139-178.

Shapin, Steven. "Science and Its Public." in Robert Cecil Olby, et al., eds., *Companion to the History of Modern Science*. London: Routledge, 1990, pp. 990-1007.

Shapiro, Hugh. "How Different Are Western and Chinese Medicine? The Case of Nerves." in Helaine Selin, ed., *Medicine Across Cultures: History and Practice of Medicine in Non-Western Cultures*. Dordrecht: Springer, 2003, pp. 351-372.

Shapiro, Hugh. "The Puzzle of Spermatorrhea in Republican China." *Positions: Asia Critique*, 18:3, 1998, pp. 551-595.

Sheets-Pyenson, Susan. "Cathedrals of Science: The Development of Colonial Natural History Museums During the Late Nineteenth Century." *History of Science*, 25:3, 1987, pp. 279-300.

Sommer, Andreas. "Psychical Research in the History and Philosophy of Science: An Introduction and Review." *Studies in History and*

*Philosophy of Biological and Biomedical Sciences*, 48, 2014, pp. 38-45.

Sun, Lung-Kee. "Social Psychology in the Late Qing Period." *Modern China*, 18:3 1992, pp. 235-262.

Szto, Peter Paul. "The Accommodation of Insanity in Canton, China: 1857-1935." Ph. D. dissertation, University of Pennsylvania, 2002.

Wang, Wen-Ji. "Bildung or the Formation of the Psychoanalyst." *Psychoanalysis and History*, 5:2, 2003, pp. 91-118.

Wang, Zuoyue. "Saving China Through Science: The Science Society of China, Scientific Nationalism, and Civil Society in Republican China." *Osiris*, 17, 2002, pp. 291-322.

Winter, Alison. "Mesmerism and Popular Culture in Early Victorian England." *History of Science*, 32:3, 1994, pp. 317-343.

Wu, Harry Yi-Jui and Wen-Ji Wang. "Making and Mapping Psy Sciences in East and Southeast Asia." *East Asian Science, Technology and Society*, 10:2, 2016, pp. 109-120.

Wu, Yu-Chuan. "Straighten the Back to Sit: Belly-Cultivation Techniques as 'Modern Health Methods' in Japan, 1900-1945." *Culture, Medicine and Psychiatry*, 40:3, 2016, pp. 450-474.

Wu, Yu-Chuan. "Techniques for Nothingness: Debate over the Comparability of Hypnosis and Zen in Early-Twentieth-Century Japan." *History of Science*, 56:4, 2018, pp. 470-496.

Wu, Yu-Chuan. "The Moral Power of Suggestion: A History of Suggestion in Japan, 1900-1930." *Journal of the History of the Behavioral Sciences*, 55:1, 2019, pp. 21-39.

Xiao, Tie. "The Lure of the Irrational: Zhu Qianzhi's Vision of *Qunzhong* in the 'Era of Crowds'." *Modern Chinese Literature and Culture*, 24:2, 2012, pp. 1-51.

Yeh, Wen-Hsin. "Introduction: Interpreting Chinese Modernity, 1900-1950." in Wen-Hsin Yeh, ed., *Becoming Chinese: Passages to Modernity and*

*Beyond.* Berkeley and Los Angeles: University of California Press, 2000, pp. 1-28.

Yü, Ying-shih. "The Radicalization of China in the Twentieth Century." *Daedalus*, 122:2, 1993, pp. 125-150.

Zarrow, Peter G. ed., *Creating Chinese Modernity: Knowledge and Everyday Life, 1900-1940*. New York: Peter Lang Inc., 2006.

Hacking, Ian. "La stabilité des styles de pensée scientifique." Paper presented at the course titled "Raison et Véracité: Les Choses, les Gens, la Raison," Collège de France, May 9, 2006.

## 三、專書

子安宣邦著，陳瑋芬譯，《福澤諭吉「文明論概論」精讀》。北京：清華大學出版社，2010。

《中共上海黨志》編纂委員會，《中共上海黨志》。上海：上海社會科學院出版社，2001。

孔恩（Thomas Kuhn）著，程樹德、傅大為、王道還、錢永祥譯，《科學革命的結構》。台北：遠流，1994。

孔復禮（Philip Kuhn）著，陳兼、劉昶譯，《叫魂：乾隆盛世的妖術大恐慌》。台北：時英，2000。

方漢奇，《中國新聞事業通史》，第1卷。北京：中國人民大學出版社，1996。

王汎森，《思想是生活的一種方式：中國近代思想史的再思考》。台北：聯經，2017。

王汎森，《執拗的低音：一些歷史思考方式的反思》。台北：允晨文化，2014。

王德威著，宋偉傑譯，《被壓抑的現代性：晚清小說新論》。台北：麥田，2003。

皮國立，《國族、國醫與病人：近代中國的醫療和身體》。台北：五南，

2016。

志賀市子著，宋軍譯，《香港道教與扶乩信仰：歷史與認同》。香港：香港中文大學出版社，2013。

李孝悌，《清末的下層社會啟蒙運動：1901-1911》。石家莊：河北教育出版社，2001。

李尚仁，《帝國的醫師：萬巴德與英國熱帶醫學的創建》。台北：允晨文化，2012。

李家駒，《商務印書館與近代知識文化的傳播》。香港：香港中文大學出版社，2007。

林毓生著，穆善培譯，《中國意識的危機》。貴州：貴州人民出版社，1987。

武田雅哉著，任鈞華譯，《飛翔吧！大清帝國：近代中國的幻想科學》。台北：遠流，2008。

范鐵權，《近代中國科學社團研究》。北京：人民出版社，2011。

孫隆基，《歷史學家的經綫：歷史心理文集》。香港：花千樹，2005。

涂建華，《中國偽科學史》。貴州：貴州教育出版社，2003。

張大慶，《中國近代疾病社會史》。台北：秀威資訊科技，2016。

張立鴻、黃紹濱，《靈子術祕傳》。廣西：廣西科學技術出版社，1993。

張玉法，《清季的立憲團體》。台北：中央研究院近代史研究所，1985。

張劍，《中國近代科學與科學體制化》。成都：四川人民出版社，2008。

張劍，《科學社團在近代中國的命運：以中國科學社為中心》。濟南：山東教育出版社，2005。

連玲玲，《打造消費天堂：百貨公司與近代上海城市文化》。台北：中央研究院近代史研究所，2017。

郭穎頤著，雷頤譯，《中國現代思想中的唯科學主義（1900-1950）》。南京：江蘇人民出版社，2010。

陳文松，《殖民統治與「青年」：臺灣總督府的「青年」教化政策》。台北：國立臺灣大學出版中心，2015。

陳平原，《左圖右史與西學東漸：晚清畫報研究》。香港：三聯書局，

2008。

黃福慶，《清末留日學生》。台北：中央研究院近代史研究所，1975。

喻永慶，《大眾傳媒與教育轉型：《中華教育界》與民國時期教育改革》。武漢：華中科技大學出版社，2014。

涂小瓊，《靈魂控制：催眠術的前世今生》。北京：人民東方出版社，2012。

趙毅衡，《對岸的誘惑：中西文化交流記》。上海：上海人民出版社，2007。

劉笑敢，《兩極化與分寸感：近代中國精英思潮的病態心理分析》。台北：東大，1994。

閻書昌，《中國近代心理學史（1872-1949）》。上海：上海教育出版社，2015。

一柳廣孝，《催眠術の日本近代》。東京：青弓社，2006。

一柳廣孝，《無意識という物語：近代日本と「心」の行方》。名古屋：名古屋大学出版会，2014。

天野郁夫，《学歴の社会史：教育と日本の近代》。東京：新潮社，1992。

Bell, Robert. *Impure Science: Fraud, Compromise, and Political Influence in Scientific Research*. New York: John Wiley & Sons, 1992.

Biagioli, Mario. *Galileo, Courtier: The Practice of Science in the Culture of Absolutism*. Chicago: University of Chicago Press, 1994.

Bloor, David. *Knowledge and Social Imagery*. Chicago: University of Chicago Press, 1991.

Bowker, Geoffrey C. and Susan Leigh Star. *Sorting Things Out: Classification and Its Consequences*. Cambridge: MIT Press, 1999.

Buck, Peter. *American Science and Modern China, 1876-1936*. Cambridge: Cambridge University Press, 1980.

Burke, Peter. *A Social History of Knowledge II: From the Encyclopaédie to Wikipedia*. Cambridge: Polity Press, 2012.

Burnham, John. *How Superstition Won and Science Lost: Popularizing Science and Health in the United States*. New Jersey: Rutgers University Press, 1987.

Canguilhem, Georges. *Knowledge of Life*. New York: Fordham University Press, 2008.

Chang, Iris. *Thread of the Silkworm*. New York: Basic Books, 1995.

Cohen, Paul A. *China Unbound: Evolving Perspectives on the Chinese Past*. London: Routledge, 2003.

Collins, Harry and Trevor Pinch. *Frames of Meaning: The Social Construction of Extraordinary Science*. London: Routledge, 1982.

Cooter, Roger. *The Cultural Meaning of Popular Science: Phrenology and the Organization of Consent in Nineteenth-Century Britain*. Cambridge: Cambridge University Press, 1984.

Croizier, Ralph C. *Traditional Medicine in Modern China: Science, Nationalism, and the Tensions of Cultural Change*. Cambridge: Harvard University Press, 1968.

Darnton, Robert. *Mesmerism and the End of the Enlightenment in France*. Cambridge: Harvard University Press, 1968.

de Certeau, Michel. *The Practice of Everyday Life*. Berkeley and Los Angeles: University of California Press, 1984.

de la Peña, Carolyn Thomas. *The Body Electric: How Strange Machines Built the Modern American*. New York and London: NYU Press, 2003.

Dikötter, Frank. *Sex, Culture, and Modernity in China*. Honolulu: University of Hawai'i Press, 1995.

Dikötter, Frank, Lars Laaman, and Zhou Xun. *Narcotic Culture: A History of Drugs in China*. London: C. Hurst & Co. Publishers, 2004.

Duara, Prasenjit. *Sovereignty and Authenticity: Manchukuo and the East Asian Modern*. Lanham, MD: Rowman & Littlefield Publishers, 2003.

Elias, Norbert. *The Civilizing Process: Sociogenetic and Psychogenetic Investigations*. Oxford: Blackwell Publishers, 2000.

Ellenberger, Henri F. *The Discovery of the Unconscious: The History and Evolution of Dynamic Psychiatry*. London: Fontana Press, 1994.

Farr, Robert. *The Roots of Modern Social Psychology, 1872-1954*. Oxford: Blackwell Publishers, 1996.

Findlen, Paula. *Possessing Nature: Museums, Collecting, and Scientific Culture in Early Modern Italy*. Berkeley and Los Angeles: University of California Press, 1994.

Forrester, John. *Thinking in Cases*. Cambridge: Polity Press, 2017.

Foucault, Michel. *The Order of Things: An Archaeology of the Human Sciences*. London and New York: Routledge, 2002.

Fuller, Robert C. *Mesmerism and the American Cure of Souls*. Philadelphia: University of Pennsylvania Press, 1982.

Furth, Charlotte. *Ting Wen-chiang: Science and China's New Culture*. Cambridge: Harvard University Press, 1970.

Gauld, Alan. *A History of Hypnotism*. Cambridge: Cambridge University Press, 1995.

Gay, Peter. *The Bourgeois Experience: Education of the Senses*. New York: Oxford University Press, 1984.

Goffman, Erving. *The Presentation of Self in Everyday Life*. Edinburgh: University of Edinburgh Social Sciences Research Centre, 1956.

Hacking, Ian. *Representing and Intervening: Introductory Topics in the Philosophy of Natural Science*. Cambridge: Cambridge University Press, 1983.

Harrington, Anne. *The Cure Within: A History of Mind-Body Medicine*. New York: Norton, 2009.

Harris, Ruth. *Murders and Madness: Medicine, Law, and Society in the Fin de Siècle*. Oxford: Clarendon Press, 1991.

Haynes, Renée. *The Society for Psychical Research, 1882-1982: A History*. London: Macdonald, 1982.

Jammer, Max. *Concepts of Mass in Contemporary Physics and Philosophy*.

Princeton, NJ: Princeton University Press, 2000.

Jeong, Haeyoung. *Archaeology of Psychotherapy in Korea: A Study of Korean Therapeutic Work and Professional Growth*. New York: Routledge, 2014.

Kohn, Alexander. *False Prophets: Fraud and Error in Science and Medicine*. New York: Barnes & Noble Books, 1997.

Kuhn, Philip A. *Chinese Among Others: Emigration in Modern Times*. Lanham, MD: Rowman & Littlefield, 2008.

Kuriyama, Shigehisa. *The Expressiveness of the Body and the Divergence of Greek and Chinese Medicine*. New York: Zone Books, 1999.

Kusch, Martin. *Psychological Knowledge: A Social History and Philosophy*. London and New York: Routledge, 1999.

LaFollette, Marcel C. *Making Science Our Own: Public Images of Science, 1910-1955*. Chicago: University of Chicago Press, 1990.

LaFollette, Marcel C. *Stealing into Print: Fraud, Plagiarism, and Misconduct in Scientific Publishing*. Berkeley and Los Angeles: University of California Press, 1996.

Lang, Olga. *Chinese Family and Society*. New Haven: Yale University Press, 1946.

Lee, Leo Ou-fan. *Shanghai Modern: The Flowering of a New Urban Culture in China, 1930-1945*. Cambridge: Harvard University Press, 1999.

Lei, Sean Hsiang-lin. *Neither Donkey nor Horse: Medicine in the Struggle over China's Modernity*. Chicago: University of Chicago Press, 2014.

Lightman, Bernard. *Victorian Popularizers of Science: Designing Nature for New Audiences*. Chicago: University of Chicago Press, 2007.

Masini, Federico. *The Formation of Modern Chinese Lexicon and Its Evolution Toward a National Language: The Period from 1840 to 1898*. Berkeley: Journal of Chinese Linguistics Monograph Series No. 6, 1993.

Mauss, Marcel. *The Gift: The Form and Reason for Exchange in Archaic Societies*. London and New York: Routledge, 2002.

McVeigh, Brian J. *The History of Japanese Psychology: Global Perspectives, 1875-1950*. London: Bloomsbury Publishing, 2016.

Melton J. Gordon, ed., *Encyclopedia of Occultism & Parapsychology*, Volume 2. Farmington Hills, MI: Gale Group, 2001, 5th edition.

Midelfort, Erik. *Exorcism and Enlightenment: Johann Joseph Gassner and the Demons of Eighteenth-Century Germany*. New Haven: Yale University Press, 2005.

Monroe, John W. *Laboratories of Faith: Mesmerism, Spiritism, and Occultism in Modern France*. Ithaca: Cornell University Press, 2008.

Nathan, Andrew J. *Chinese Democracy*. Berkeley and Los Angeles: University of California Press, 1986.

O'Connor, Ralph. *The Earth on Show: Fossils and the Poetics of Popular Science, 1802-1856*. Chicago: University of Chicago Press, 2007.

Ogden, Emily. *Credulity: A Cultural History of US Mesmerism*. Chicago: University of Chicago Press, 2018.

Oppenheim, Janet. *The Other World: Spiritualism and Psychical Research in England, 1850-1914*. Cambridge: Cambridge University Press, 1988.

Palmer, David A. *Qigong Fever: Body, Science, and Utopia in China*. New York: Columbia University Press, 2007.

Papanelopoulou, Faidra, et al. eds., *Popularizing Science and Technology in the European Periphery, 1800-2000*. London and New York: Routledge, 2009.

Pick, Daniel. *Faces of Degeneration: A European Disorder, c. 1848-c. 1918*. Cambridge: Cambridge University Press, 1996.

Pick, Daniel. *Svengali's Web: The Alien Enchanter in Modern Culture*. New Haven: Yale University Press, 2000.

Pickstone, John. *Ways of Knowing: A New History of Science, Technology and Medicine*. Chicago: University of Chicago Press, 2001.

Pintar, Judith and Steven Jay Lynn. *Hypnosis: A Brief History*. Chichester:

Wiley-Blackwell Publishing, 2008.

Porter, Roy. *The Greatest Benefit to Mankind: A Medical History of Humanity from Antiquity to the Present*. London: Fontana Press, 1999.

Rawski, Evelyn S. *Education and Popular Literacy in Ch'ing China*. Ann Arbor: University of Michigan Press, 1979.

Reed, Edward S. *From Soul to Mind: The Emergence of Psychology, from Erasmus Darwin to William James*. New Haven: Yale University Press, 1997.

Rogaski, Ruth. *Hygienic Modernity: Meanings of Health and Disease in Treaty-Port China*. Berkeley and Los Angeles: University of California Press, 2004.

Rose, Nikolas. *Inventing Our Selves: Psychology, Power, and Personhood*. Cambridge: Cambridge University Press, 1996.

Rose, Nikolas. *The Politics of Life Itself: Biomedicine, Power, and Subjectivity in the Twenty-First Century*. Princeton, NJ: Princeton University Press, 2009.

Satter, Beryl. *Each Mind a Kingdom: American Women, Sexual Purity, and the New Thought Movement, 1875-1920*. Berkeley and Los Angeles: University of California Press, 1999.

Shapin, Steven. *A Social History of Truth: Civility and Science in Seventeenth-Century England*. Chicago: University of Chicago Press, 1994.

Scheid, Volker. *Currents of Tradition in Chinese Medicine, 1626-2006*. Seattle: Eastland Press, 2007.

Schmalzer, Sigrid. *The People's Peking Man: Popular Science and Human Identity in Twentieth-Century China*. Chicago: University of Chicago Press, 2008.

Schmid, Andre. *Korea Between Empires, 1895-1919*. New York: Columbia University Press, 2002.

Secord, James. *Victorian Sensation: The Extraordinary Publication, Reception, and Secret Authorship of* Vestiges of the Natural History of Creation.

Chicago: University of Chicago Press, 2000.

Seth, Michael. *A Concise History of Modern Korea: From the Late Nineteenth Century to the Present*. Lanham, MD: Rowman & Littlefield Publishers, 2010.

Skocpol, Theda. *States and Social Revolutions: A Comparative Analysis of France, Russia, and China*. Cambridge: Cambridge University Press, 1979.

Thurschwell, Pamela. *Literature, Technology and Magical Thinking, 1880-1920*. Cambridge: Cambridge University Press, 2001.

Winter, Alison. *Mesmerized: Powers of Mind in Victorian Britain*. Chicago: University of Chicago Press, 1998.

Wolffram, Heather. *The Stepchildren of Science: Psychical Research and Parapsychology in Germany, c. 1870-1939*. New York: Rodopi, 2009.

Wright, David. *Translating Science: The Transmission of Western Chemistry into Late Imperial China, 1840-1900*. Leiden: Brill, 2000.

Xiao, Tie. *Revolutionary Waves: The Crowd in Modern China*. Cambridge: Harvard University Asia Center, 2017.

Zaretsky, Eli. *Secrets of the Soul: A Social and Cultural History of Psychoanalysis*. New York: Vintage, 2005.

Zheng, Yangwen. *The Social Life of Opium in China*. Cambridge: Cambridge University Press, 2005.

## 四、網路資料

http://nla.gov.au/nla.obj-46610057

http://wellcomecollection.org/works/ybgqyq5d

http://www.hkhyp.com/xhjs

http://www.ncbi.nlm.nih.gov/pubmed

http://www.oed.com/view/Entry/153858

http://www.spr.ac.uk

## 精神的複調：近代中國的催眠術與大眾科學

2020年4月初版　　　　　　　　　　　　　　　　定價：新臺幣550元
有著作權・翻印必究
Printed in Taiwan.

| | | |
|---|---|---|
| 著　　者 | 張邦彥 | |
| 叢書主編 | 沙淑芬 | |
| 校　　對 | 潘貞仁 | |
| 封面設計 | 沈佳德 | |

| | | | |
|---|---|---|---|
| 出　版　者 | 聯經出版事業股份有限公司 | 副總編輯 | 陳逸華 |
| 地　　　址 | 新北市汐止區大同路一段369號1樓 | 總經理 | 陳芝宇 |
| 叢書主編電話 | (02)86925588轉5310 | 社　長 | 羅國俊 |
| 台北聯經書房 | 台北市新生南路三段94號 | 發行人 | 林載爵 |
| 電　　　話 | (02)23620308 | | |
| 台中分公司 | 台中市北區崇德路一段198號 | | |
| 暨門市電話 | (04)22312023 | | |
| 台中電子信箱 | e-mail：linking2@ms42.hinet.net | | |
| 郵政劃撥帳戶 | 第0100559-3號 | | |
| 郵撥電話 | (02)23620308 | | |
| 印　刷　者 | 世和印製企業有限公司 | | |
| 總　經　銷 | 聯合發行股份有限公司 | | |
| 發　行　所 | 新北市新店區寶橋路235巷6弄6號2樓 | | |
| 電　　　話 | (02)29178022 | | |

行政院新聞局出版事業登記證局版臺業字第0130號

本書如有缺頁，破損，倒裝請寄回台北聯經書房更換。　ISBN 978-957-08-5510-4 (精裝)
聯經網址：www.linkingbooks.com.tw
電子信箱：linking@udngroup.com

**國家圖書館出版品預行編目資料**

精神的複調：近代中國的催眠術與大眾科學/張邦彥著 .
初版 . 新北市 . 聯經 . 2020年4月 . 320面 . 14.8×21公分
ISBN 978-957-08-5510-4（精裝）

1.催眠術　2.心靈學

175.8　　　　　　　　　　　　　　　　　　　109003680